国家2012计划“司法文明协同创新研究”相关成果
2009年度国家社会科学基金重大招标项目“中国特色社会主义司法制度研究”（09QZD026）相关成果
武汉大学优势特色学科支持计划“国家治理与宪法行政法”相关成果

全国法律硕士专业学位教育综合改革试点规划教材
司法文明系列

司法法学

江国华　吴展　编著

WUHAN UNIVERSITY PRESS
武汉大学出版社

图书在版编目(CIP)数据

司法法学/江国华,吴展编著．—武汉：武汉大学出版社,2015.4
全国法律硕士专业学位教育综合改革试点规划教材．司法文明系列
ISBN 978-7-307-15366-0

Ⅰ．司…　Ⅱ．①江…　②吴…　Ⅲ．司法制度—法的理论—研究生—教材　Ⅳ．D916.01

中国版本图书馆 CIP 数据核字(2015)第 042459 号

责任编辑:钱　静　　责任校对:鄢春梅　　版式设计:马　佳

出版发行：**武汉大学出版社**　(430072　武昌　珞珈山)
(电子邮件：cbs22@whu.edu.cn　网址：www.wdp.whu.edu.cn)
印刷：湖北恒泰印务有限公司
开本：720×1000　1/16　印张:14　字数:249 千字　插页:1
版次：2015 年 4 月第 1 版　2015 年 4 月第 1 次印刷
ISBN 978-7-307-15366-0　定价:33.00 元

序

2011年，我国启动“2011计划”。所谓“2011计划”，其正式名称叫做“高等学校创新能力提升计划”，目的是为了激励或推动我国科学研究领域创新能力的提升。这是我国继“985”、“211”工程之后，又一次体现国家意志的行动计划。计划的核心内容是鼓励高等学校、科研院所、以“国家急需、世界一流”为原则和目标，强强联合，协同创新，大大提升我国的科研创新能力。

法学界在张文显先生的积极推动和策划下，由中国政法大学牵头，武汉大学和吉林大学协同，联合申报了“司法文明协同创新中心”并获得国家批准。获批后的“司法文明协同创新中心“组建了十个学术创新团队，其中一个团队由武汉大学法学院的江国华教授为首席科学家，侧重“司法规范运作”方面的研究。

两年多来，江国华教授和他的团队围绕“司法的规范运作”做了大量的研究工作，并提出了“司法法学”的学科建设设想。在他的设想中，“司法法学”作为一门综合性学科，一则旨在打破法学教育与司法实务之间的壁垒，实现二者的紧密衔接；二则致力于弥合法学相关二级学科之间的知识割裂，实现相关学科的整合。为此，他设置了司法学、司法法学、司法伦理、司法人权、司法行政、司法运作实务和外国司法制度及司法文明史（上、下）等研究方向。

他的设想得到了司法文明协同创新中心和武汉大学法学院的支持，并被纳入武汉大学“全国法律硕士专业学位教育综合改革试点规划教材”体系之中。其中“司法伦理”和“司法行政”被纳入“政法干警”研究生的必修课程，已经开始讲授，反响很好。

2013年年底，江国华教授将整套规划的目录和司法学、司法法学两本书的初稿打印给我。看完之后，我认为这套书契合了“司法文明协同创新”的宗旨，建议将其作为武汉大学“司法文明法律硕士研究生”的规划教材。

现在这套书终于可以出版了。作为江国华教授的长辈和同事，我由衷地感到高兴。我的高兴不仅在于这套书的最终出版，更在于江国华教授为人和为学的品质。

是为序。

王树义

2015 年 1 月 29 日于珞珈山

目　录

导　论

在现代各国的国家权力体系当中，司法权是一种较为重要的国家权力。① 但相较于立法权、行政权等其他国家权力而言，司法权的运行规则却具有不清晰的特征。存在以上现象的原因很多，司法权所具有的较强社会性特质是其中较为关键的因素。② 无论体现为国家性还是社会性，司法权的具体运行由于涉及社会争议之裁断，客观上要求其基于技艺理性而展开。③ 可以说，司法裁断的公正与否，主要取决于司法权运行主体发现案件所涉事实，并依照法律规则予以合法性乃至合宪性审查并予以裁断的技艺水平。在此意义上，司法很大程度上是一种具有较强经验主义的活动。正是借助长久的个案正义输送经验，司法权运行主体对法律的信奉与敬畏才得以养成，立法者的真实意旨才得以实现。④ 但是，由于司法权在实际运作领域所遵循的司法法律规则相对不清晰，司法在历史上所具有的神秘传统纵使在当代仍然留有浓厚的印迹，比如在美国，“一般来说，除了开庭审案，最高法院的内部运作向来鲜为人知。局外人若想了解相关情况，或从事学术研究，只能通过查阅大法官们的判决意见、庭审记录以及部分公开的备忘录进行。大法官们很少接受访谈，谈话时也很少触及具体个案或司法立场。至于法官助理等工作人员，向来也有‘内事不可外扬’的潜规则。”⑤

---

① 参见王利明：《司法改革研究》，法律出版社2001年版，第8页。

② 某种程度上，正是基于此特性，社会纠纷的司法解决才应坚持社会优先原则，而不应将司法置于社会纠纷解决的前线。参见江国华：《常识与理性（四）：走向综合的司法改革》，载《河南财经政法大学学报》2012年第2期。

③ 参见姚中秋：《技艺理性视角下的司法职业化》，载《华东政法大学学报》2008年第6期。

④ 参见吴展：《法律人格：自律式司法权规约体系构建之逻辑前提》，载《政治与法律》2012年第8期。

⑤ ［美］杰弗里·图宾：《九人：美国最高法院风云》，何帆译，上海三联书店2010年版，译者序第V页。

在我国，司法权的配置及其运行在规范层面存在一定的宏观表现，比如现行《宪法》（以下简称宪法）、刑事诉讼法、民事诉讼法、行政诉讼法、《人民法院组织法》（以下简称人民法院组织法）、《人民检察院组织法》（以下简称人民检察院组织法）等法律规范中都存在相关内容的具体设定。但从一种系统化的视角来看，司法权的配置，尤其是司法权运行领域很多时候并不存在具体规定或者缺少相对统一的规定，这使得司法的专业性在很多情形下无法完全彰显。之所以如此，一方面是因为我国社会的深刻转型背景。在此转型过程中，传统的社会组织机制多数解体，具有国家意义的法律随着社会的现代化而发展变化，法律实际上也在进行一个从传统到现代的转型，① 司法权运行的规范前提以及适用对象必然在整体上存在较强的不清晰以及不确定性。另一方面，肇始于20世纪80年代的多轮司法改革，尽管围绕司法领域的诸多问题采取了各种举措，但改革的具体成效并不明显，② 使得司法权无论是具体配置还是运行层面都存在各种各样的“试点”、“摸索”与“改革”。综合而言，我国司法法律规范仍然处于不断创设、完善的“发展中”阶段。

在此背景下，党的十八届四中全会通过的《中共中央关于全面深化改革若干重大问题的决定》（以下简称《决定》）围绕司法改革提出了综合性的具体方案。有理由相信，《决定》所明确的优化司法权配置、提升司法的国家性、加强司法的去行政化等改革举措能够有力地推动司法的法治化进程。借助以上改革举措的具体推进，我国司法权的配置及其运行应该能够顺利地走上法治的轨道，我国司法法的具体发展进程也能够及时地得以推进。

一、司法法的概念与中国司法法的渊源形式

（一）司法法的概念

在现代国家语境下，司法法是配置司法权、规制司法权运行的法律规则、原则等法律制度的合称。无论以何种渊源形式出现，司法法都以司法权及其运行规则为其核心内容。当然，由于各国司法传统不同等因素，司法权的范围也存在本质差别。

在西方司法语境下，司法权很多情形下特指“属于法官的权力，裁判权，

---

① 参见公丕祥：《法制现代化的挑战》，武汉大学出版社2006年版，第162页。

② 参见江国华、周海源：《司法基本法与中国司法改革》，载《哈尔滨工业大学学报》（社会科学版）2014年第1期。

即法定的正式听取和决定纠纷问题的权力”。① 在一些情形下，司法权也在与其他国家权力相区别的情形下被界定，该情形下的司法权“是关于法官的术语，在很多情况下区别于‘立法的’和‘行政的’，在另外一些情况下区别于‘司法之外的’，后者指不经法院的处理以及没有法官的干预的处理”。② 无论如何界定，司法权一般是指国家行使的审判和监督法律实施的权力，是国家权力的重要组成部分。具体来说，司法权即指司法机关通过审理具体案件享有的监督守法和执行审判的权力。在有些国家，司法机关还办理一些非诉讼事务，比如财产登记、婚姻登记、遗嘱验证、遗产处理等。“二战”以来，违宪审查权在有些国家也成为一个重要的组成部分。③

司法权是一种判断权，具有被动性、特定性、独立性等特性。④ 比如，在被动性方面，司法机关秉持“不告不理”的原则被动地执行法律，其不可能主动提起诉讼。在特定性方面，相应的司法机关只能针对具体案件作出具体判决。在独立性方面，司法机关独立行使审判权，不受行政机关、社会团体和个人的干涉。与域外许多国家的不同之处主要在于，在司法权的配置方面，我国赋予了公安机关一定的刑事司法权，且公安机关与其他两种司法机关即人民法院和人民检察院之间存在一种相互配合、相互制约的关系。

至于司法权运行的规则，在我国主要借助三大诉讼法等司法法律规范予以规定。由于我国司法体制尚处于“发展中”阶段等因素，我国司法权在具体运行领域的规则实际上处于一个不断完善、系统化的阶段。

（二）中国司法法的渊源形式

法律渊源可以从不同角度予以界定，比如从法律的表现形式、法律秩序存在的原因、法律的实质来源等多种角度予以界定。某种程度上，正是因为界定以及理解视角的多元化，法律渊源一词的具体含义才会处于一种非常不统一的状态。⑤ 此处探讨的司法法的渊源形式，主要是指法律实证主义角度的法律渊

---

① Black's Law Dictionary, West Publishing Co. , p. 760.

② ［英］戴维·M. 沃克：《牛津法律大辞典》，邓正来等译，光明日报出版社 1988 年版，第 484 页。

③ 中国社会科学院法学研究所法律词典编委会编：《法律辞典》，法律出版社 2003 年版，第 1334～1335 页。

④ 参见孙笑侠：《司法权的本质是判断权——司法权与行政权的十大区别》，载《法学》1998 年第 8 期。

⑤ 参见彭中礼：《法律渊源词义考》，载《法学研究》2012 年第 6 期。

源，是指中国司法法借由表现的法律形式。

1. 宪法

宪法作为国家根本大法，在我国法律渊源体系中居于最高地位。在我国业已形成的中国特色社会主义法律体系中，宪法居于顶端。宪法之下的基本法律、法律、行政法规和地方性法规的效力均来自宪法，并不得与宪法冲突。在司法方面，作为我国司法法之法律渊源的宪法主要体现在以下几个方面：首先，宪法对相关司法机关的法律地位予以明确。比如，我国现行宪法第123条、第129条就明确规定了人民法院、人民检察院的宪法地位。① 其次，配置司法权。根据我国现行宪法，我国司法权的配置呈现为较为分散的状态，司法权的不同部分由不同的主体分享。具体来说，审判权由人民法院行使。法律监督权由人民检察院行使。部分刑事侦查权由公安机关行使。② 再次，确定司法权运行的基本原则、制度，保障司法权的有效运行。在审判领域，其具体运行原则上应当公开。人民法院拥有独立审判的权力，不受行政机关、社会团体和个人的干涉。在法律监督领域，人民检察院独立行使检察权，不受行政机关、社会团体和个人的干涉。此外，在刑事案件领域，人民法院、人民检察院和公安机关之间应当分工负责，互相配合，互相制约，以保证准确有效地执行法律。

2. 制定法

一般而言，制定法是指由国家立法机关或者经国家立法机关授权的国家机关制定的成文法。根据现行宪法、立法法，我国的制定法包括法律、行政法规、地方性法规、自治条例和单行条例、行政规章。根据现行立法法的规定，诉讼制度和司法制度都属于法律保留事项，只能由全国人民代表大会或者全国人民代表大会常务委员会通过制定法来确定。在我国，属于司法法法源的制定法很多，比如三大诉讼法、人民法院组织法、人民检察院组织法、法官法、检察官法等，甚至《中华人民共和国公务员法》（以下简称公务员法）的某些条款③在现阶段也可以称作司法法的法律渊源部分。

---

① 宪法第123条规定：“中华人民共和国人民法院是国家的审判机关。”现行宪法第129条规定：“中华人民共和国人民检察院是国家的法律监督机关。”

② 参见宪法第135条。值得注意的是，我国现行宪法并未直接规定公安机关的刑事侦查权，而是由刑事诉讼法等法律规范予以确定。根据以上法律规范，公安机关所行使的是部分刑事侦查权。

③ 比如，公务员法第45条第3款规定：“确定初任法官、初任检察官的任职人选，可以面向社会，从通过国家统一司法考试取得资格的人员中公开选拔。”

3. 法律解释

在我国，法律解释是法律渊源的重要组成部分。根据现行《立法法》和全国人民代表大会常务委员会1981年通过的《关于加强法律解释工作的决议》，我国的法律解释包括立法解释、司法解释和行政解释。鉴于行政解释主要解决不属于审判和检察工作中的其他法律、法令如何具体应用的问题，① 总体上属于行政权力运行领域的事项，与司法权的运行并没有直接的关系，至少从形式上讲不属于司法法的法律渊源。而由全国人民代表大会常务委员会进行的立法解释，主要解决法律、法令条文本身需要进一步明确界限或作补充规定的问题，② 涉及司法权配置及运行，或者司法适用的法律规范，属于司法法的法律渊源。至于司法解释，由于是解决审判工作和检察工作过程中具体应用法律、法令的问题，③ 直接涉及司法权运行的准则或依据问题，因此属于司法法的法律渊源且在司法实践的微观领域运用得非常广泛。

二、司法法学的研究对象与范围

一般而言，司法法学又称司法科学，是指对司法权及其运行规律进行系统的研究分析所获得的原理、准则和方法等系统知识的总称。科学的理论是在人类社会的实践基础上产生的，表现为对实践的概括与总结。人类社会在千百年的社会实践中，积累了丰富的智慧和经验，从而依照相应的标准对不同领域、不同层次的科学知识进行了分门别类。在各种科学之间，司法科学与其他科学的区别标准是其特有的研究对象和研究范围。基于此，无论是从司法法学的确立还是深入研究的角度来说，明确司法法学的研究对象都是对该种科学进行深入研究的前提和基础。

（一）司法法学的研究对象

由于研究对象是区分不同学科的基本依据，它在各门学科中的地位都很重要，“正是由于各门学科都以具有矛盾特殊性的特定客体为研究对象，从而使各门学科各自具有的个性相互区别开来，才使各门学科成为一门独立的学科；同时也由于它们在研究对象方面的共性或联系，而使它们一起构成某类学科

① 参见《关于加强法律解释工作的决议》第3条。
② 参见《关于加强法律解释工作的决议》第1条。
③ 参见《关于加强法律解释工作的决议》第2条。

群，或者彼此之间存在密切的联系。”① 研究对象之所以重要，不仅在于它是一门学科区别于其他学科的根本标志，也在于它是建立、发展和完善该学科的基础。同时，一门学科的体系也由其研究对象所决定并受其制约。正因为如此，研究对象既要反映其研究内容的特殊性，以便能够和其他学科相区别，又要体现它作为一门学科的整体性以及与各构成要素间的相互联系性。② 整体上，司法法学作为学科之一种，其区别于其他学科的研究对象是司法权、司法权运行规则及司法权运行规律。第一，司法法学的研究首先应当聚焦司法权的研究。司法权是各国重要的国家权力之一。司法法学应当研究司法权的宪法设定等规范问题，研究司法权的权力归属，与其他国家权力之间的关系等广泛命题。第二，司法法学应当研究司法权的运行规则。在各国国家权力体系当中，司法权作为区别于立法权、行政权的国家权力，其具体运行的规则与其他两种国家权力存在显著的不同。同时，由于各国司法体制、司法传统方面存在差别，司法权的运行规则存在许多值得研究的地方。第三，司法权运行规律。司法权之运行作为定纷止争的活动，在人类社会的实践中存在良久。在长久的实践活动中，司法权的运行存在许多规律性的内容需要予以研究。

（二）司法法学的研究范围

司法法学的研究范围与司法法学的研究对象之间既有联系，又有区别。就联系而言，司法法学的研究范围不能脱离司法法学的研究对象而任意设定。作为司法法学的研究对象赖以存在的形式，司法法学的研究范围必须以司法法学的研究对象为基础。就区别而言，由于可以从不同侧面对同一研究对象展开研究，司法法学的研究范围通常是从形式而非实质角度来探讨的，而司法法学的研究对象是从实质而非形式层面予以研判的。由于我国司法体制仍处于不断发展、完善的阶段等因素，我国司法法学的研究范围应当聚焦以下内容：其一是司法基本理论。作为一门科学，司法法学必须建立在相应的理论基础之上。围绕司法的性质、司法制度的设计等形成的基本原理、基本原则，是对各种司法现象予以高度抽象的智识成果，司法法学的不断发展必须以这些智识成果为理论支撑。其二是司法规范。司法权的运行作为适用法律的活动，其运行前提以

---

① 周叶中主编：《宪法》（第二版），高等教育出版社、北京大学出版社 2005 年版，第 1 页。

② 参见康海军：《论治安学的研究对象、学科地位及其学科体系》，载《江西财经大学学报》2007 年第 6 期。

及运行过程都离不开各种各样的司法法律规范。在我国，属于以上司法法律规范的包括法院组织法、检察院组织法、司法官法、司法解释法、司法程序法、司法证据法等。司法法学应当基于司法基本理论，对以上司法法律规范进行研究，研判其中存在的问题，并不断推进问题的解决从而促进相关法律规范的完善。其三是司法权的运行。司法权的运行过程，是司法官将抽象的法律条款适用于具体个案，从而裁决当事人之间的纠纷，实现社会正义的过程。司法法学的研究应当以这些丰富的个案裁决过程为素材，提炼其中共同性的规则、原则，以促进司法法学的整体发展。

三、中国司法法学的基本框架

在我国，由于转型时期的社会特点，各种社会矛盾不断涌现，相关社会纠纷的司法解决机制为各方所倚重。但遗憾的是，或者是由于立法领域的粗疏技术导向，抑或是由于司法权力配置尚不科学等因素，我国司法权运行领域同样存在诸多违反法律的司法权运行失范现象。① 此外，司法改革的具体方向仍然有待明确。有效地避免以上现象、消解其间出现的问题，乃至推进司法改革的深入进行是一种系统工程，无法一蹴而就。但正确的方向应当是回归司法的技艺特性，从此特性出发科学地配置相应的司法权限、并明确司法权的各种具体运行规则。要实现上述任务，现行宪法所确立的原则、规则应当予以实施，而要实施宪法层面的司法制度，则涉及司法组织法、司法官法、司法程序法、司法解释法以及司法证据法等诸多内容。

作为法学体系中的一种新兴学科，司法法学以司法权、司法权运行规则及运行规律为主要研究对象。客观而言，司法法学能够发挥一种统合功能，以便助力于司法组织法、司法官法、司法程序法、司法解释法以及司法证据法等法律制度的确立与完善，从而服务于实现宪法所规定的司法制度内容这一重要任务。

从此角度出发，本书在尊重司法权及其运行规律的基础上，分六章对我国司法法学的基本内容进行初步探讨。

第一章主要探讨司法的宪法渊源问题。在我国国家权力体系当中，司法权

① 以第二审人民法院审理的上诉或者抗诉案件裁定发回重审制度为例，第二审人民法院在发出裁定书的同时，都会以内部函的方式指明第一审所存在的主要问题。以上做法，实际上违背了公开审理原则。参见周道鸾：《增强司法的民主性和公开性落实公开审理的宪法原则——以二审发回重审的裁定为视角》，载《法律适用》2012 年第 2 期。

无疑是一种相当重要的国家权力。不同司法权运行主体之间具体司法权限的配置，司法权运行的基本原则和制度，以及司法权运行主体与相关其他国家机关之间的具体关系，都需要经由宪法予以构造。同时，在司法改革领域，宪法所确立的以上内容也是采取各种举措的文本基础，需要予以充分尊重。

第二章主要探讨有关司法组织法的基本问题。宪法作为国家根本法，在构造司法权方面具有较为宏观的特性。司法组织法的存在，能够将宏观的宪法原则及制度具体化，从而实现宪法所确立的制度内容。在其内容方面，司法组织法主要通过对司法权运行主体及其权限的确认，以及对各类司法机关运行规则的设定，来建构能够有效回应社会司法需求的司法秩序。

第三章主要探讨司法官法的基本内容问题。作为具有较强经验特性的活动，司法的推进无法离开具体的司法官而实现。可以说，司法官的个人法律素养及职业经验决定了司法的公正与否。在此方面，经由司法官法确立司法官的职业准入、职业训练和职业保障等基本制度，能够有助于落实司法官技艺理性的规训，提高司法官适用法律的司法能力。

第四章主要探讨司法程序法的基本制度问题。作为一种公权力，司法权同样存在运行失范的潜在风险。有效地避免以上风险，防止司法权乃至诉讼权利的滥用，最为关键的是要确立较为理想的司法程序。一方面，司法程序为程序参加者提供了一种充分陈述意见的机会和机制，为其行使个人权利提供法律制度便利；另一方面，司法程序也为对程序主导者及参加者滥用权力予以制裁提供了基本的法律依据。

第五章主要探讨司法解释法的基本规则问题。作为适用法律的综合活动，司法过程中的各种司法解释具有重要的价值。在我国，由于立法的粗疏导向等因素，法律规则的可适用性往往存在一定的问题，这为司法解释发挥其功能提供了各种机会。但作为司法活动的一种，司法解释的进行也要遵循基本的法律规则。

第六章主要探讨司法证据法的基本法律制度问题。在各种司法活动中，证据通常具有至为关键的意义。但在我国当下的司法领域，有关司法证据的法律制度呈现出较为分散的状态。从确立统一、科学的司法证据制度的角度来说，以上分散的司法证据制度需要予以整合，以希冀系统、科学的司法证据法律制度的最终形成。

第一章　司法与宪法

现代意义上的司法是一种重要的国家活动，其运行基础是司法权这一国家权力。在司法与宪法的关系方面，由于宪法是现代国家中国家权力秩序的重要文本基础，司法权与其他国家权力之间的权限配置大多需要宪法予以构造等因素，二者之间存在天然的联系。

第一节　司法与宪法的一般关系

宪法是现代国家中各种国家权力的规范来源。对于司法权而言，宪法不仅将司法权的具体权能配置给不同的司法权运行主体，确立其运行的基本原则、规则，而且对司法权与其他国家权力如行政权、立法权之间的具体界限及相互关系予以制度设定。

一、司法权的宪法渊源

作为现代世界第一部成文宪法，美国宪法对司法权的规定具有一定的代表性。当然，除宪法之外，美国司法领域的一大特点还在于相关司法法也对司法权的权力配置以及司法权运行规则予以系统化。在我国，宪法在构造司法权方面与西方国家存在很大的不同，相关领域的具体制度仍然处于不断完善的过程之中，但司法与宪法之间同样有着密切的关系。

（一）美国1787年宪法下的司法

在美国1787年宪法制定过程中，制宪者们通过该宪法第3条对司法权的适用范围、法官的地位以及司法机构的设置问题进行了初步规定。具体而言，美国1787年宪法第3条第1款规定司法权的配置及司法官的任职和薪酬问题："合众国之司法权属于最高法院及国会随时规定设置之下级法院。最高法院与下级法院之法官如无行为不当得继续任职，并于规定期间领受酬金，该项酬金于继续任期之内不得减少。"① 根据该款的规定，司法权属于联邦和其他各级法院，且司法权的独立运行存在法官身份保障、物质保障等宪法制度。与1787年宪法第3条第1款确认司法权的归属不同，美国1787年宪法第3条第2款主要解决联邦司法权的范围问题。根据该项规定，美国联邦司法权的范围涉及美国宪法与合众国各种法律包括成文法和衡平法在内的一切案件；涉及大使、其他使节及领事之一切案件；涉及海事司法与海运司法之一切案件；以合众国为一方之案件；州与州间之诉讼案件；一州与他州公民间之诉讼案件；各州公民间之诉讼案件；同州公民持有不同州之土地让与证之争讼；一州或其他公民与外国公民间之诉讼案件。在管辖方面，涉及大使、其他使节及领事以及以一州为诉讼一方之案件，其初审权属于最高法院。前述所有其他案件，最高法院在法律上与事实上均有上诉司法权，唯应受国会所确定之例外与规章之限制。② 从其具体功能来说，美国1787年宪法第3条第2款的作用有二：一是明确美国联邦司法机关的管辖范围，从而在宪法层面授予联邦司法机关管辖此类案件的司法权；二是在宪法确立的体制层面厘清司法机关与其他机关之间的权限划分。此外，美国1787年宪法第6条第2款规定："本宪法和依照本宪法制定的合众国法律，以及根据合众国权力所缔结或将缔结的一切条约，都是全国的最高法律；即使与任何州的宪法或法律相抵触，各州法官仍应遵守。"从其具体内容来看，在联邦与各州法律之间的关系方面，各州宪法或法律如与联邦宪法或所缔结条约存在冲突，则联邦宪法及所缔结条约处于优位。作为维护联邦宪法的联邦法院，显然拥有保障联邦制度的重要宪法地位。

当然，美国1787年宪法所确立的司法权及其宪法地位，乃至1803年所发生的马伯里诉麦迪逊案并非意味着司法权获得了超然的地位。甚至，人们在理论层面对美国宪法第3条所规定的联邦法院究竟是以国会"忠实的代理人"的身份，还是以"我们人民的代理人"的身份与国会合作确立联邦政策一度争论不休。③ 事实上，美国司法权以上超然地位的取得，是通过不同时期的各种判决来实现的。正因为如此，美国学者拉斯基教授曾不无见地地指出："如

---

① ［美］汉密尔顿、杰伊、麦迪逊：《联邦党人文集》，程逢如译，商务印书馆1995年版，第460页。

② 参见［美］汉密尔顿、杰伊、麦迪逊：《联邦党人文集》，程逢如译，商务印书馆1995年版，第460～461页。

③ John Choon Yoo, *Marshall's Plan: The Early Supreme Court and Statutory Interpretation*, 101 *YALE L. J.* 1607 (1992).

果说美国的历史，可以用联邦最高法院的判决写成，系属夸张，则至少可以说，不详细研究联邦最高法院判决文书所写成的历史，是不完整的历史。”①考察美国司法权运作的一般历史，可以发现司法权在实践层面获得至上地位实际上经历了曲折的历程，“从19世纪初的马歇尔法院到21世纪初的罗伯茨法院，美国最高法院历经200多年，从司法克制到司法积极干预、从司法保守到司法自由激进，逐渐将最高法院推向了司法至上的地位。”②

（二）美国1789年司法法下的司法

如果说美国1787年宪法对司法的规定相对原则、初步的话，其后两年产生的1789年司法法对司法的规定则更为具体、系统。1789年司法法于1789年9月24日被批准，共计35个条文，对美国司法权的设置、法官制度进行了全方位的规定。从宪法实施的角度来说，1789年司法法可以称得上适用1787年宪法第3条的专门立法。该法曾被一位美国联邦最高法院大法官视为“可能是国会通过的最重要和最令人满意的法律”。其间的深层次原因在于：一方面，1789年司法法建立了广泛的联邦法院体系，使得司法权的运行获得了组织保障；另一方面，1789年司法法还明确了司法权的管辖范围，尤其是最高法院的司法管辖权，这使得各州、国会乃至美国总统都要受制于司法权威的有效约束。③

在规范层面，1789年司法法第9条对联邦地区法院④的管辖权进行了规定。联邦地区法院拥有对在联邦范围内（包括公海内）所有犯罪行为的审判管辖权；享有所有民事案由的海事案件之原始审判管辖权；一定的对外交使节的管辖权。1789年司法法第11条则规定了联邦巡回法院的管辖权范围。联邦巡回法院享有以下案件的管辖权：在普通法或衡平法上纠纷金额超过500美元；原告或上诉人系联邦；一方当事人系外国人；某一州公民与其他州公民之间的所有民事诉讼的初审管辖权。1789年司法法第13条则对联邦最高法院的管辖权、包括陪审团认定案件和最高法院的上诉管辖权作出了具体规定。根据

① Harold J. Laski, *The American Democracy*, The Viking Press, 1948, p. 110. 转引自齐树洁主编：《美国司法制度》（第二版），厦门大学出版社2010年版，第51页。

② 范进学：《美国司法审查制度》，中国政法大学出版社2010年版，导言第1页。

③ 参见［美］罗伯特·麦克洛斯基：《美国最高法院》（第三版），任东来等译，中国政法大学出版社2005年版，第1～2页。

④ 28 U. S. C. §132.

该条的规定，联邦最高法院享有在联邦范围内，除了以州为当事人的民事案件之外的排他性管辖权；在州与外国人争议的案件中最高法院也享有管辖权；联邦最高法院也享有所有起诉大使或使节及相关案件的管辖权。在所有由联邦最高法院审理的指控联邦公民的诉讼中，事实问题之认定交由陪审团裁决。联邦最高法院享有对联邦巡回法院审判案件和部分州法院审判案件的上诉管辖权。1789 年司法法第 25 条涉及条约、制定法与联邦宪法的冲突问题。根据该条，各州最高法院在诉讼中对合众国的条约、制定法、权限的有效性产生争议，并判决其无效、因州的制定法、权限的有效性与美国联邦宪法、条约、法律相互抵触，并判决州法有效时；抑或对合众国的宪法、条约、制定法、任命状的条款的解释产生争议，并对以该条款为根据或者任何一方当事人主张的权利、特权、免除作出消极判断，则联邦最高法院可以基于纠错令予以确认或驳回。

概括而言，1789 年司法法的作用在于：其一，明确了联邦司法权的具体运行主体，使得联邦各级法院得以建立，上述法院运行的具体规则进一步明晰。其二，联邦与州之间的司法权范围。属于联邦的司法权，州法院无权参与和干涉。同样，属于各州的司法权也能够独立行使。如此，在司法权体系内部，司法权在联邦和州两个层面的权力配置及其运行规则得以确立。司法权与其他国家权力、不同司法权运行主体之间的权限进一步明晰。从司法权运行的角度来说，美国 1787 年宪法加之 1789 年司法法对联邦、各州层面的司法机关及其权力运行范围和规则进行了全面的规定，本质上也能够规约州对联邦司法权的干涉或僭越，且能够限制立法机关及行政机关染指司法过程，从而使得法院能够专司其职以避免各种可能的干预。

当然，无论是美国 1787 年宪法，还是 1789 年司法法所确立的司法制度都只是规范层面的法律制度。某种程度上，以上规范层面的法律制度带有一定的理想性，其真正的运作需要经受政治、立法、行政等力量的广泛影响。美国司法权领域的违宪审查制度实际上是借助马伯里诉麦迪逊案①确立的，这一案例与前述 1789 年司法法以及此后的 1801 年司法法也存在密切的关联。实际上，正是马伯里诉麦迪逊案等大量案例才将美国规范层面的司法制度具体落实并臻于完善。

在美国建国之初，党派之间的矛盾体现在美国国家权力运作的诸多领域，司法领域也不例外。在此方面，1801 年司法法的出台就是一个很好的例证。从其产生历程来看，1801 年司法法的出台由美国国会中的联邦党人主导，而

① 5 U.S. (1 Cranch) 137 (1803).

且该法制定的政治背景是民主党候选人托马斯·杰斐逊在1800年的总统大选中击败了在任总统约翰·亚当斯。1801年司法法出台的时间节点是在新总统上台和新国会召开之前,① 其最显著的变化有二：其一是将民事上诉的标的从500美元减少到100美元；其二是将最高法院大法官的法定人数由6名改为5名。之所以减少最高法院大法官的法定人数，背后的更深层次的目的之一是想减少新总统提名民主党人担任大法官的机会。② 事实上，不仅是联邦最高法院，其他层面的法官任命背后也存在党派利益的考量。联邦党人尽管输掉了总统大选，但为了在他们下台之后能够继续控制法院，亚当斯总统竭尽全力在法院安排联邦党人选。联邦党操纵的国会仓促通过法律，扩大联邦地区法院并增加法官数量，并抢在新总统杰斐逊就任前批准所有法官的提名。但是，杰斐逊就任后，有些原本应当由原国务卿约翰·马歇尔负责递送的法官任命状还未送出。为了不让这些联邦党人就任法官，杰斐逊命令新国务卿詹姆斯·麦迪逊不得送发这些任命状。马伯里就是其中没有收到法官任命状的人之一，他被前总统亚当斯任命为哥伦比亚地区的治安法官，因此他根据联邦国会制定的1789年司法法第13条直接向联邦最高法院起诉国务卿麦迪逊，要求联邦最高法院签发强制执行令，迫使麦迪逊向他送达前总统签署的任命状。鉴于马伯里诉麦迪逊案开始及审理前后的复杂政治形势，负责审理该案的马歇尔大法官需要在规避政治的前提下完成审判。考虑到这一点，聚焦于1789年司法法第13条便成为一种自然而然的法律选择。根据美国1787年宪法第3条第2款的规定，马伯里所提请美国联邦最高法院的案件属于该项规定中的“其他案件”③，在“其他案件”方面，联邦最高法院仅拥有上诉管辖权，而不具有初审管辖权。马歇尔据此认为，如果根据1789年司法法而决定由联邦最高法院下达强制执行令，命令麦迪逊将委任状送达给马伯里，等同于行使了初审管辖权，显然不符合美国1787年宪法第3条的规定。④

因此，马歇尔大法官如果签发强制执行令会遭遇一系列政治困境：如直接签发强制执行令以要求国务卿麦迪逊送达马伯里的任命书，会遭遇联邦法院与

---

① 大选结果于1800年2月17日产生，但总统正式任职要等到1801年3月4日。

② 参见王名扬：《美国行政法》（下），中国法制出版社1995年版，第565、569页以下。

③ 参见［美］汉密尔顿、杰伊、麦迪逊：《联邦党人文集》，程逢如译，商务印书馆1995年版，第460～461页。

④ 参见徐炳：《美国司法审查制度的起源——马伯里诉麦迪逊案述评》，载《外国法译评》1995年第1期。

杰斐逊新政府之间的对立；更进一步的困境还可能是，可由民主党主导的国会弹劾马歇尔大法官，以便撤销其可能作出的支持强制执行令的判决。为了避免以上政治困境的出现，马歇尔大法官必须找到拒绝强制执行令的宪法或法律理由。自然而然地，宣布1789年司法法第13条所规定的由国会授权法院签发强制执行令的权力违反宪法成为一种较为可行的方法。① 在马歇尔看来，马伯里的法律诉求显然属于美国1787年宪法第3条所规定的“其他案件”，联邦最高法院就此仅拥有上诉管辖权、而不是初审管辖权。显然，联邦最高法院不能应马伯里的请求签发强制执行令要求麦迪逊将委任状送交给马伯里，因为上述行为属于初审管辖权的范畴。

（三）我国宪法下的司法

比较而言，我国司法制度与域外的显著区别之一在于：我国的司法部门无权行使政治性司法权，通过、适用和解释宪法与司法没有直接的关系。从规范层面来看，我国现行宪法在规范司法权能时也并未直接使用“司法”一词，而是以“人民法院”和“人民检察院”来表述。因此，我国宪法层面上的司法主体由法院和检察院组成，而域外一些国家宪法上的司法主体仅指法院，并不包括检察院。② 显然，司法在中外宪法语境中存在较大差别。概括而言，我国现行宪法对司法权及其运作制度的规定如下：

首先，宪法明确了人民法院的地位。现行宪法有关法院的制度设定主要表现为第123~128条。在其内容方面，第123条及第124条处理法院的权力定位及其组织设置问题，第125、126、127、128条则处理司法权具体运行的制度问题。

具体来说，现行宪法第123条确定人民法院是国家的审判机关，即以审理案件和裁决纠纷为基本职能的机关。③ 从宪法史的角度来说，现行宪法将人民法院定位为国家审判机关，渊源于1954年宪法作出的同样规定。而究其原因，1954年宪法如此规定又是由于受到苏联宪法的影响。④ 就其内容而言，以上

① 参见董景瀚：《马伯里诉麦迪逊案研究》，山东大学2006届硕士论文，第23页。

② 参见刘练军：《我国宪法上的司法制度省思》，载《江苏警官学院学报》2010年第3期。

③ 参见江国华：《通过审判的社会治理——法院性质再审视》，载《中州学刊》2012年第1期。

④ 参见刘练军：《我国宪法上的司法制度省思》，载《江苏警官学院学报》2010年第3期。

规定包含着以下两个方面的含义：第一，人民法院是国家的审判机关。它表明人民法院行使的审判权代表了国家，是以国家的名义对各类纠纷进行裁决。同时，人民法院是构成国家有机体的不可或缺的部分，以国家的名义行使职权并以国家强制力保障其职权的实现。① 我国是采用单一制国家结构形式的国家，明显有别于实行联邦制的国家。在我国的单一制国家结构形式之下，人民法院是国家的法院，而非地方的法院。人民法院行使权力是代表国家，而非任何地方、团体或个人的意志。第二，人民法院是国家的“审判机关”，其所行使的基本权力是“审判权”。其含义有二：其一，人民法院是行使审判权的国家机关。这表明人民法院在国家权力配置中职能的专门性，它是行使审判权的国家机关，而不是行使立法权的立法机关抑或行使行政权的行政机关。其二，人民法院行使权力的方式是审判。在司法过程中，人民法院通过审判活动来实现其职权，它是借助审判这一方式解决纠纷、保障人权、维护国家法制统一的机关。现行宪法第124条主要处理法院组织设置问题，具体包括三款：第一款主要解决人民法院的系统设置问题。全国法院系统由最高人民法院、地方各级人民法院和军事法院以及专门人民法院构成。第二款主要解决最高人民法院院长的任期问题。最高人民法院院长每届任期与全国人民代表大会每届任期相同，连续任职不得超过两届。第三款主要解决人民法院的组织设置问题。人民法院的组织由法律规定。从现行宪法第124条规定最高人民法院院长任期以及法院的相关组织问题来看，我国宪法并未将法院与其他国家机关如行政机关作特殊的区分。历史地看，在中华人民共和国成立初期，在人民法院系统适用行政管理模式具有一定的合理性，但在国家进入正常的宪法实施时期后，仍然适用上述模式显然不利于审判权的独立行使。现行宪法第125条确立公开审判原则，同条规定被告人所享有的辩护权。从宪法史的角度来看，1954年宪法在其第76条作出了相同规定，② 而现行宪法的规定实际上是对1954年宪法相应内容的继承。现行宪法第126条规定：“人民法院依照法律规定独立行使审判权，不受行政机关、社会团体和个人的干涉。”宪法第127条解决的是法院的层级关系问题。根据该条规定，上下级法院之间是一种监督与被监督的关系，监督的内容主要针对“审判工作”。现行宪法第128条解决的是法院向谁负责的问

① 参见江国华：《通过审判的社会治理——法院性质再审视》，载《中州学刊》2012年第1期。

② 1954年宪法第76条规定：“人民法院审理案件，除法律规定的特别情况外，一律公开进行。被告人有权获得辩护。”

题，该条明确法院向同级人大及其常委会负责。

其次，宪法明确了人民检察院的地位。现行宪法第 129 条规定，“中华人民共和国人民检察院是国家的法律监督机关”。其含义有二：其一，人民检察院是国家的法律监督机关。它意味着人民检察院代表国家行使权力，以国家的名义对法律的实施和遵守进行监督并以国家强制力保障其职权的实现。其二，人民检察院是国家的“法律监督机关”。它意味着检察权的本质属性就是法律监督权，人民检察院是专司法律监督职能的国家机关。① 人民检察院的监督是法律意义上的监督，而非所有问题的监督；它的监督是针对具体案件的监督，而不是间接、宏观与抽象的监督。因此，宪法第 129 条从两个方面进行了明确规定：一是明确了检察机关在国家权力体系中的地位，它是居于权力机关之下，并与行政机关、审判机关和军事机关并列的法律监督机关；二是明确了人民检察院法律监督职权的具体范围。从宪法的角度来说，人民检察院法律监督职权的范围主要聚焦于法律的遵守和执行情况的监督，而不是对法律的事实予以全面监督，更谈不上对法律监督权力的统揽。

二、宪法对于司法的意义

在我国司法历史中，行政首长兼理司法有长达 2000 多年的传统。中华人民共和国成立之初，在国家权力配置方面，就一度采用司法从属于行政的司法体制。② 尽管这种权力架构被随后的诸多宪法打破，但及至今天，宪法传统上的以上权力设置及其理念对我国司法权运行的影响依然广泛存在。就我国现行宪法而言，其在历次修改过程中的焦点集中于经济制度、经济政策方面，但在司法制度、司法权运行领域却未进行任何修改。

某种程度上，宪法应当发挥其对司法的应有价值。作为国家根本法，宪法可以在许多方面给予司法以支撑。首先，宪法是司法统一的重要法源。司法权在一国之内是统一的，应由专门的机关享有并行使。反之，如果司法权过于分散，则不仅不能形成对公民权利的有效保障，反而会严重妨碍公民的人身及财产自由，且不可能实现司法公正。宪法作为正确配置国家权力以有效保障公民基本权利的根本法，其担负统一配置相应的司法公权，从而保障司法人权的重

① 参见廖荣辉：《论检察权的合理和优化配置》，载《河南社会科学》2011 年第 2 期。

② 1951 年制定的人民法院暂行组织条例规定：各级人民法院（包括最高人民法院、分庭）为同级人民政府的组成部分，受同级人民政府委员会的领导和监督。

任。其次，宪法为司法提供必要的组织保障。司法裁判的性质决定了司法权必须独立，不得隶属于其他公权力尤其是行政权力。为了保障司法机关正确行使以上权力，宪法、法律要求司法机关必须独立地行使权力，不受任何机关和个人的干涉。再次，宪法为司法的运行提供基本的技术规则。在具体运行层面，司法权必须依据严格的法定程序来行使，司法权运行的基本制度如审级制度、审判原则、证据规则等，都应借助宪法确立基本的制度内容。

具体到我国而言，宪法对于司法的意义在于：

第一，明确司法机关的宪法地位。在此方面，我国宪法明确了人民法院和人民检察院属于宪法上的国家机关。① 就此而言，宪法规范的含义有二：其一，人民法院和人民检察院是由宪法，而不是由法律所设立的国家机关。从规范的角度来说，无论是人民法院还是人民检察院，它们都是“宪立司法机关”，而非“法立司法机关”，② 这决定了其在国家权力体系之中较高的宪法地位。其二，由于人民法院、人民检察院的国家机关地位及其职权由宪法确立，这意味着其存续、变更的依据是宪法规范。因此，即使是作为国家最高立法机关的全国人民代表大会及其常务委员会也不能通过法律等方式取消人民法院和人民检察院，也不能停止其行使职权，或者让其他机关代行其职权。

第二，配置司法权能。根据我国现行宪法，我国司法权的配置表现为较为分散的状态，司法权的不同部分由不同的主体行使。具体来说，审判权由人民法院行使。其含义有二：其一，国家审判权由人民法院行使，人民法院之外的其他国家机关、社会团体或个人无权行使审判权；其二，人民法院所行使的是“国家”的，而非“地方”的审判权。法律监督权由人民检察院行使。一方

① 宪法第123条规定：“中华人民共和国人民法院是国家的审判机关。”现行宪法第129条规定：“中华人民共和国人民检察院是国家的法律监督机关。”

② 比较而言，由宪法设立的司法机关要比由法律设立的司法机关在司法权限方面更加完整。以美国为例，根据联邦宪法第3条设立的法院称为“宪立法院”（Constitutional Court），具体包括94个联邦地区法院（U. S. District Courts），13个联邦巡回法院（U. S. Courts of Appeals）和联邦最高法院（U. S. Supreme Court）。除了“宪立法院”之外，美国国会根据联邦宪法第1条“必需及适当条款”设立的一些法院称为‘法立法院’，包括税务法院（U. S. Tax Court）、退伍军人上诉法院（U. S. Court of Veteran Appeals）、军事上诉法院（U. S. Court of Military Appeal）等。整体上，“宪立法院”所拥有司法权限的范围以及独立于其他两个政府部门的程度要高于“法立法院”。Michael Jay Friedman, *Outline of U. S. Legal System*, *Issues of Democracy*（2005），Vol. 4，pp. 39-40. 转引自郭海清：《美国违宪审查制度的形成及其影响》，上海交通大学2009届博士论文，第4页。

面，人民检察院是独立行使法律监督权的国家司法机关；另一方面，人民检察院所履行的职能是司法权当中的法律监督职能，具体涵盖职务犯罪侦查权、审查批准逮捕权、公诉权、对民事诉讼、刑事诉讼和行政诉讼活动的监督权等内容。① 部分刑事侦查权由公安机关行使。②

第三，确定司法权运行的基本原则、制度，保障司法权的有效运行。在审判领域，人民法院拥有独立审判的权力，不受行政机关、社会团体和个人的干涉。在法律监督领域，人民检察院独立行使检察权，不受行政机关、社会团体和个人的干涉。此外，在刑事案件领域，人民法院、人民检察院和公安机关之间应当分工负责，互相配合，互相制约，以保证准确有效地执行法律。

三、司法对于宪法的意义

在当下社会转型背景下，我国的经济发展和社会变迁实际上已经将司法推向了法治建设的前台。随着20世纪中叶改革开放的逐步推进，我国社会转型强势推动了国内经济结构、社会分层结构、意识形态等领域产生了巨大变革。这种变革的并构、排挤、整合让社会凸显失业、分化、不安等社会矛盾，并使这些社会矛盾冲突常规化。社会不断将各种复杂矛盾引入司法裁判。③ 在此过程中，对司法的传统定位已经开始退缩，司法对社会的调整功能因而日益强化。④ 造成上述变化的更深层原因在于，在我国迅速发展的社会主义市场经济产生了两个根本性的变化：其一是打破了旧有的社会调整方式；其二是对司法的社会调整功能提出了新的要求。直面以上变化，回应因上述变化而产生的有关司法的诉求，客观上需要我们作出各种制度层面的应对。但从根本上来说，需要我们从更深层面改变那种将司法权纳入行政权、让司法权服务于行政权的观念。其原因在于：唯有从观念上进行以上根本性变革，才能复归司法权与行政权关系之本原，也才能够正确地认识司法权与行政权分工负责、互相配合、

① 参见孙谦主编：《中国检察权论》，人民出版社2004年版，第128～129页。

② 值得注意的是，我国现行宪法并未直接规定公安机关的刑事侦查权，而是由刑事诉讼法等法律规范予以确定。根据以上法律规范，公安机关所行使的是部分刑事侦查权。

③ 参见蒋剑鸣等：《转型社会的司法：方法、制度与技术》，中国人民公安大学出版社2008年版，第2页。

④ 法官除了人们熟悉的裁判员角色之外，也承担“社会工程师”的角色。作为“社会工程师”的法官，不仅是社会秩序的维修工、社会公正的建设者，也是社会灵魂的守护者。参见江国华：《常识与理性（二）：法官角色再审思》，载《政法论丛》2011年第3期。

互相制约的关系。①

针对司法权的宪法设计不仅仅是一个涉及法院或其他司法权运行主体的问题，更是一个国家现代法治的实现的重大问题。在社会变革和重大社会利益分化重组的过程中，由于法律在社会分配方面的作用，一个中立、公正、开明的司法体系和具有较高职业道德素质的司法职业群体对于实现社会的平稳过渡和历史转型而言具有至关重要的作用。

但是，回首中国20世纪的法治发展简史可以发现，中华人民共和国成立以来的法治建设大致是在完全割断与旧有法律传统的基础上逐渐形成并发展起来的。比如，当时起临时宪法作用的《中华人民共和国共同纲领》第17条就规定："废除国民党反动政府一切压迫人民的法律、法令和司法制度，制定保护人民的法律、法令，建立人民司法制度。"

考虑到我国法治发展的上述历史特性，"依法治国，建设社会主义法治国家"写入我国宪法无疑具有重大的意义。随着我国经济的持续发展与社会变革的不断深入，各个领域不断涌现的矛盾日益累积，在直面社会交往过程中产生的矛盾与纠纷时，越来越多的社会主体更多地选择了司法这一化解矛盾、解决纠纷的方式。自然，司法面临的上述任务对其提出了较高要求，为了满足这些要求，我国法院也进行了诸多改革。但是，从司法实践来看，由于人们对司法提出的要求远远超过其现有及应有能力，司法改革的进行实际上呈现出一些无序的状态。鉴于司法体制改革并非法院简单的"自我完善"，而是涉及整个国家法律体制的重要变革，无序乃至违法、违宪的司法改革不应当存在。对法院的宪法角色进行重新思考，对法院的宪法地位和作用进行审慎的反思和定位是实现法治国家的必由之路。因此，司法制度的改革可以成为我们对司法权在国家权力体系中的地位进行审慎思考，以便实现真正的司法独立、公正的良好契机。从其功用来看，司法权之运作使得社会矛盾能够获得一个适当的渠道得以比较合理、顺畅地解决，这不仅仅可以树立司法的权威，而且能够形成人们对法治的信心，进而为更深层次的改革创造条件、累积共识。

第二节　中国宪法中的法院条款

作为人民法院所拥有职权及其运行规则的文本来源，我国宪法通过诸多条

① 参见杨士林：《我国法院司法权的宪法地位》，载《济南大学学报》2007年第4期。

款对人民法院的宪法地位、组织设置、运行制度等进行了宏观构建。概括而言，现行宪法规范人民法院制度的条款具体包括一般条款、特别条款及基本权利条款三类。

一、一般条款

在具体内容方面，一般条款多规定具有较为宏观意义的原则或制度。相应的条款很多情形下同时适用于包括人民法院在内的众多国家机关。对于人民法院而言，一般条款构成对其权力属性的宪法约束。

概括而言，现行宪法中属于一般条款的宪法规范包括序言第13自然段、第1条、第3条、第5条、第27条等。具体来说，序言第13自然段明确了宪法规范对于一切国家机关的根本法地位及最高法律效力，① 这自然涵盖人民法院。实际上，该自然段所确立的内容对于人民法院来说具有直接的约束力：其一，人民法院在行使其审判权过程中必须以宪法为其各项活动的根本准则，不得违背宪法所确立的基本制度；其二，人民法院在法律适用方面应当尊重宪法的最高法律效力地位，以便实现维护宪法尊严并保证宪法实施的职责。第1条明确我国的国家性质、社会主义制度的根本制度地位。② 人民法院制度作为司法制度的组成部分，也是我国社会主义制度的内容之一，是我国人民民主专政政权的组成单元之一。第3条作为我国国家机构的组织原则条款，其所规定的民主集中制自然也是人民法院的活动原则之一。同时，该条款还明确了人民法院与人民代表大会之间的关系。③ 第5条规定，包括人民法院在内的一切国家机关都必须遵守宪法和法律，且人民法院在维护社会主义法制的统一和尊严方

---

① 宪法序言第13自然段规定："本宪法以法律的形式确认了中国各族人民奋斗的成果，规定了国家的根本制度和根本任务，是国家的根本法，具有最高的法律效力。全国各族人民、一切国家机关和武装力量、各政党和各社会团体、各企业事业组织，都必须以宪法为根本的活动准则，并且负有维护宪法尊严、保证宪法实施的职责。"

② 宪法第1条规定："中华人民共和国是工人阶级领导的、以工农联盟为基础的人民民主专政的社会主义国家。社会主义制度是中华人民共和国的根本制度。禁止任何组织或者个人破坏社会主义制度。"

③ 现行宪法第3条规定："中华人民共和国的国家机构实行民主集中制的原则。全国人民代表大会和地方各级人民代表大会都由民主选举产生，对人民负责，受人民监督。国家行政机关、审判机关、检察机关都由人民代表大会产生，对它负责，受它监督。中央和地方的国家机构职权的划分，遵循在中央的统一领导下，充分发挥地方的主动性、积极性的原则。"

面也担负特有的义务。① 比如，在追究一切违反宪法和法律的行为的法律责任方面，人民法院作为行使国家审判权的国家机关，能够基于自身的司法立场提供法律救济，使得相应的违法行为受到惩处，违反宪法的行为能够借助宪法实施机制得到相应的纠正。第27条规定了国家机关的精简原则，以及工作责任制和培训考核机制，与人民的联系等内容。② 在其内容上，该条涵盖国家机关的基本组织原则、行政管理机制以及与人民群众联系的基本要求等内容。对于人民法院而言，以上宪法规范具有直接的约束力。③ 第62条第7项规定，全国人民代表大会选举最高人民法院院长，④ 这意味着最高层级人民法院的院长由全国人民代表大会选举而产生。第63条第4项规定，全国人民代表大会有权罢免最高人民法院院长。最高人民法院院长以外的其他主要审判人员，如最高人民法院副院长、审判员、审判委员会委员以及军事法院院长，则由全国人大常委会任免。同时，全国人民代表大会常务委员会还拥有监督最高人民法院工作的职权。

二、特别条款

在内容方面，特别条款专门针对人民法院的职责权限设定基本制度。

概括而言，现行宪法中属于特别条款的宪法规范包括第123条、第124条、第125条、第126条、第127条、第128条、第135条等。具体来说，第123条明确了人民法院的宪法定位，确定其为国家的审判机关。⑤ 其含义有

---

① 现行宪法第5条规定："中华人民共和国实行依法治国，建设社会主义法治国家。国家维护社会主义法制的统一和尊严。一切法律、行政法规和地方性法规都不得同宪法相抵触。一切国家机关和武装力量、各政党和各社会团体、各企业事业组织都必须遵守宪法和法律。一切违反宪法和法律的行为，必须予以追究。任何组织或者个人都不得有超越宪法和法律的特权。"

② 现行宪法第27条规定："一切国家机关实行精简的原则，实行工作责任制，实行工作人员的培训和考核制度，不断提高工作质量和工作效率，反对官僚主义。一切国家机关和国家工作人员必须依靠人民的支持，经常保持同人民的密切联系，倾听人民的意见和建议，接受人民的监督，努力为人民服务。"

③ 以上约束力可从我国人民法院领域的日常管理机制等方面得到印证。

④ 根据现行宪法第62条的规定，全国人民代表大会是最高国家权力机关，其他主要最高级别国家机关如国务院、最高人民法院、最高人民检察院的主要人员都由全国人民代表大会选举或决定而产生。

⑤ 宪法第123条规定："中华人民共和国人民法院是国家的审判机关。"

二：其一，人民法院是“国家的”、而非“地方的”审判机关；其二，人民法院是国家的审判机关，而非国家的其他机关。第124条规定了人民法院的基本组织制度、最高人民法院院长的任期。根据该条规定，我国的人民法院由最高人民法院、地方各级人民法院以及军事法院等专门人民法院构成，最高人民法院院长的任期同全国人民代表大会的任期相同，具体组织问题由法律予以规定。第125条规定了公开审判原则,① 除非法律另有规定，一般应当公开审判。同时，在此过程中，被告人也有权获得辩护，人民法院应当予以支持。第126条规定了审判独立原则。在行使审判权方面，人民法院拥有独立的地位，且在行使审判权的过程中，行政机关、社会团体以及个人都不能进行干涉。第127条规定了各级人民法院之间的具体关系为监督与被监督关系，上级人民法院并不能领导下级人民法院的审判工作。第128条规定：各级人民法院分别向产生它的国家权力机关负责。第134条规定：人民法院应当为不通晓当地通用的语言文字的诉讼参与人进行翻译。此外，在少数民族聚居或者多民族共同居住的地区，人民法院审判案件也应当使用当地通用的语言进行审理，而且起诉书、判决书、布告和其他文书应当根据实际需要使用当地通用的一种或者几种文字。第135条是人民法院与人民检察院、公安机关之间的分工、配合、制约条款，以上三机关在办理刑事案件过程中应当分工负责、互相配合、互相制约。

三、基本权利条款

对于宪法而言，基本权利条款是其主要内容，其中的大多数条款都需要宪法予以保障。这里所说的基本权利条款是指直接或间接构成人民法院应当履行义务的条款。根据相应的基本权利条款，人民法院大多数情况下不仅仅拥有权力，而且同时担负诸多保障司法人权的责任。

概括而言，基本权利条款包括宪法第33条、第36条、第37条、第41条等。第33条第3款规定国家尊重和保障人权。具体来说，这一条款的具体落实需要国家的诸多机关作出努力。但在以上国家机关之中，人民法院作为重要的司法机关之一，无疑负有重要的义务。第36条规定宗教信仰自由及其保障问题。第37条规定公民的人身自由以及相应的限制或者剥夺人身自由的合法

---

① 宪法第125条规定：“人民法院审理案件，除法律规定的特别情况外，一律公开进行。被告人有权获得辩护。”

手段，以及相应地禁止非法剥夺或者限制公民人身自由的义务。① 一方面，人民法院可以决定逮捕特定的公民，因此在剥夺公民人身自由方面拥有合法的权限；另一方面，人民法院，如同其他国家机关、任何社会团体和个人一样，不能非法拘禁或者以其他方法剥夺或者限制公民的人身自由，不能非法搜查公民的身体。第 41 条规定公民的申诉权以及批评、建议权，以及在实现以上权利方面国家机关应当履行的义务。在此方面，本条规定对人民法院同样具有约束力。人民法院面对公民的申诉、控告或者检举，同样必须查清事实、负责处理。

第三节　中国宪法中的检察院条款

在域外许多国家的法律体制中，检察权属于行政权的组成部分之一。在此体制下，负责行使检察权的检察机关在其运作上具有明显的积极主动性及自发性，因而呈现出来的是一种行政机关的、而非司法机关的特性。② 在我国，根据现行宪法所确立的人民代表大会制度，检察机关由人民代表大会产生，负责行使法律监督职权，向相应的人民代表大会及其常委会负责并报告工作。据此，我国现行宪法中的检察制度与域外不同，表现为一种与行政权相独立的法律监督权力。与人民法院相类似，我国现行宪法在人民检察院职权配置方面也存在一般条款、特别条款和基本权利条款。

一、一般条款

如前所述，一般条款很多情形下同时适用于包括人民检察院在内的众多国家机关。但无论人民检察院之外的国家机关为何种机关，以上条款对于人民检察院而言都构成有约束力的宪法规范。

概括而言，人民检察院领域的一般条款大致包括：序言第 13 自然段、第 1 条、第 3 条、第 5 条、第 27 条等。此部分内容与前述人民法院相关条款相同，不再重复叙述。宪法第 62 条第 7 项规定，全国人民代表大会选举最高人

---

①　宪法第 37 条规定：“中华人民共和国公民的人身自由不受侵犯。任何公民，非经人民检察院批准或者决定或者人民法院决定，并由公安机关执行，不受逮捕。禁止非法拘禁和以其他方法非法剥夺或者限制公民的人身自由，禁止非法搜查公民的身体。”

②　参见陈卫东：《我国检察权的反思与重构——以公诉权为核心的分析》，载《法学研究》2002 年第 2 期。

民检察院检察长，这意味着最高层级人民检察院检察长由全国人民代表大会选举而产生。第63条第5项规定，全国人民代表大会有权罢免最高人民检察院检察长。最高人民检察院检察长以外的其他主要检察人员，如最高人民检察院副检察长、检察员、检察委员会委员以及军事检察院检察长，则由全国人民代表大会常务委员会任免。同时，全国人民代表大会常务委员会有权监督最高人民检察院的工作。

二、特别条款

在内容方面，特别条款专门针对人民检察院的职责权限设定基本制度。

概括而言，现行宪法中属于人民检察院领域的特别条款大致包括：第129条、第130条、第131条、第132条、第133条、第134条、第135条。具体来说，第129条解决人民检察院的宪法定位问题，规定其为国家的法律监督机关。这意味着：其一，人民检察院是“国家的”，而非“地方的”法律监督机关；其二，人民检察院是国家的法律监督机关，而非其他性质的机关。第130条主要规定人民检察院的组织制度问题。根据该条的规定，人民检察院由最高人民检察院、地方各级人民检察院和军事检察院等专门人民检察院组成，且最高人民检察院检察长的每届任期和全国人民代表大会每届任期相同。在上下级人民检察院之间的关系方面，上级人民检察院和下级人民检察院之间是领导与被领导关系。在负责制方面，根据第133条的规定，最高人民检察院对全国人民代表大会和全国人民代表大会常务委员会负责。地方各级人民检察院对产生它的国家权力机关和上级人民检察院负责。

三、基本权利条款

与人民法院方面的宪法基本权利条款类似，这里所说的基本权利条款也是指直接或间接构成人民检察院应当履行义务的条款。根据相应的基本权利条款，人民检察院大多数情况下不仅仅拥有权力，而且同时担负诸多保障司法人权的义务。

概括而言，基本权利条款大致包括第33条、第36条、第37条、第41条等。具体内容与前述人民法院的基本权利条款完全相同，此处便不再重复。

第四节　人民法院与人民检察院的关系

从我国现行宪法的角度来说，人民法院是行使审判权的司法机关，人民检察院是行使法律监督权的司法机关。二者尽管同为司法机关，但因具体司法权限内容不同等因素，二者之间在司法权运行层面受到宪法的广泛约束。总体上，二者因以上约束而形成的宪法关系可以用“分工负责”、“互相配合”、“互相制约”加以概括。

一、分工负责

这里的“分工”意味着人民法院和人民检察院所拥有的司法权限是不同的。考察现行宪法相关条文可以发现，人民法院和人民检察院拥有平等的宪法地位，其都由人民代表大会产生，并向相应的人民代表大会及其常委会负责并报告工作。尽管宪法地位相同，且同样归属于司法机关序列，但从具体的宪法规范来看，二者依然存在明确的分工，相应的职权及运行规则存在明显的区别。具体来说，这些区别包括：（1）职权范围不同。两者作为司法机关行使的司法权力内容是不同的：人民法院行使的司法权力是审判权，而人民检察院所行使的司法权力则是法律监督权。此外，比较人民法院所行使的审判权而言，人民检察院行使的法律监督权所涵盖的职权范围更为广泛。①（2）上下级关系不同。根据现行宪法，上下级人民法院之间是一种监督与被监督的关系，而上下级人民检察院由于检察业务的运作特性，其具体关系是一种领导与被领导的关系。在检察实践领域，最高人民检察院领导地方各级人民检察院和专门人民检察院的工作，上级人民检察院领导下级人民检察院的工作。在检察系统中，下级人民检察院必须接受上级人民检察院的领导。具体而言，上级人民检察院可以通过多种方式实现对下级人民检察院的领导：在具体业务领域，上级人民检察院可以通过请示、报告制度、指令纠正制度、案件调取制度、检查指导制度、案件交办制度、组织协调制度、备案制度等实现对下级人民检察院的领导；在行政管理方面，最高人民检察院和省级人民检察院可以通过制定人员编制、提请本级权力机关撤换下级人民检察院的检察长、副检察长和检察委员会委员，以及对下级人民检察院的经费予以补助的方式实现领导；在司法

---

① 人民检察院组织法第5条规定：“各级人民检察院行使下列职权：（一）对于叛国案、分裂国家案以及严重破坏国家的政策、法律、法令、政令统一实施的重大犯罪案件，行使检察权。（二）对于直接受理的刑事案件，进行侦查。（三）对于公安机关侦查的案件，进行审查，决定是否逮捕、起诉或者免予起诉；对于公安机关的侦查活动是否合法，实行监督。（四）对于刑事案件提起公诉，支持公诉；对于人民法院的审判活动是否合法，实行监督。（五）对于刑事案件判决、裁定的执行和监狱、看守所、劳动改造机关的活动是否合法，实行监督。”

解释领域，最高人民检察院针对检察工作中如何具体适用法律问题所作出的解释对于全国各级人民检察院都具有约束力。① （3）负责制度不同。人民检察院由于层级上的领导与被领导关系，其不仅需要向同级人大及其常委会负责，也要向上级检察院负责，即双重负责制。在此背景下，以上负责制如何衔接，现行宪法第131条②所规定的人民检察院有依照法律规定独立行使职权的权力，③ 便成为一个在制度上有待明确或细化的重要问题。

这里的“负责”实际上是指分工基础上的“负责”。总体上，人民法院和人民检察院应当在宪法所确立的各自分工范围内行使相应的司法权。两种机关之间是相互独立的，二者无法相互替代。因此，人民法院和人民检察院在各自权力范围内履行宪法和法律责任，其具体权力的范围是有限的。比如，人民法院不能单方面限制人民检察院抗诉权、法律监督权的行使，人民检察院也必须尊重人民法院的宪法地位，维护审判工作的独立性。

二、互相配合

这里的“互相配合”以分工负责为前提。分工负责主要体现为两种权力之间相互独立的要求，“互相配合”体现的则是以独立为基础的工作程序上的衔接关系。之所以如此，是由于：其一，人民法院和人民检察院之间的配合是互相的，两者之间不存在谁向谁负责的问题，其共同服从于宪法和法律；其二，人民法院和人民检察院之间的互相配合主要体现为程序的配合推进。当然，无论是何种司法程序，两个机关之间的配合都应当以遵守宪法和法律为前提；其三，人民法院和人民检察院互相配合的目的是实现司法权力的有效运转，这意味着，为了实现上述目的，人民法院和人民检察院应当为统一司法权的顺畅行使提供助力，而不是障碍。

三、互相制约

在人民法院和人民检察院之间的关系方面，互相制约是核心内容。现行宪

---

① 参见陈光中等：《中国司法制度的基础理论问题研究》，经济科学出版社2010年版，第231~232页。

② 宪法第131条规定：“人民检察院依照法律规定独立行使检察权，不受行政机关、社会团体和个人的干涉。”

③ 参见王桂五：《中华人民共和国检察制度研究》，法律出版社1991年版，第57~59页。

法第 135 条规定："人民法院、人民检察院和公安机关办理刑事案件，应当分工负责，互相配合，互相制约，以保证准确有效地执行法律。"该条规定实际上是对不同司法权力关系的统揽性规定，也可以称之为不同司法权力内容之间的分权与制约规定。就现代宪法而言，分权与制约是核心原则之一，但是由于各国国情不同，不同宪法中的分权与制约模式也存在某种程度上的区别。① 就其具体内容来说，现行宪法第 135 条是不同司法权力之间的分权与制约规定。此处，之所以说互相制约是人民法院和人民检察院之间关系的核心，在于如果缺少制约，则前述分工负责以及互相配合在保障司法权力有效运行方面的具体效用会大大减损。因此，制约的目的在于经由制约以保障法律适用的公平、公正，以便实现保障公民权利的宪法价值。②

① 参见江国华：《中国宪法中的权力秩序》，载《东方法学》2010 年第 4 期。

② 参见韩大元、于文豪：《法院、检察院与公安机关的宪法关系》，载《法学研究》2011 年第 3 期。

第二章　司法组织法

基于司法权的特性，其具体运转无法离开特定的司法组织。在国家权力体系中，设置何种司法组织，不同司法组织各自拥有何种司法权限，相互之间的关系如何界定等至关重要。在规范层面，以上种种问题都需要经由系统的司法组织法律规范予以明确。

第一节　司法组织法基本理论

就其内容而言，组织一词具有丰富的含义。根据《辞海》的定义，组织是指按照一定的目的、任务和形式所编制的集体。① 在现代语境下，"组织"一词又可分为名词和动词两大类。名词语境下的"组织"是指特定类型行为发动的主体；动词语境下的"组织"是指特定类型行为的操作过程。在司法法学领域，司法组织有其确定的内涵、功能和构造模式。

一、司法组织的概念

任何国家权力的运行都必须依靠特定的组织才能实现。司法权同其他国家权力一样，其具体运行也无法离开特定的司法组织。当然，在一个国家之中，司法组织在整体上表现为一种相对严密的组织体系。换言之，"司法组织不是单一的，而是由各类、各级司法机关有机组成、相互密切联系的一种相对独立的社会组织体系"。② 在其一般意义上，对司法组织可以有广义和狭义的解读，广义的司法组织意指国家司法机关及其组成部分所构成的组织体系，而狭义上的司法组织一般仅指行使国家审判权的法院及其构成单位。

---

① 参见《辞海》，上海辞书出版社 2006 年版，第 1400 页。

② 朱立恒：《社会主义法治理念与司法组织体系改革》，载《中国司法》2011 年第 3 期。

二、中国司法组织的构成

在中国，司法组织有广义、中义和狭义之分。广义上的司法组织不仅包括人民法院、人民检察院，而且包括公安机关以及司法行政机关。① 中义上的司法组织包括人民法院、人民检察院和公安机关。狭义上的司法组织仅指涉人民法院和人民检察院。鉴于我国尚不存在统一的司法法，相关司法组织的法律渊源呈现出较为分散的状态，以下按广义司法组织的概念予以介绍。

（一）人民法院

在其属性上，我国的人民法院是行使国家审判权的国家审判机关。这意味着，我国各级人民法院的性质是“国家的审判机关”，其所行使的权力属于司法权中的“审判权”；同时，人民法院属于“国家机关”的范畴，亦即从事国家管理和行使国家权力的“机关”。作为“机关”的人民法院拥有自身的独特构造和运行法则。作为“国家机关”的人民法院具有明显的“国家性”，是国家有机体中不可或缺的组成部分，同时人民法院也以国家的名义行使职权，并以国家强制力保障其职权的实现。②

在法院的组织设立方面，我国人民法院的设置具有较强的地方化特点，其突出表现在，“除了极少数专门法院之外，无论是普通人民法院的设置，还是普通人民检察院的设置，无不是按照行政区划来设置的”。③ 在法院类别方面，我国设立最高人民法院、地方各级人民法院和军事法院等专门人民法院。各省、自治区、直辖市设有高级人民法院，省、自治区、直辖市以下设立中级人民法院和基层人民法院。无论是何种类型、何种级别的人民法院，其在审理案件过程中，除非有法律规定的特别情况，一律公开进行。同时，人民法院依照法律规定独立行使审判权，不受行政机关、社会团体和个人的干涉。在上下级人民法院之间的关系方面，最高人民法院作为最高审判机关监督地方各级人民

① 长久以来，学者们就认为公安机关与司法行政机关在其属性上系国家行政机关，而非司法机关。但从司法权运行的角度来说，公安机关确实在刑事侦查领域行使部分司法权。参见田洪生：《中国与西方国家司法组织机构之比较》，载《河北大学学报》1996 年第 6 期。

② 参见江国华：《通过审判的社会治理——法院性质再审视》，载《中州学刊》2012 年第 1 期。

③ 朱立恒：《社会主义法治理念与司法组织体系改革》，载《中国司法》2011 年第 3 期。

法院和专门人民法院的审判工作，上级人民法院监督下级人民法院的审判工作。在我国现行宪法架构下，最高人民法院对全国人民代表大会及其常务委员会负责。地方各级人民法院对产生它的国家权力机关负责，各级、各类人民法院的审判工作统一接受最高人民法院的监督。

地方各级人民法院根据行政区划设置，专门法院根据需要设置和调整。在地方法院设置方面，具体分为基层人民法院、中级人民法院、高级人民法院。基层人民法院包括县、自治县人民法院，不设区的市、市辖区人民法院。基层人民法院根据需要设立若干人民法庭作为派出机构，但人民法庭不是一个审级。中级人民法院包括在省、自治区内按地区设立的中级人民法院，在中央直辖市的中级人民法院、省、自治区、直辖市和自治州中级人民法院。专门人民法院是指根据实际需要在特定部门设立的审理特定案件的法院，其也会根据需要予以调整。

（二）人民检察院

我国人民检察院是行使国家检察权的国家法律监督机关。这意味着，人民检察院是行使检察权的国家司法机关，具有独立行使职权的宪法地位；同时，人民检察院所履行的职能是法律监督职能，其所行使的职务犯罪侦查权、审查批准逮捕权、公诉权、对民事诉讼、刑事诉讼和行政诉讼活动的监督权及法律赋予的其他职权都是法律监督职能的具体体现。①

在人民检察院的设置方面，国家设立最高人民检察院、地方各级人民检察院和军事检察院等专门人民检察院。检察机关这种自上而下的设置反映了检察机关上下级之间是领导与被领导的关系以及集中统一的特点，这和人民法院上下级之间监督与被监督的关系存在明显的不同。最高人民检察院作为最高检察机关领导地方各级人民检察院和专门人民检察院的工作，上级人民检察院领导下级人民检察院的工作。在领导与被领导的制度体现方面，主要包括请示、报告制度、指令纠正制度、案件调取制度、案件交办制度、检查指导制度、组织协调制度、备案制度等。②

在其产生层面，人民检察院由同级人民代表大会产生，向同级人民代表大

① 参见孙谦主编：《中国检察权论》，人民出版社 2004 年版，第 128～129 页。

② 参见陈光中等：《中国司法制度的基础理论研究》，经济科学出版社 2010 年版，第 231～232 页。

会及其常务委员会负责并报告工作。① 这意味着，最高人民检察院对全国人民代表大会及其常务委员会负责。地方各级人民检察院对产生它的国家权力机关和上级人民检察院负责。在具体构成方面，地方各级人民检察院包括省、自治区、直辖市人民检察院；省、自治区、直辖市人民检察院，自治州和直辖市人民检察院；县、市、自治县和市辖区人民检察院；专门人民检察院主要包括军事检察院等。同时，在其设置方面，各级人民检察院都和各级人民法院对应设置，以便能够根据刑事诉讼法所规定的程序衔接办理案件方面的具体事务。在行使检察权方面，人民检察院在依照法律行使检察权的过程中不受行政机关、社会团体和个人的干涉。②

（三）公安机关

在其属性上，公安机关作为人民政府的重要组成部分是国家行政机关。在其职权方面，公安机关拥有社会治安管理权，依法行使国家的行政权，同时公安机关又依法侦查刑事案件，行使国家的司法权。公安机关的性质具有双重性，既有行政性又有司法性。就司法组织层面的特性而言，公安机关仅在行使刑事案件办理方面的角色时可以归属于广义的司法组织。

因此，在结果上，公安机关的角色呈现出较为多元的特点。这使得公安机关所行使的权力具有一定的双重性：一方面，作为政府职能部门之一的公安机关，在依法管理社会治安领域依法行使行政权，承担着维护社会秩序、保障国家安全及政治稳定的职责；另一方面，在依法侦查刑事案件领域，其所行使的是司法权，肩负着预防、制止和侦查违法犯罪活动的重任。③

整体上，公安机关在法律属性层面既有行政性，又兼具司法性。在行政性方面，公安机关承担广泛的行政职能，如维护社会治安秩序，制止危害社会治安秩序的行为，管理交通、消防、危险物品，管理户口、居民身份证、国籍、入境事务和外国人在中国境内居留、旅行的有关事务，维护国（边）境地区的治安秩序，警卫国家规定的特定人员，守卫重要场所和设施，管理集会、游

① 宪法第 133 条规定：“最高人民检察院对全国人民代表大会和全国人民代表大会常务委员会负责。地方各级人民检察院对产生它的国家权力机关和上级人民检察院负责。”

② 宪法第 131 条规定：“人民检察院依照法律规定独立行使检察权，不受行政机关、社会团体和个人的干涉。”值得注意的是，本条内容与现行宪法第 126 条对人民法院的规定完全相同。

③ 参见陈光中等：《中国司法制度的基础理论研究》，经济科学出版社 2010 年版，第 244 页。

行和示威活动，监督管理公共信息网络的安全监察工作，指导和监督国家机关、社会团体、企业事业组织和重点建设工程的治安保卫工作，指导治安保卫委员会等群众性治安保卫组织的治安防范工作等。在司法性方面，公安机关有权在刑事诉讼法的授权范围内进行刑事案件的侦查等工作。比较公安机关两方面属性的职权内容可以发现，公安机关的主要职责是治安行政管理，只有在达到刑事诉讼法规定的犯罪程度的情形下，才涉及刑事案件侦查等刑事司法权的行使问题。

（四）司法行政机关

司法行政机关是我国国家政权的重要组成部分之一，在我国司法体系乃至法治建设中亦占有重要地位。比如，1950 年 7 月 26 日至 8 月 11 日召开的第一届全国司法会议，就由当时的司法部、最高人民法院、最高人民检察署、政务院法制委员会联合召开。历史上，司法部是在中华人民共和国成立后根据《中央人民政府组织法》于 1949 年 10 月 30 日设立的。1954 年《中华人民共和国宪法》颁布之后，改称中华人民共和国司法部。此后很长一段时期内，全国法院的行政事务都由司法部负责管理。① 我国历史上的第一次司法改革即是由司法部牵头进行的。② 这一体制，直到 1983 年修改人民法院组织法才有所改变。此前由司法行政机关承担的大部分司法行政工作，依照业务对口管理的原则移交上级人民法院管理。③

目前，我国司法行政机关依然行使包括部分司法行政权在内的广泛职权。④ 具体而言，我国司法行政机关担负的职责主要包括：监督和指导全国监狱执行刑罚、改造罪犯的工作；监督和指导全国劳动教养工作；监督和指导全国律师工作及法律顾问工作，管理社会法律服务机构及在华设立的外国（境

① 1954 年人民法院组织法第 14 条第 3 款规定："各级人民法院的司法行政工作由司法行政机关管理。"

② 参见侯猛：《中国最高人民法院研究——从司法的影响力切入》，法律出版社 2007 年版，第 45 页。

③ 当然，这一改革带来的负面后果在于：由于司法行政工作与审判工作关系紧密，一些司法行政工作如案件质量评估等，易使上级人民法院借助指导工作等机会实质上干预下级人民法院具体法官的审判工作，从而使得上下级法院之间的"监督与被监督"关系失灵。参见侯猛：《上下级法院之间的司法行政关系》，载《法制资讯》2009 年第 5 期。

④ 参见高通：《我国司法行政机关定位的历史变迁及反思》，载《山东大学学报》（哲学社会科学版）2012 年第 2 期。

外）律师机构；监督和指导全国公证机构和公证业务活动，负责委托中国港澳地区律师办理在内地的公证事务；制定全国法制宣传教育和普及法律常识规划并组织实施；指导全国的人民调解和司法助理员工作；参加与外国签订司法协助协定的谈判，负责国际司法协助协定执行的有关事宜；参与国家立法工作，组织司法领域人权问题研究等。

三、中国司法组织法的性质和地位

就其一般意义而言，司法组织法是有关组织国家司法机关的法律规范的总称。在司法领域，司法组织法主要通过对司法权运行主体及其权限的确认以及对各类司法机关运行规则的设定，来建构能够有效回应社会司法需求的司法秩序。

宪法是确立国家最根本、最重要的政治、经济、文化问题的根本大法。无论是哪一个国家的宪法，其最为核心的规定都是围绕国家权力和公民权利展开的。而在国家权力方面，宪法对立法权、行政权、司法权均会作出较为详细的规定。在这其中，司法组织法恰恰是对司法权予以规定的法律规范的总称。从这个角度来说，司法组织法具有一定的宪法性，可以说是一种宪法性法律。其原因在于，司法组织法是司法权顺畅运行的规范保障，是宪法所确立的司法权能够真正实现的规范来源，更是宪法实施的一种重要路径。

首先，司法组织法和宪法之间存在至为密切的联系。从两者的关联来看，宪法对国家司法机关的性质、职权、组织等作出了原则性规定，而司法组织法一定程度上是宪法以上原则性规定的具体化。以人民法院为例，我国现行宪法第 124 条规定，人民法院的组织由法律规定。从宪法实施的角度来说，以上宪法条款所指涉的法律自然是各种具体的司法组织法律规范，比如人民法院组织法等。同时，制定人民法院组织法等法律规范并予以落实，也是实施现行宪法第 124 条规定的具体体现。

其次，司法组织法是规定国家司法权的法律规范，是落实宪法相应规定的法律规范。司法组织法和宪法对于一国法治建设而言都具有重要的价值。对于司法权而言，宪法的原则性规定只是一种宏观建构，其具体运行如要顺畅进行的话，还要依靠司法组织法予以微观细化。从其具体内容来看，宪法重点关注的是国家司法权与其他国家权力之间的权限配置，以及国家司法权运行的基本原则等基础问题的规定，而司法组织法则主要是从国家司法权本身运行的角度对相关制度予以定型。当然，由于司法在各国维护客观法律秩序过程中的重要作用，宪法的制定以及司法组织法的制定在具体时间方面可能间隔不远。

再次，由于司法组织法是宪法所规定的司法权内容的具体化，通常具有较强的可操作性。作为国家根本大法的宪法，其对司法权的规定具有较强的政治性、原则性，而司法组织法则对各种司法机关的职责、任务、操作程序、司法官等予以明确规定，从而使得宪法中的司法权内容更加容易操作。因此，司法组织法不仅有关于国家司法机关的组织设置，而且能够作为规则约束司法权的具体运行，为司法权运行主体提供规则导向。

综上，作为宪法性法律的司法组织法，是对宪法中司法权内容规定予以具体化的法律规范的总称，其主要目的是为实施宪法的上述内容提供可操作性的规则体系。根据宪法所确立的法制统一原则，司法组织法作为与宪法联系最为密切的宪法性法律，必须合乎宪法规定，不得与宪法相悖。

四、中国司法组织法的主要内容

在现代国家语境下，不论是普通法系国家还是大陆法系国家，西方国家还是社会主义国家，司法权都被作为国家权力的重要组成部分交由司法机关来行使。但就多数西方国家而言，其司法组织主要表现为法院，行使司法权的法院因而成为现代西方国家法律体制的重要组成部分。与西方国家不同的是，我国司法组织除了法院之外，还包括检察院等一些其他国家机关。相应地，有关司法组织的法律规定与西方国家也存在本质区别。

在我国，现行宪法确立了人民代表大会制度的国家政体。这与西方国家确立的权力分立的政体大不相同。在人民代表大会制度这种政体下，行政机关、审判机关、检察机关和国家军事权力机关均来源于人民代表大会。在司法权方面，根据现行宪法、人民法院组织法、人民检察院组织法的相关规定，我国各级人民法院的院长和人民检察院的检察长都由本级人民代表大会选举产生，其他法官、检察官应当由人大常委会任命。在工作方面，人民法院、人民检察院向人民代表大会及其常委会负责。凡此种种，都与国外司法权完全独立于立法机关存在显著区别。① 但是，这并不意味着我国国家权力体系中不存在分权与制约，分权与制约是现代宪法的核心原则之一，否定该原则就意味着否定宪法本身。我国国家权力体系中的分权与制约安排并非不存在，司法权受到其他国

① 参见陈光中等：《中国司法制度的基础理论研究》，经济科学出版社 2010 年版，第 53～54 页。

家权力及其他力量的制约及广泛影响堪为例证。

当然，探讨我国国家权力体系中的分权与制约安排不是本部分的重点内容，在此无须赘述。之所以提及相关因素，只是用于说明我国司法权所处权力系统的复杂性。根据划分司法体制的基本标准，可以将我国的司法体制归类为一元制司法体制。根据现行宪法，人民法院是国家的审判机关。国家设立最高人民法院、地方各级人民法院和军事法院等专门人民法院，最高人民法院是最高审判机关。由是，最高审判权由最高人民法院统一行使的司法体制即行确立。

在地方层面，各级人民法院基本按照行政区划设立，由中级人民法院和基层人民法院两级组成。各级普通法院内部则设有刑事审判庭、民事审判庭、行政审判庭等，对各种案件拥有司法管辖权并进行审理。国家设立的专门人民法院是指军事法院、海事法院、森林法院等专门法院，受理各类相关案件，而最高人民法院对各类案件拥有最终的司法裁决权。因此，从一个整体的视角来说，我国的司法体制可以归为一元制司法体制。

第二节　法院组织法

无论对于哪个国家来说，如何组织法院系统都具有重要的价值和意义。但是，由于国家法治传统的不同，有关法院的组织制度存在质的差别，“即使是在同一制度的国家里，因国家的历史发展、文化传统等方面的影响，也会呈现出不同的特点”。① 在我国，由于各种因素，司法组织方面的法律规范呈现出较为分散的状态，有关人民法院的组织法律规范散见于现行宪法、人民法院组织法、刑事诉讼法、法官法等法律规范之中，整体上比较分散且不成体系。在人民法院的功能越来越凸显的今天，如何基于人民法院的独特性质和地位，对人民法院的组织法律规范予以系统化，应当成为我国司法法制建设的重要内容。

一、法院的性质与地位

（一）法院的性质

所谓性质，是指事物内在属性的反映，其更多地表现为在变动不居的环境

① 黄素萍、杨德志：《司法机关组织法》，中国政法大学出版社 2006 年版，第 3 页。

中所呈现出来的一种稳定状态。① 法院作为一国国家权力体系当中的重要成员，其“性质或者定性问题，关涉法院的职责、任务及其行为方式等核心问题”，② 应当成为法院组织法需要优先解决的命题。从西方法学传统的意义来说，法院即严格意义上的司法机关。古希腊的亚里士多德在其《政治学》一书中即提出了“司法权”问题，后经法国学者布丹、英国学者洛克等人的分权主张予以拓展，到 18 世纪由孟德斯鸠进行总结、提炼，从而形成较为完整的立法、行政、司法权“三权分立”学说。③

在我国社会主义司法制度下，法院是指依照法律规定行使审判权的国家机关，也是国家机器的重要组成部分。④ 对于以上地位及属性，现行宪法第 123 条和 1983 年修订的人民法院组织法第 1 条予以规范确认。这意味着，在规范层面，我国人民法院的性质包含两个层次的含义：其一，人民法院具有“国家性”。在司法实践中，人民法院“之所以能对社会纠纷作出最终的裁判，之所以能对社会之内的纠纷作出判断，其内在原因就在于它是一种国家性的权力，可以依据法律对国家之内的任何纠纷行使裁判权。”⑤ 其二，人民法院是“审判”机关。在所有国家机关当中，人民法院是国家的专门“审判”机关，其基本职能是审理案件和裁决纠纷：“审理”意指通过搜集证据、审查证据、询问当事人、证人等工作，能够查清案件的事实、确定案件的性质；“裁决”意指基于案件的事实和性质，适用法律、作出裁定与处理的决定。从司法组织法的角度来说，相关法律规范应当明确：“审判”是人民法院的本业，人民法院应当恪守审判职责；“审判”是人民法院的专业，人民法院应当专精于审判业务。其三，人民法院的本职工作是“审判”。在规范意义上，法院只是“审判”机关，宪法没有赋予它“审判”以外的其他职能。⑥ 尽管根据 1983 年人

---

① 参见胡建淼主编：《公权力研究》，浙江大学出版社 2005 年版，第 368 页。

② 江国华：《通过审判的社会治理——法院性质再审视》，载《中州学刊》2012 年第 1 期。

③ 参见熊先觉：《司法学》，法律出版社 2008 年版，第 10 页。

④ 参见黄素萍、杨德志：《司法机关组织法》，中国政法大学出版社 2006 年版，第 3 页。

⑤ 秦强、邸雅倩：《论司法权的国家性》，载《济南大学学报》2007 年第 4 期。

⑥ 参见江国华：《通过审判的社会治理——法院性质再审视》，载《中州学刊》2012 年第 1 期。

民法院组织法，人民法院有权进行必要的司法行政①和指导人民调解委员会②等行政工作，但从司法权运行的整体图景来看，前述司法行政工作是辅助审判工作的内容，不应成为人民法院的主导性工作。③

（二）法院的地位

界定法院的地位，无法离开其所处的国家权力系统。鉴于现代国家的国家权力系统多由宪法确立，界定法院的地位也必须从宪法中寻找根据。在我国，中央层面的权力系统由全国人大及其常委会与“一府两院”构成：全国人大及其常委会行使意思性权力，“一府两院”行使执行性权力。④ 因此，人民法院在理论上是与人民政府拥有平等宪法地位的国家机关。

但从规范层面来看，宪法对人民法院的安排与人民政府存在差别：同样是规定在现行宪法的第三章，但作为人民政府的“国务院”是规定在该章第三节，而人民法院是规定在该章的第七节，且与人民检察院共同规定。

而且，上述宪法规范层面的制度安排进入实际的实施环节之后，又会实质上导致人民法院的地位进一步滑落。从更深层次来说，这无疑会影响法院的权威。

二、法院的组织与权限

法院的组织与权限存在密切的关联：一方面，法院的组织相对而言自成体系，具有其内在的目的性与规律性；另一方面，法院权限的实现依赖于法院组织体系设置的合理与否。无论是法院的组织，还是其权限，在其整体上都服务于一国法院的正常运转以及法院所代表的公平正义。在此方面，法院的组织安排对法院的职权能否独立行使具有重要的意义⑤：其一，法院的组织安排决定着其能否摆脱行政机关的干扰。审判权在宪法规范层面是独立于行政机关的。但在实质层面，法院能否完全摆脱行政机关的干扰，主要取决于各种级别法院

---

① 对于司法行政工作，在 1983 年修订人民法院组织法之前，人民法院有权在上级司法行政机关授予的职权范围内管理司法行政工作，1983 年修订人民法院组织法时上述授权条款被删除。

② 参见人民法院组织法第 22 条第 2 项。

③ 当然，从司法独立的角度来说，人民法院不应有经费、财政保障之虞。

④ 参见江国华：《中国宪法中的权力秩序》，载《东方法学》2010 年第 4 期。

⑤ 参见章武生、吴泽勇：《司法独立与法院组织机构的调整》（上），载《中国法学》2000 年第 2 期。

的具体制度安排以及攸关法院正常运转的财政权与人事权的最终归属。比如，在美国早期司法史上，司法的地方保护主义一度非常严重。为了克服以上弊端，美国通过建立联邦司法系统等改革有效地维护了司法统一，从而在一定程度上化解了司法地方保护主义所带来的负面效果。其二，法院的组织安排决定上下级法院之间的关系。基于司法独立，上下级法院之间的关系应当是一种监督与被监督的关系，上级法院在法律制度层面可以借助上诉等法律制度对下级法院的司法权运行行为予以监督。实践中，上下级人民法院由于审级制度的存在，通常会有一定的审判业务联系。但以上业务联系不能成为上级法院干预下级法院具体司法权运行行为的借口，因为以上干预行为不仅影响审判独立，也是对下级法院独立法律人格的蔑视乃至无视。其三，法院的组织安排也决定着法院内部的组织关系。在世界各国司法实践中，法院除了拥有审判权之外，还在事实上行使着行政管理职权，只不过行政管理职权的行使是为审判权的运行服务，只起到辅助作用。但是，如果法院组织法层面在此方面设置不当，在法院院长或其他领导的职权、上述人员与法官之间的关系，以及法官相互之间的关系方面留有干预具体审判职权运作的较大空间的话，则法官在审判案件过程中的自主裁断权会因此受到广泛的负面影响。正因为如此，世界各国大多借助宪法及法院组织法等法律规范，对法院组织及其权限予以审慎设定。

（一）法院的组织

综观各国司法组织法律规范，可以发现各国法院体系在法院的设置方面主要适用两种原则①：其一是在国家内部统一划分为若干审判区，按照审判区域设置法院；其二是按照国家行政区划设置法院。随着现代国家的发展演变，法院的种类也从单一走向多元。当然，不同国家的法院之间存在显著差异。在法院的组织方面，世界各国的相同点在于法院的排列均是自下而上的。在审级方面，大多数国家的法院分为三个审级，少数国家分为四个审级。② 根据不同的标准，可以对法院作以下划分：

其一，初审法院、上诉法院、终审法院。

法院的审级结构在世界各国以及同一国家的不同时期多有变动。如前所述，目前世界上的大多数国家采行三级审级制。在建构审级制度的具体思路方面，各国主要受到对于司法统一性、正确性、正当性、终局性、权威性等价值

① 参见熊先觉：《司法学》，法律出版社 2008 年版，第 97 页。

② 参见黄素萍、杨德志：《司法机关组织法》，中国政法大学出版社 2006 年版，第 7 页。

目标的认同程度的影响。① 当然，司法统一性等以上价值目标能否实现，最终还是要取决于相应审级下法院审判权的配置及运作等技术规范。依照三级审级制中法院所处审级的不同，可以将法院分为初审法院、上诉法院、终审法院。在具体司法实践中，初审法院即一审法院，一般为具体负责管辖民事案件以及相对比较轻微的诉讼案件的地方基层法院。对于任何国家而言，初审法院都具有举足轻重的地位，是它们在初始层面决定着绝大多数案件的命运。② 上诉法院多为区域法院，在具体审判方面除受理上诉案件外，也作为一审法院受理不属于初审法院而受上诉法院管辖的重大诉讼案件。在现代司法史上，上诉法院是为了缓解最高法院作为上诉法院的受案负担而出现的。③ 比较上诉法院而言，终审法院是最高上诉法院或称最高法院，是国家的最高审判机关，与上诉法院一样主要进行法律审，而非事实审。当然，比较具体案件的审判而言，现代国家中最高法院的作用在于主导整个司法制度的运转乃至社会制度的变迁。④ 由于审级制度以及级别管辖设置方面的原因，上诉法院和终审法院的确定在不同国家也存在差异。一般而言，初审法院的上一级法院为上诉法院。如果相关诉讼仅允许提起一次上诉，则上诉法院为终审法院。如相关诉讼允许提起两次上诉，则司法组织方面应当设立最高上诉法院，以便作为一般上诉法院之外的终审法院。

其二，普通法院、专门法院和中央特别司法机关。

以法院所管辖案件的不同为标准，可以将法院分为普通法院、专门法院和中央特别司法机关。在以上三种司法机关之中，普通法院的管辖范围最广，通常指按照一般的审判管辖原则负责审判民事、刑事诉讼等案件的法院。由于管辖案件的范围最广，普通法院在司法实践中负责审理的案件数量也最多。一般而言，设置普通法院的数量要以受理案件数量的多少和人口密度的大小为基准确定。因此，相同层级的政权中普通法院的数量可能不同。以德国为例，其普通法院设置不是以行政区划、而是以司法区为基础，而司法区的确立标准是受

① 参见傅郁林：《审级制度的建构思路——从民事程序视角的比较分析》，载《中国社会科学》2002 年第 4 期。

② 比如，在美国，作为初审法院的州法院事实上决定约 98% 案件的命运。参见杰罗姆·弗兰克：《初审法院：美国司法中的神话与现实》，赵承寿译，中国政法大学出版社 2007 年版，第 35 页。

③ 参见陈杭平：《历史、程序、组织——美国联邦上诉法院制度之分析》，载《环球法律评论》2009 年第 5 期。

④ 参见左卫民：《最高法院若干问题比较研究》，载《法学》2003 年第 11 期。

理案件的多少和人口密度的大小。这导致同样是州一级法院，其普通法院的数量在一些州只有一个，而在其他州则可能有数个。① 专门法院亦即特别法院，特指仅对一定范围的诉讼案件或特定案件才拥有审判权的法院，比如军事法院、行政法院、宪法法院、财政法院、社会法院、税务法院、劳工法院等。值得指出的是，专门法院由于其审查案件的专业性，其具体设置除了由司法法律规范或宪法直接确立外，有些国家还通过技术性较强的特别法律设定。以德国专利法院为例，其法院领导职数、法律法官和技术法官的具体要求，法庭配置以及行政人员的配备等事项，均由德国专利法相关条文如第65条、第66条给出。② 比较普通法院和专门法院而言，中央特别司法机关存在于特定国家的特定时期，主要负责解决特别重大的法律乃至宪法问题。比如，在英国司法历史上，其长久存在的枢密院司法委员会就是专门为不服英联邦国家和殖民地法院判决的上诉而设立的司法机关，并且该委员会作出的裁判具有类似于法院终审判决的性质。据有关资料统计，在殖民地统治时期，英国枢密院审查北美殖民地的法律就多达8563件，并废除了其中的469件。③ 而在法国，其最高司法会议也是类似的中央特别司法机关，在司法领域拥有对最高法院法官的任命及上诉法院首席法官等司法官的任命提出建议，以及对司法部长有关任命其他法官的建议提出意见等广泛权力。

其三，大陆法系法院、英美法系法院。

以法院所在国家所属法系为标准，可以将法院分为大陆法系法院、英美法系法院。大陆法系法院除设普通法院外一般还设有行政法院、宪法法院。如法国的法院就分为普通法院和行政法院两大系统，普通法院负责审理民事、刑事案件。行政法院则负责受理行政机关之间或针对行政当局的行为以及对公共官吏的控诉等有关公法纠纷。在宪法法院方面，尽管不同国家宪法法院的职权及其运作方式不同，但一般都拥有非常重要的职权。法国作为行政法母国，其法院除了普通法院之外，还存在独立的行政法院系统和宪法委员会。普通法院方面，基层法院包括初审法庭、大审法庭、警察法庭、轻罪法庭和劳资协调委员会、劳资法庭、劳动法庭、商务法庭等专门法庭，在其之上则是巡回法院和上

---

① 参见钟尔璞：《德国法院的组织体系与法官制度》，载《四川审判》2002年第2期。

② 参见郭寿康、李剑：《我国知识产权审判组织专门化问题研究——以德国联邦专利法院为视角》，载《法学家》2008年第3期。

③ 李道揆：《美国政府和美国政治》，商务印书馆1999年版，第41~42页。

诉法院，最高法院系普通法院的最高审级法院。比较普通法院而言，法国的行政法院也是一个独立的系统。具体来说，该行政法院系统由普通行政法院和专门行政法院构成。① 普通行政法院具体又包括最高行政法院、上诉行政法院、行政法庭、行政争议庭。在其权限方面，行政法庭和行政争议庭对行政争端拥有普遍的管辖权，除了由其他行政法院管辖的行政诉讼案件之外都由其负责管辖。上诉行政法院尽管只拥有部分上诉管辖权，但由于其负责受理行政法庭的上诉案件且管辖范围也不限于某一类专门事项，因此也属于普通行政法院。最高行政法院作为所有行政法院的最高级别法院，同时拥有初审管辖权、上诉审管辖权和复核审管辖权。除了以上四种行政法院之外的行政法院，如审计法院、财政和预算纪律法院等，都属于专门行政法院。

基于长久以来的普通法传统，英美法系国家仅设普通法院，而不设行政法院和宪法法院。当然，造成英美法系法院与大陆法系法院以上法院组织安排的重要原因在于英美法系法院拥有司法审查权，借此法院能够监督政府及其他部门的工作，且能够有效制衡政府部门按照宪法所确立的标准行事。② 在英国，其法院系统包括民事法院、刑事法院和独立于以上两种法院的一些专门法院。民事法院由四级法院组成，具体包括郡法院、高等法院、上诉法院（民事庭）和最高法院。刑事法院也由四级法院组成，具体包括地方法院、刑事法院、上诉法院（刑事庭）和最高法院。除民事法院和刑事法院外，英国还设有一些独立的专门法院，如反垄断法院、验尸官法院、军事法院等。在美国，其联邦法院系统依照地域划分为 94 个区域，③ 法院包括根据联邦宪法设立的普通法院和根据法律设立的专门法院两种。联邦普通法院由初审法院、上诉法院和最高法院组成，而联邦专门法院的设立初衷主要是减轻普通法院的受案负担以及应对案件增长的现实。美国联邦专门法院主要包括联邦税收法院、联邦关税法院、联邦索赔法院、国际贸易法院、军事上诉法院、破产法院。④ 州法院由于各州宪法和法律的不同，其具体设置也存在极大的差异。整体上，州法院系统的设置极不统一。

---

① 参见张德瑞：《法国行政法院制度的启示与借鉴》，载《河南大学学报》（社会科学版）2005 年第 6 期。

② 参见齐树洁主编：《美国司法制度》（第二版），厦门大学出版社 2010 年版，第 8 页。

③ 28 U. S. C. § §81-131.

④ 参见齐树洁主编：《美国司法制度》（第二版），厦门大学出版社 2010 年版，第 7 页。

（二）法院的权限

在世界各国或者同一国家的不同时期，法院的权限一直多有变化。之所以多有变化，可能是因为社会生活的实际需要，也可能是因为相关国家和民族的政治和司法传统。① 在人类社会的司法演化史中，司法权长期以来只是蜷缩在强大的立法权或执行权之下的社会性权力。但自美国马伯里诉麦迪逊案②以来，获得合宪性司法审查权的司法权迅速成长为美国宪法架构中不可或缺的制衡装置。在此成长过程中，具有悠久社会性传统的司法权强化了其国家权力的特性，并凭借其技艺理性特点不断拓展自身的疆域，使得其从最早的那种忠实于自己谦逊地位的权力角色，转变成为现代政治权力中的强大力量。③ 当然，无论审查对象指向议会法律还是宪法修正案，合宪性审查在其属性上仍然可以归属于法院传统上行使的审判权这一主业。除了审判权这一主业之外，法院还拥有司法解释权、法律规则形成权、司法行政事务权等其他辅业。

（1）审判权

在其最原始意义上，审判是指对是非问题的裁决或评价。在人类社会长久的发展历史当中，审判一直是具有较强社会功能的纠纷解决方式。由于审判技术等因素，彼时的审判多带有较为浓厚的神秘主义色彩。比如，在瞿同祖先生看来，世界上的各种民族于原始时代普遍都适用某种形式的神判法。其运作要义在于：如果不能以人类的智识断定某一嫌犯是否真正犯罪，便往往借助于神灵裁断。④ 随着国家对社会生活干预越来越深入，审判的国家功能日益凸显，相应地，审判的社会功能随着国家审判权的扩张也就逐渐缩小。由此产生的后果在于，国家逐渐以取消自力救济为理由将私领域的纠纷也纳入其审判范围。审判功能从社会向国家的转型，无疑标志着审判开始由最初的判断是非和解决纠纷的方式逐渐走向以国家名义进行的司法活动。相比自力救济而言，国家意义上的司法活动属于公力救济，是指审判机关对具体案件适用法律的活动，其具体进行要求事先设定权利义务的实体法律相对更为完善，纠纷解决的程序性

---

① 参见王源渊：《略论审判权的范围和限度》，载《法学评论》2005 年第 4 期。

② 5 U. S. （1 Cranch） 137 （1803）.

③ 参见程春明：《司法权及其配置：理论语境、中英法式样及国际趋势》，中国法制出版社 2009 年版，第 271 页。

④ 参见瞿同祖：《中国法律与中国社会》，中华书局 2003 年版，第 270 页。

设计更为公正、严谨。①

演变至此，审判权成为法院的专属职权，法院据此区别于其他国家机关或社会组织。在现代，各国大多通过具体的立法形式明确审判权为法院专属职权。比如1787年美国宪法在其第3条规定："合众国的司法权，属于最高法院及国会随时规定和设立的下级法院。"德国基本法在其第92条规定："司法权委托给审判官，此项权力由联邦法院和基本法所规定的各联邦法院行使。"从纠纷解决的角度来说，法院以审判权为基础审判向其提起的社会冲突，以裁决的方式解决纠纷、维护国家法律的统一实施，表现为解决社会冲突的最后屏障。依据所解决纠纷性质的不同，法院审理案件的种类大致包括刑事案件、民事案件和行政案件三种。当然，在审判权的具体运行过程中，由于具体审判模式存在职权主义和当事人主义之分，法官在上述过程中的具体职权显著不同。在职权主义审判模式下，法官是庭审调查的主导者，当事人或辩护人和检察机关处于辅助地位，法官在审判进行过程中不仅主动出示证据，而且也会为了查明案情提出许多问题，甚至可以主动收集证据。在当事人主义模式下，当事人是法庭调查的主导者，处于中立地位的法官消极聆听并作出有约束力的裁决，其职权色彩较弱。②

（2）司法解释权

司法解释权是指法院解释立法机关制定法律的权力。尽管司法权的具体运行要求事先设定权利义务的实体法律相对更完善，纠纷解决的程序性设计更公正、严谨，但任何国家都不可能制定出一部或多部囊括所有社会事实的法律。换言之，法律本身无法避免地会存在这样那样的漏洞。此外，鉴于法律规则存在较强的抽象性，人们对规则的具体含义往往会存在不同的理解。因此，由法院和法官对法律进行司法解释便具有自然的合理性。应当指出的是，司法解释权毕竟不是现代宪法所规定的立法权，也不能成其为法院的主业而偏废其审判权这一主业的实际运作，立法甚至具有立宪特性的司法解释应当遵循基本的谦抑原则，"既然立法机关存在的真正理由就是制定新法律，可见制定新法绝不是法院的分内事；只有当现有的、实在的或非实在的法律渊源不起指导作用，或者废除已陈腐的判例已成了绝对的必要时，法官才诉诸制定新法，因而，制

① 参见吴展：《我国行政诉讼调解制度之构建：合法性视角的分析》，载《东吴法学》2012年秋季卷。

② 参见［日］棚濑孝雄：《纠纷的解决和审判制度》，王亚新译，中国政法大学出版社2004年版，第1页。

定新法对法官来说仅仅是最后手段（ultima ratio）。”①

(3) 合宪性审查权

合宪性审查权意指，在审查行政行为是否超越制定法明确授权的同时，附带审查上述制定法是否超越宪法规定，或者直接审查立法机关所立法律是否合宪的权力。依照所审查内容的不同，可以将合宪性审查区分为针对法律规范的合宪性审查和针对某一行为的合宪性审查。概括而言，当下世界范围内的合宪性审查模式有三：其一是以美国为代表的普通法院审查模式，具体由普通法院在审理案件的过程中对法律规范的合宪性予以附带审查。这一模式的特点在于，合宪性审查与一般的司法审查并不存在显著区别。一切争议，无论其属性如何，都会以同样的程序予以解决。从应然的角度来说，任何案件都可能出现宪法问题，法官并不会因为某一案件可能出现宪法问题而特别对待，也不会因为某一案件不可能出现宪法问题而予以忽视。存在宪法问题的案件，和在同一法院提起的其他案件或争端一样，并不会被专门分类。② 其二是以法国为代表的宪法委员会模式。在成立之初，法国宪法委员会被用来监督和压制议会权力。经过 20 世纪 70 年代的两次重大改革，法国宪法委员会的角色从帮助政府监督议会转变为公民基本权利的保障者。在此转变过程中，法国宪法委员会进行合宪性审查的具体形式也由此前监督法律立法范围的形式审查，转变为审查法律的实质内容是否合宪的实质审查。③ 其三是以德国为代表的宪法法院模式。比较而言，德国宪法法院模式的特点在于其合宪性审查的范围更加广泛。④ 首先，德国宪法法院可以对法院业已作出的终审裁判予以合宪性审查。如果当事人认为法院作出的终审判决对其权利造成损害，其可以向联邦宪法法院提起宪法诉愿，以审查以上法院在程序上或对一般法的解释和适用上是否损害其基本权利；其次，德国宪法法院可以对行政行为予以合宪性审查。提起此类宪法诉愿的前提在于，当事人此前应当穷尽现有的法律救济途径。再次，德国宪法法院可以对立法行为予以合宪性审查。这里，联邦宪法法院实际上可以说是一种“立法审判机构”，德国宪法法院可以通过多种主体提起对立法行为

---

① ［美］埃德加·博登海默：《法理学——法律哲学和方法》，张智仁译，上海人民出版社 1992 年版，第 372 页。

② 参见［美］路易斯·迈克尔·塞德曼：《未定案的宪法》，杨智杰译，中国政法大学出版社 2014 年版，第 17 页。

③ 参见吴天昊：《法国违宪审查制度》，中国政法大学出版社 2011 年版，第 102 页。

④ 参见邵建东主编：《德国司法制度》，厦门大学出版社 2010 年版，第 69 ~ 70 页。

予以合宪性审查的请求。复次，德国宪法法院可以对宪法机构之间的争议进行合宪性审查。这里，争议的主体可以是联邦议院、联邦参议院、联邦政府等。显然，在以上合宪性审查模式之中，德国宪法法院所拥有权限的范围最大。相比较美国将其合宪性审查权归诸法院，德国宪法法院所拥有的合宪性审查权则是独立于立法、司法、行政机关之外的一个机关，其存在的目的是监督所有国家权力。因此，比较美国法院的终局裁决而言，德国宪法法院的判决才具有真正的“最终性”。①

（4）司法行政管理权

在人类社会的司法历史上，司法行政管理权一度由政府当中的司法部门负责行使。但自“二战”以来，将司法行政管理权与一般的行政权相区分，并将其统一交由司法机关来行使逐渐成为司法权发展进程中的一大潮流。之所以产生以上演化过程，其内在的原因在于司法权运行领域存在较强的技艺特点，针对司法机关以及司法官的管理应当同普通行政机关直白的命令——服从式管理机制予以区分。换言之，法院、法官的管理者应当是一种尊重司法技艺、司法规律基础之上的管理者，而不能如同行政机关序列下直接的行政命令模式那样管理法院、法官。比如，在美国联邦最高法院的司法行政管理方面，大法官罗伯茨就“态度谦和，甚至略显恭顺”，其在实践中就是“以一种公允持重的方式管理着最高法院”。② 当然，在联邦地方法院管理方面，也堪称一种法律框架下的民主管理。有关联邦地区法院的内部事务分配，美国国会通过明确的法律规定授权各地区法院以“全体法官”合意的方式自行制定规则予以决定。如地区法院法官无法达成合意，则由司法委员会以颁布命令的方式予以决定。③

三、我国人民法院的审判制度

根据现行宪法和人民法院组织法等司法法律规范的规定，我国现行的法院包括两类：一类是普通人民法院；一类是军事法院等专门人民法院。普通法院包括基层人民法院、中级人民法院、高级人民法院和最高人民法院四个审级。

---

①　参见马岭：《德国和美国违宪审查制度之比较》，载《环球法律评论》2005 年第 2 期。

②　［美］杰弗里·图宾：《九人：美国最高法院风云》，何帆译，上海三联书店 2010 年版，第 285 页。

③　28 U. S. C. § §41，43.

在审级制度方面，我国实行两审终审制。对于第一审人民法院作出的判决和裁定，当事人可以按照法律规定的程序向上一级人民法院提出上诉，人民检察院可以按照法律规定的程序向上一级人民法院提起抗诉。这里，两审终审制是指一个案件经过两级人民法院审判即告终结，对于第二审人民法院作出的终审判决、裁定以及最高人民法院审判的第一审案件的判决和裁定，当事人等不得再提出上诉，人民检察院不得依照上诉程序提出抗诉。① 在管辖案件的范围方面，地方各级人民法院完全按照行政区划设置，在其管辖区内行使审判权。专门人民法院审判其所在特定部门的或者特定的案件。最高人民法院则负责管辖全国范围内的案件。

（一）地方各级人民法院

1. 基层人民法院

根据现行人民法院组织法的规定，基层人民法院设在县、自治县、不设区的市和市辖区。在审判组织方面，基层人民法院由院长一人，副院长和审判员若干人组成，并可以设刑事审判庭、民事审判庭和经济审判庭，庭设庭长、副庭长。在审判职权方面，除法律、法令另有规定的案件之外，基层人民法院负责审理刑事、民事的第一审案件，② 以及第一审行政案件。此外，基层人民法院还根据地区、人口和案件的情况设置若干人民法庭。人民法庭是派出法庭，其职权包括审理一般民事和轻微刑事案件。在行使上述职权过程中，如认为案情重大应由上级人民法院审理时，可以请求移送上级人民法院审判。除此以外，人民法庭还负责处理不需要开庭审判的民事纠纷和轻微的刑事案件、指导人民调解委员会的工作。在法律意义上，人民法庭的判决和裁定就是基层人民法院的判决和裁定。③

2. 中级人民法院

根据现行人民法院组织法的规定，中级人民法院具体包括在省、自治区按

---

① 人民法院组织法第 11 条第 4 款规定："中级人民法院、高级人民法院和最高人民法院审判的第二审案件的判决和裁定，最高人民法院审判的第一审案件的判决和裁定，都是终审的判决和裁定，也就是发生法律效力的判决和裁定。"

② 人民法院组织法第 20 条第 1 款规定："基层人民法院审判刑事和民事的第一审案件，但是法律、法令另有规定的案件除外。"

③ 人民法院组织法第 19 条规定："基层人民法院根据地区、人口和案件情况可以设立若干人民法庭。人民法庭是基层人民法院的组成部分，它的判决和裁定就是基层人民法院的判决和裁定。"

地区设立的中级人民法院，在直辖市内设立的中级人民法院，省、自治区辖市的中级人民法院以及自治州中级人民法院。在审判组织方面，中级人民法院由院长一人，副院长、庭长、副庭长和审判员若干人组成。中级人民法院设刑事审判庭、民事审判庭、经济审判庭，根据需要可以设置其他审判庭。比较基层人民法院而言，刑事审判庭、民事审判庭、经济审判庭是必设审判庭，而基层人民法院审判庭的设置则具有较强的灵活性。在案件审理方面，中级人民法院负责审判的案件具体包括：法律、法令规定由它管辖的第一审案件；基层人民法院移送审判的第一审案件；对基层人民法院判决和裁定的上诉案件和抗诉案件；人民检察院按照审判监督程序提出的抗诉案件。对于其所受理的刑事和民事案件，如中级人民法院认为案情重大应当由上级人民法院审判的时候，可以请求移送上级人民法院审判。①

应当指出的是，中级人民法院在管辖行政案件方面存在一些特别规定，如有关确认发明专利权的案件，海关处理的案件，对国务院各部门或者省、自治区、直辖市人民政府所作具体行政行为提起诉讼的案件，应当由中级人民法院负责审判第一审案件。② 司法实务中较易出现本应由中级人民法院审判，而实际上由基层人民法院予以审判的司法错误，在海关业务领域发生的“同心泉”案就是如此。③ 案件的基本情况如下：1999 年 5 月 31 日，海门海关在浙江台州海域对巴拿马籍货轮“同心泉”号实施登轮检查。检查发现，“同心泉”号货轮中 8 只集装箱装有聚乙烯、化纤面料、夏普彩电等国家限制进口货物。海门海关遂将其扣留，“同心泉”号货轮在当事人缴付 50 万元抵押金后被放行。海门海关于 8 月 24 日作出行政处罚决定，认定“同心泉”号货轮在领海运输国家限制进口货物，无合法证明，构成《海关法行政处罚实施细则》第 4 条所列走私行为，根据《海关法行政处罚实施细则》第 5 条的规定，将在扣货物予以没收。“同心泉”号货轮船长高某不服，于 9 月 5 日向海门海关申请复议。此后，涉案货物所有人 A 集装箱码头有限公司和货物运输经营单位某船务有限公司分别于 9 月 27 日、9 月 30 日向海门海关申请行政复议。辽宁某股份有限公司、黑龙江省某进出口公司则分别于 9 月 14 日、10 月 10 日向杭州海关申请行政复议。而大连某饮食有限公司于 10 月 18 日直接向台州市中级人

① 参见人民法院组织法第 25 条。

② 参见行政诉讼法第 23 条。

③ 参见徐蔚崴、潘荣伟：《“同心泉”案涉及的若干海关法律问题》，载《上海海关高等专科学校学报》2001 年第 3 期。

民法院提起行政诉讼。台州市中级人民法院则指定其下级人民法院椒江区人民法院审理此案。在行政诉讼方面，椒江区人民法院以本案正在复议为由，驳回起诉。

从人民法院组织法和行政诉讼法的规定来看，本案管辖权的转移显然存在问题。根据现行人民法院组织法的规定，中级人民法院负责审理“法律、法令规定由它审理的第一审案件”,① 而根据现行行政诉讼法的规定，“海关处理的案件”由中级人民法院管辖第一审案件。就一般逻辑关系来看，“海关处理的案件”应由中级人民法院管辖，中级人民法院对此类案件拥有管辖权，当事人如对中级人民法院的第一审判决和裁定不服，还可以向中级人民法院的上一级法院如高级人民法院提起上诉。现行行政诉讼法除了在其第14条规定“海关处理的案件”应由中级人民法院审判以外，其第23条所规定的管辖权转移制度在形式层面似乎与“同心泉”案的审判存在关系。根据该条的规定，上级人民法院有权审判下级人民法院管辖的第一审行政案件，也可以把自己管辖的第一审行政案件移交下级人民法院审判，表面上看作为上级人民法院的台州市中级人民法院似乎可以将本案移交给其下一级人民法院椒江区人民法院审理。但就行政诉讼法第14条第1项所列由中级人民法院管辖第一审案件的规定来看，其都是由现行行政诉讼法之外的其他“法律”、“法令”予以规定的。而其他“法律”、“法令”之所以规定相应的行政案件应由中级人民法院负责管辖，很大程度上是因为涉案事项的特殊性、专业性,② 应由更加胜任审判此类案件的中级人民法院负责管辖相关第一审案件。因此，此种情形下负责审理本案第一审的台州市中级人民法院将其移交给下级人民法院审判，不仅不符合现行行政诉讼法的立法原意，也在客观上剥夺了当事人如对第一审判决和裁定不服，可以依法由省高级人民法院而非台州市中级人民法院负责第二审的权利。

3. 高级人民法院

高级人民法院包括省高级人民法院、自治区高级人民法院和直辖市高级人民法院，分别设在省、自治区和直辖市。在审判组织安排方面，高级人民法院与中级人民法院相同，具体由院长一人，副院长、庭长、副庭长和审判员若干人组成，高级人民法院院内设刑事审判庭、民事审判庭、经济审判庭，根据需要可以设置其他审判庭。但在具体案件的管辖方面，高级人民法院管辖案件的

① 现行人民法院组织法第24条第1项。

② 如海关业务、专利业务等。

来源要比中级人民法院广泛，其负责第一审的案件不仅可以是“法律规定由它管辖的第一审案件”，还可以是“下级人民法院移送审判的第一审案件”、“对下级人民法院判决和裁定的上诉案件和抗诉案件”，或者“人民检察院按照审判监督程序提出的抗诉案件”。

（二）专门人民法院

专门人民法院是人民法院组织体系中一个特殊的组成部分，是专门性质的审判机关。它是按照特定部门或者特定案件而设立的，管辖与该部门有关的案件或特定案件。根据现行人民法院组织法的规定，我国目前存在的专门人民法院包括军事法院、海事法院等。之所以称为专门人民法院，主要是由于其组织设置并非像普通法院那样按照行政区划设置，而是依照其自身业务或地域特点而设置，比如海事法院就主要设置在海事、海商案件发生较多的沿海港口城市。① 此外，相关专门法院适用的法律规范还具有相当的专业性或国际性，其具体审理需要拥有较高的专业技术水平。在案件管辖方面，海事法院主要负责审理海事、海商案件的第一审案件，如对海事法院的第一审判决和裁定不服，可以向海事法院所在地的高级人民法院提起上诉。在司法实践中，专门法院均具有该领域的鲜明特色，并且其司法管辖区域一般和同级别行政区划并不重合，因此其具体管辖范围大大超过同级别的地方人民法院。

（三）最高人民法院

根据现行宪法和现行人民法院组织法的规定，最高人民法院是国家最高审判机关。② 作为国家最高审判机关，最高人民法院的职责有三：其一是审判。最高人民法院负责审理“法律、法令规定由它管辖的和它认为应当由自己审判的第一审案件”、“对高级人民法院、专门人民法院判决和裁定的上诉案件和抗诉案件”以及“最高人民检察院按照审判监督程序提出的抗诉案件。”③ 其二是司法解释。根据现行人民法院组织法的规定，最高人民法院可以发布司

① 参见黄素萍、杨德志：《司法机关组织法》，中国政法大学出版社 2006 年版，第 26 ~ 28 页。

② 现行宪法第 127 条规定：“最高人民法院是最高审判机关。最高人民法院监督地方各级人民法院和专门人民法院的审判工作，上级人民法院监督下级人民法院的审判工作。”现行人民法院组织法第 29 条规定：“最高人民法院是国家最高审判机关。最高人民法院监督地方各级人民法院和专门人民法院的审判工作。”

③ 现行人民法院组织法第 31 条。

法解释。① 在我国法律体系中，司法解释并不拥有独立的法律位阶。但是，由于司法解释往往是针对全国人大及其常委会制定的法律所作的解释，其效力来源于法律规定并持续于法律生效期间，司法解释因此与所解释法律之间存在一定的依附关系。司法解释效力的位阶实际上等同于被解释的法律，从而具有相当的法律效力。② 在司法实践当中，最高人民法院以上两个方面职责的表现并不均衡，由其具体审理的第一、二审案件并不多，而借助各种形式发布的司法解释的数量则相当多。其三是监督。根据现行宪法和现行人民法院组织法的规定，最高人民法院有权监督地方各级人民法院和专门人民法院的审判工作。在具体监督方式方面，最高人民法院可以按照二审程序、死刑复核程序③和审判监督程序对具体案件进行监督，纠正错误的判决和裁定。

第三节　检察院组织法

与人民法院一样，我国的人民检察院同样视公平正义为其基本追求。只不过，在追求公平正义的具体方式方面，人民检察院与人民法院存在区别。之所以如此，是因为人民检察院所处宪法地位，以及其所拥有职权和行使职权的具体方式与人民法院存在本质区别。

一、检察院的性质与地位

根据现行宪法④和现行人民检察院组织法⑤的规定，人民检察院是国家的法律监督机关。这意味着，人民检察院的具体职权属于法律监督权，人民检察院是专司法律监督职能的国家机关。当然，人民检察院以上法律监督职能的行使客观上需要两个基本前提：其一，检察机关是处于国家权力机关之下，与行政机关、审判机关并列的法律监督机关；其二，检察机关的法律监督职能不属

---

① 参见人民法院组织法第 32 条。

② 参见江国华：《中国宪法中的权力秩序》，载《东方法学》2010 年第 4 期。

③ 现行人民法院组织法第 12 条规定：“死刑除依法由最高人民法院判决的以外，应当报请最高人民法院核准。”

④ 现行宪法第 129 条规定：“中华人民共和国人民检察院是国家的法律监督机关。”

⑤ 现行人民检察院组织法第 1 条规定：“中华人民共和国人民检察院是国家的法律监督机关。”

于“一般监督”，具体是指由国家权力机关授予并受其领导和监督的“法律监督。”① 究其本质而言，人民检察院以上宪法地位及其职权是由我国的国家制度和政治制度决定的。

（一）检察院的性质与地位

决定检察机关性质的基础是其所行使权力的属性。由于人们对检察机关所行使权力的属性存在定性方面的争议，检察机关的性质归属在理论上一直处于有争议的境地。在我国，由于在司法权的概念领域尚未形成统一的认识等因素，人们对检察权性质的定性也存在分歧。② 概括而言，主要存在以下观点：

其一，主张检察权属于行政权。

某种程度上，此种观点是将司法权定位为审判权为基础而确立的。持此种观点的论者认为，检察机关在组织体制和总体运作模式上近似于行政系统，检察活动类似于行政活动，它不具有审判权所拥有的中立性，也不具有被动性。在职能方面，检察机关主要负责刑事追诉，比如犯罪调查和检控等，本质上是一种为了维护法律秩序而主动、积极实施的行为，这显然不是被动、消极的审判行为。与检察权不同，司法权的运行秉持“不告不理”原则，具有明显的被动性和消极性。因此，检察机关所为行为的主动性和积极性，表征的是一种行政机关、而非司法机关的特性。③ 剖析上述观点，可以发现其论证显然是建立在将检察制度和检察现实简单化甚至片面化的认识基础上的。实际上，检察机关所行使的权力具有一定的复杂性，对其简单化解读与其自身属性不符。就我国而言，检察机关所行使的权力就包括职务犯罪侦查权、提起公诉权、诉讼监督权和执行监督权等，以上权力很难完全定性为行政权。而且，从我国现行宪法的规定来看，其是将检察权与行政权并列安排的，而且检察院在实践中对行政的法律监督职能有日渐强化的趋势，④ 将检察院定性为行政机关不仅与宪法的设定不符，也和检察实践存在显明的不一致。

其二，主张检察权属于司法权。

---

① 参见韩大元：《关于检察机关性质的宪法文本解读》，载《人民检察》2005 年第 7 期。

② 参见朱孝清：《中国检察制度的几个问题》，载《中国法学》2007 年第 2 期。崔敏：《为什么检察制度屡受质疑》，载《法学》2007 年第 7 期。

③ 参见陈卫东：《我国检察权的反思与重构——以公诉权为核心的分析》，载《法学研究》2002 年第 2 期。

④ 参见韩大元：《宪法文本与检察机关的性质》，载《法学家》2007 年第 9 期。

持此种观点的论者认为，检察权归属于司法权的范畴。首先，从我国的政权组织形式来看，人民代表大会制度之下的“一府两院”中，检察院与行政机关之间是一种独立的关系。我国现行宪法明确规定了最高行政机关国务院与最高人民检察院的具体职权范围，以上职权范围的划分表明二者之间的相互独立。而且，根据现行宪法①及现行人民检察院组织法②的明文规定，检察机关独立行使检察权不受行政机关的干扰。就此而言，作为检察机关的检察院和行政权没有任何隶属关系，检察机关所行使的权力不可能是行政权。此外，就司法权的角度来说，运行司法权的行为是司法机关依照司法程序针对相关事实适用法律的活动。以上述情状考察检察权的运行可以发现，检察机关在司法活动中所采取的措施、作出的决定等，更符合司法权的运作特性。检察官尽管不是法官，但却发挥司法领域中的重要功能，这和法官是相同的。③

其三，主张检察权兼具行政权和司法权双重属性。

持此种观点的论者认为，检察权兼具行政性和司法性。检察权的运行在形式上是独立判断以作出决定，同时也是以适用法律为目的的。而且，检察权的运行主体——检察官在任职资格要求和身份保障制度方面，在许多国家都与法官的相关制度相同。就此而言，检察权显然具有司法性。另一方面，检察领域存在组织法上的检察一体，以及检察权运作层面领导与被领导的上下级关系，这充分表征了检察机关具有较为浓厚的行政性。

整体上，以上观点使得检察权或者检察机关的定性成为一个难以确定的问题。实际上，检察权性质和地位的确定需要回归宪法，以宪法的具体规定来明确其性质和地位。根据我国现行宪法的规定，检察权呈现出一种综合性的特征，其以法律监督为基础，兼具行政性和司法性。现行宪法第 129 条明确规定：“中华人民共和国人民检察院是国家的法律监督机关。”这充分说明人民检察院是行使法律监督权的国家机关。只不过，在具体实现法律监督的过程中，人民检察院的运行可能带有行政或司法的特性。在行政性方面，检察权中的侦查权既强调侦查效率、又具有严密的组织特性，同时要求检察长或者部门领导人组织队伍以实施计划周密的相应侦查行为。此外，检察权运行领域的

① 现行宪法第 131 条规定：“人民检察院依照法律规定独立行使检察权，不受行政机关、社会团体和个人的干涉。”

② 现行人民检察院组织法第 19 条规定：“人民检察院依照法律规定独立行使检察权，不受其他行政机关、团体和个人的干涉。”

③ 参见林钰雄：《检察官论》，学林文化事业有限公司 2000 年版，第 86 页。

"检察官一体化"使得其在组织结构乃至行为规范领域都具有较强的行政特性。在司法性方面，检察权中的提起公诉权涉及审查证据材料以决定起诉与否的行为，这在权力运行特性上与司法权相似，均为适用法律的行为。此外，检察权运行的基本宗旨、检察权运行主体的独立法律人格以及职业保障等都与司法至为相似。但从宪法的角度来说，检察院仍然主要是国家的法律监督机关，只不过在其权力运行领域承担部分参与司法活动的职权。

（二）检察院的具体职权

根据现行宪法、人民检察院组织法、刑事诉讼法等法律规范的规定，可以将人民检察院法律监督的职权概括为以下几个方面：

1. 公诉权

所谓公诉权，实际上属于刑事公诉权，是以国家刑罚权为基础而形成的一种诉讼活动方式，具体是指由"检察机关对犯罪嫌疑人提起诉讼，要求法院依法对其定罪处罚的活动"。① 从检察制度的演变历史来看，公诉一直都是检察机关的核心职能，因而成为检察机关存续的根基。并且，公诉在世界各国都是由检察机关独立行使的，"公诉权是适用国家刑罚权的需要而赋予检察机关独立行使的一项重要职权"。② 在司法实践中，刑事公诉权乃检察机关无可争议的权力。

在我国，根据现行人民检察院组织法第 5 条第 4 项之规定：各级人民检察院的职权之一是"对于刑事案件提起公诉，支持公诉"。由此，我国人民检察院的刑事公诉权在司法法律规范方面似乎是清晰的。但是，由于人民检察院在行使刑事公诉权的同时，还在一些情形下拥有特定刑事案件的侦查权，因此人民检察院所拥有的刑事公诉权实际上还具有一些较为复杂的运作特性。换言之，人民检察院在行使自身权力以及与其他国家机关就相关案件产生关联时，其所可以进行的裁量有待司法法律规范予以明确。比如，人民检察院发现并且认为有犯罪行为时，应当依照法律程序立案侦查，或者交给公安机关进行侦查。侦查终结，人民检察院认为必须对被告人追究刑事责任时，应当向人民法院提起公诉；认为不需要追究刑事责任时，应当将原案撤销。③ 在上述规定

---

① 陈光中等：《中国司法制度的基础理论研究》，经济科学出版社 2010 年版，第 210 页。

② 黄素萍、杨德志：《司法机关组织法》，中国政法大学出版社 2006 年版，第253 页。

③ 参见现行人民检察院组织法第 11 条。

中，由人民检察院自行立案侦查和交给公安机关侦查、认定应追究刑事责任而向人民法院提起公诉和认为不需追究刑事责任而将原案撤销，以及在以上情形中人民检察院、人民法院和公安机关之间关系处理的具体裁量标准尚缺失较为清晰的运作规则。但是综合来看，人民检察院在刑事公诉领域的职权是十分丰富、复杂的。

某种程度上，鉴于现行人民检察院组织法上述法律条文所涉权力运行的复杂情势，人民检察院所行使的公诉权理应包含撤回、变更和追加起诉之权。尽管根据传统的职权主义诉讼模式，如果案件业已起诉，那么起诉方便无法撤回、变更、追加起诉。但在现代诉讼理念下，允许当事人拥有处分其起诉的权利已经成为一种潮流。考虑到我国转型时期法治发展的趋势，以及我国刑事诉讼领域的实际情形，通过立法而非司法解释确认人民检察院处分其公诉权具有其合理性。在我国司法实践中，有关司法解释业已涉及所述公诉权。以撤回起诉为例，相关司法解释规定，检察机关可在一审法院宣判前撤回起诉。对于人民检察院的撤回起诉，人民法院应当审查其具体理由，并据此裁定是否准许。① 但除了撤回之外，变更、追加起诉权的运行规则也应予以明确。

2. 特定刑事案件侦查权

一般而言，大陆法系国家检察机关除了公诉权之外，也行使重要的侦查权。根据我国现行人民检察院组织法第 5 条第 2 项的规定，人民检察院有权对其直接受理的案件进行侦查。但与许多大陆法系国家不同的是，我国人民检察院仅对部分刑事案件有侦查权，因此我国各级人民检察院所行使的侦查权只是针对特定刑事案件的侦查权。②

在我国，检察机关办理的职务犯罪案件有其特殊性，这类案件往往以国家机关工作人员和国家工作人员为犯罪主体，一般涉及贪腐或者渎职。比较大陆法系检察机关而言，我国检察机关侦查刑事案件的范围较为狭窄。但考察现行的司法法律规范也可以发现，检察机关的上述刑事侦查权在狭窄之余也留有一

① 参见《最高人民法院关于执行〈中华人民共和国刑事诉讼法〉若干问题的解释》第 177 条。

② 对于特定案件的具体范围，一般由相应时期的人民检察院组织法和《刑事诉讼法》予以规定。考察其具体罪名可以发现，检察机关刑事侦查主要指向国家工作人员为犯罪主体的案件。参见马健伟：《检察机关的刑事侦查权研究》，中国政法大学 2006 届硕士学位论文，第 11 ~ 12 页。

定的空间，即人民检察院如认为必要，可在经特定程序后审查现行司法法律规范所列举可侦查案件之外的案件。① 同时，比较其他类型的刑事案件而言，检察机关负责侦查的案件通常缺少清晰的犯罪现场，因此所需的侦查阻力和难度往往较大。正因为如此，对于以上案件的侦查客观上要求具有较高技术水准的侦查措施才能完成。但在法律层面，如行使侦查采取秘密监听、电话窃听、电子监控、秘密拍照或者录音录像等手段，由于在实践中较易损害个人隐私权而需要借助严格的程序加以限制。有鉴于此，人民检察院是否需要上述技术措施，拥有上述技术措施之后如何运用，凡此种种都需要人民检察院组织法等司法法律规范予以有效回应。

3. 监督权

在我国，检察机关所行使的监督权与公诉权一样由来已久。从司法法律规范的历史变迁来看，检察机关所行使监督权的类型一度为一般监督。1951 年 9 月，中央人民政府委员会通过了《最高人民检察署暂行组织条例》和《各级地方人民检察署组织通则》。根据以上检察法律规范，我国在国家政权体系中设置五级检察机关：最高人民检察署、最高人民检察分署、省（市）人民检察署、省人民检察分署和县人民检察署。与此同时，在领导体制上改人民检察署的垂直领导体制为双层领导体制。在双重领导体制下，各级地方人民检察署既受上级人民检察署领导，同时又是同级人民政府的组成部分而受同级人民政府领导。根据《最高人民检察署暂行组织条例》第 3 条第 1 项的规定，检察机关负责“检察全国各级政府机关、公务人员和全国国民是否严格遵守中国人民政治协商会议共同纲领、人民政府的政策方针和法律法令”。根据《各级地方人民检察署组织通则》第 2 条第 1 项的规定，检察机关“检察各级政府机关、公务人员和国民是否严格遵守中国人民政治协商会议共同纲领、人民政府的政策方针和法律法令”。此后，由于我国 1954 年宪法确立了我国人民代表大会制度下“一府两院”的体制，检察机关又恢复了垂直领导体制。检察机关监督的范围尽管有所缩小，但仍带有一般监督的特性，根据 1954 年人民检察院组织法第 4 条第 1 项的规定，检察机关行使监督权的范围包括“国家机关的决议、命令和措施”，监督的对象不仅涵盖国家机关及其工作人员，还包括对公民是否遵守法律的监督。在具体监督方式上主要包括抗议权、要求纠正

① 根据最高人民检察院 1998 年制定的《关于人民检察院直接受理侦查案件范围的规定》第 4 条的规定，对于国家机关工作人员利用职权实施的其他重大的犯罪案件，如需要由人民检察院直接受理，则经省级以上人民检察院决定，可由人民检察院立案侦查。

权，但无权直接撤销、改变或者停止执行。同时，对于作为监督对象的有关机关而言，其对检察机关的要求或者抗议必须负责处理和答复。

根据我国现行有效的人民检察院组织法，检察机关所拥有的监督权仅限于诉讼监督，具体权力配置如下：

（1）对审判活动的监督权。根据1983年修订后的人民检察院组织法第5条第4项，人民检察院有权对人民法院的审判活动是否合法予以监督。对于以上监督权如何行使，1983年修订后的人民检察院组织法在其第17条①、第18条②、第19条③进行了详细规定。概括而言，人民检察院针对审判的监督方式包括向人民法院发出《纠正违法通知书》、《检察建议》，二审抗诉、提起审判监督程序、介入死刑复核程序等。在具体司法实践中，人民检察院根据以上司法法律规范所规定的监督方式履行自身职责，发挥了应有的作用。

但从理论层面来看，握有审判监督权的人民检察院在司法地位上几与人民法院的地位相同，容易导致平等对抗机制在具体诉讼结构中归于无效。其间的原因在于：一方面，握有审判监督权的检察机关其具体角色是冲突的：作为控诉方的检察机关理应追求对被告予以定罪的诉讼效果，其应在法官的主导下与被告平等对质；但作为审判监督权行使主体的检察机关其具体地位又是超越法院的。另一方面，如检察机关不拥有审判监督权，其在设计合理、运作正常的诉讼构造中忠实地履行其控诉职能，也能够在司法过程中发挥制衡、监督法院的具体效能。

（2）对侦查活动的监督权。检察机关对侦查活动的监督主要涉及检警关系的司法处理问题。具体而言，侦查监督权是指检察机关对侦查机关所开展的侦查活动是否合法实施监督的权力。在我国，1983年修订后的人民检察院组织法在其第5条规定，人民检察院对于公安机关的侦查活动是否合法进行监督。对检察机关所拥有的监督侦查活动的权力进行一种内部考察可以发现，其监督类型属于事后监督。在可采用的监督手段方面，检察机关的选择空间较为

---

① 现行人民检察院组织法第17条规定：“地方各级人民检察院对于本级人民法院第一审案件的判决和裁定，认为有错误时，应当按照上诉程序提出抗诉。”

② 现行人民检察院组织法第18条第1款规定：“最高人民检察院对于各级人民法院已经发生法律的效力的判决和裁定，上级人民检察院对于下级人民法院已经发生法律效力的判决和裁定，如果发现确有错误，应当按照审判监督程序提出抗诉。

③ 现行人民检察院组织法第19条规定：“人民检察院发现刑事判决、裁定的执行有违法情况时，应当通知执行机关予以纠正。”

有限。① 以违法侦查活动为例，根据上述法律规定，检察机关有权通知公安机关予以纠正，但上述通知内容能否实现并不存在相对刚性的约束。并且，在检察机关行使侦查监督权的许多领域，被监督对象还可以在制度上请求复议或复核。②

因此，从现有的司法法律规范来看，作为监督者的检察机关其监督权力因缺乏制度性的保障而在实效方面存在较为明显的欠缺。检察机关作为侦查活动的外部主体，由于无法进入侦查活动的微观领域而无法进行法律技术层面的指导，加之检察机关和公安机关分属两种组织系统，检察机关的侦查监督权乃至提起公诉权很大程度上需要依靠公安机关的配合才可能实现。无论是从刑事侦查权、提起公诉权此类个别权力，还是从整体的司法权的角度来说，以上两种机关之间的配合状况理应通过完善的司法法律规范予以厘清。

（3）对执行活动的监督权。检察机关对执行活动的监督一直是我国检察机关传统职权的一部分。早在 1951 年，最高人民检察署暂行组织条例第 3 条第 4 项就规定，检察机关负责检查全国监所及犯人劳动改造机构是否存在违法措施。1951 年各级地方人民检察署组织通则第 2 条第 4 项依规定，检察机关负责检查监所及犯人劳动改造机构是否存在违法措施。及至 1954 年人民检察院组织法，将上述职权修改为“人民检察院监督刑事判决的执行，如果发现有违法的情况，应当通知执行机关给以纠正。”“人民检察院监督劳动改造机关的活动，如果发现有违法的情况，应当通知主管机关给以纠正。”③ 在 1983 年修订后的人民检察院组织法中，类似监督权则相应地变更为“对于刑事案件判决、裁定的执行和监狱、看守所、劳动改造机关的活动是否合法，实行监督。”④ 整体而言，检察机关在此领域的监督效用呈现出趋弱的演变轨迹。

---

① 现行人民检察院组织法第 13 条规定：人民检察院对于公安机关要求起诉的案件，应当进行审查，决定起诉、免予起诉或者不起诉。对于主要犯罪事实不清、证据不足的，可以退回公安机关补充侦查。人民检察院发现公安机关的侦查活动有违法情况时，应当通知公安机关予以纠正。

② 现行人民检察院组织法第 14 条规定：人民检察院对于公安机关移送的案件所作的不批准逮捕的决定、不起诉或者免予起诉的决定，公安机关认为有错误时，可以要求人民检察院复议，并且可以要求上级人民检察院复核。上级人民检察院应当及时作出决定，通知下级人民检察院和公安机关执行。

③ 1954 年人民检察院组织法第 18 条。

④ 现行人民检察院组织法第 5 条第 5 项。

二、检察院的组织与制度

（一）检察院的组织

我国检察机关的组织系统设置基于两大原则而展开，其一是与行政区划相一致；其二是与我国人民法院的设置相对应。如此设置的初衷在于方便检察机关能够按照诉讼法的规定及时、有效地进行诉讼活动。但是，应当明确的是，我国检察院并非附设于法院之内，而是独立于人民法院、并与人民法院完全平行的。① 同时，人民检察院也是独立于国家行政机关，并与行政机关完全平行的国家机关。根据我国现行宪法和现行人民检察院组织法的有关规定，我国设立最高人民检察院、地方各级人民检察院和军事检察院等专门人民检察院，最高人民检察院是国家的最高检察机关，领导地方各级人民检察院和专门人民检察院的工作，上级人民检察院领导下级人民检察院的工作。最高人民检察院领导下级人民检察院的工作。最高人民检察院向全国人民代表大会及其常务委员会负责并报告工作。地方各级人民检察院对产生它的各级国家权力机关和上一级检察院负责并报告工作。此外，最高人民检察院检察长由全国人民代表大会选举和罢免。最高人民检察院副检察长、检察员和检察委员会委员由最高人民检察院检察长提请全国人民代表大会常务委员会任免。

根据人民检察院组织法的规定，② 地方各级人民检察院可分为：（1）省、自治区、直辖市人民检察院；（2）省、自治区、直辖市人民检察院分院，自治州和省辖市人民检察院；（3）县、市、自治县和市辖区人民检察院。省一级和县一级人民检察院，根据工作的需要，提请本级人大常委会批准，可以在工矿区、农垦区、林区等区域设置人民检察院，作为派出机构的检察机关。专门人民检察院是属于专门性质的检察机关，我国的专门人民检察院目前有军事检察院、森林检察院。

根据人民检察院组织法的规定，③ 地方各级人民检察院可以分别设立相应的检察处、科以及其他业务机构。据此，我国各级人民检察院除普遍设立检察委员会外，一般都设立了刑事检察、法纪检察、经济检察、监所检察、控告申诉检察厅（处、科）等，分别承担各项检察业务工作。在其内部，我国检察

① 现行宪法第三章第七节的节名即“人民法院和人民检察院”。

② 现行人民检察院组织法第2条。

③ 现行人民检察院组织法第3条。

机关实行集体领导和检察长领导相结合的机制。集体领导体现在检察委员会实行民主集中制，讨论和决定重大案件和其他重大问题；检察长领导检察院的工作，并主持检察委员会对重大案件和其他重大问题的讨论和决定。如果检察长在重大问题上不同意多数人的决定，可以报请本级人民代表大会常务委员会决定。

根据人民检察院组织法的规定，我国检察机关内部实行检察长负责制。① 这里的检察长负责制，是指由总检察长或检察长个人统一负责检察机关的工作，一切活动都以总检察长和检察长的名义进行，而且对于一切重大问题，检察长有最后决定权的一种制度。在上下级检察院的关系方面，我国检察机关实行上级领导下级的领导体制。② 在上述体制下，最高人民检察院领导地方各级人民检察院和专门人民检察院，上级人民检察院领导下级人民检察院的工作。并且，上述体制也体现在具体业务过程中。③

（二）检察院的法律监督制度

检察机关的权限即检察权，是一种由国家通过法律赋予检察机关履行其职务的权力。根据我国现行宪法、人民检察院组织法等法律规范，人民检察院是国家的法律监督机关。从上述司法法律规范来看，我国人民检察院行使的主要是法律监督权。在其运行方面，检察权主要借助参与刑事、民事、行政诉讼等活动，对以上诉讼活动中司法权运行主体的可能违法行为实施监督。④ 根据监督内容的不同，法律监督具体又涵盖一般监督、侦查监督、审判监督和执行监督等。

1. 一般监督

一般监督是检察机关对检察机关之外的其他国家机关、公职人员以及其他公民是否遵守和执行法律所承担的监督职责。在其范围方面，一般监督所涵盖的范围相当广泛，具体包括检察机关之外的所有国家机关、所有的公职人员以及普通公民。然而，一般监督的运行客观上存在一些限制因素⑤：其一，检察

---

① 现行人民检察院组织法第 3 条。

② 现行人民检察院组织法第 10 条。

③ 上级人民检察院可以通过请示报告制度、指令纠正制度、案件调取制度、案件交办制度、检查指导制度、组织协调制度备案制度等领导下级人民检察院。参见陈光中等：《中国司法制度的基础理论问题研究》，经济科学出版社 2010 年版，第 231～232 页。

④ 参见张智辉：《法律监督辨析》，载《人民检察》2000 年第 5 期。

⑤ 参见陈业宏、唐鸣：《中外司法制度比较》，商务印书馆 2004 年版，第 109 页。

机关能够有效行使一般监督权的前提，在于它必须拥有庞大的检察组织，人民检察机关的组织系统在此方面存在客观上的不足；其二，在行使一般监督职权的过程中，检察机关的职权行使容易与其他国家机关的职权行使产生冲突，目前解决不同国家机关间冲突的法律制度及机制仍存在不明确之处；其三，检察机关行使一般监督职权容易导致检察机关自身及其他机关工作效率低下。正因为存在上述限制因素，我国在 1954 年人民检察院组织法中一度规定检察机关的一般监督职权后，又在 1978 年修改人民检察院组织法时取消了这一职权，取而代之的是突出规定我国检察机关对国家工作人员渎职犯罪进行法律监督的职责。

2. 侦查监督

从世界各国的实践情况来看，侦查活动多由警察进行，对侦查活动予以监督是检察机关的主要职能。某种程度上，由于侦查行为对于侦查对象之人身、财产存在较强的危险性，由检察机关等对其予以监督具有重要意义，各国刑事法律规范对侦查行为本身就设有严格的规范。比如，根据日本侦查法律规范的规定，如警察有必要搜查住所或居所等场所，即使可能获得其主人或看守者的同意，也必须获得搜查许可证后方可实际进行搜查。① 当然，在检察机关对侦查行为的监督方面，由于世界各国检警关系不同，具体的监督方式及监督内容也存在区别。概括而言，检察机关对侦查机关监督的方式包括：其一，在案件侦查过程中，检察机关可以向侦查机关调阅案卷以及相关资料，以便审查其侦查行为是否合法以及有无根据。其二，一些国家的检察机关有权直接对侦查机关发出必须遵行的指令。其三，一些国家的检察机关可以直接改变对刑事案件的侦查权。具体表现为：检察机关可以下令将案件从一个侦查人员移交给另一个侦查人员办理，或者下令将案件从一个侦查机关移交给另一个侦查机关办理。而且，如确属必要，可以由检察机关自己直接侦查。其四，对侦查活动中的违法情形提出抗议或作出处理。其五，决定刑事案件是否立案，决定是否逮捕人犯，决定是否将案件移送法院进行审理。当然，从整体上看，西方国家对侦查机关的监督存在三个特点：其一，西方国家对侦查权的控制以侦查机关的

① 日本国家公安委员会制定的《犯罪侦查规范》第 108 条规定："在有必要搜查人所居住或看守的宅邸、建筑物或者船舶时，即使认为可以获得住所的主人或看守者的自愿同意，也必须在取得搜查许可证之后才能进行搜查。"转引自孙长永：《通过中立的司法权力制约侦查权力——建立侦查行为司法审查制度之管见》，载《环球法律评论》2006 年第 5 期。

内部监督和法院的外部监督相结合的方式进行；其二，监督在诉讼框架内进行。即使是在内部监督方式下，也特别强调检察机关对侦查行为的诉讼监督；其三，司法救济是检察机关对侦查行为予以监督的最后保障。①

在我国，检察机关的侦查监督主要体现在检察机关与公安机关之间互相制约的关系方面。从其内容来看，检察机关对侦查行为的监督体现在诸多方面，如公安机关的立案权行使、公安机关的羁押权行使、公安机关羁押犯罪嫌疑人或被告人的活动、侦查违法行为、羁押场所等。具体来说，公安机关在其侦查过程中如需逮捕人犯，应当提请同级人民检察院审查批准。在案件侦查终结后，公安机关应当撰写起诉意见书或者不起诉意见书，移送同级人民检察院审查决定；人民检察院在审查批捕和审查起诉过程中，如发现公安机关的侦查活动存在违法情形，应当通知公安机关予以纠正。公安机关还应当将纠正的情况通知同级人民检察院。② 从侦查监督的角度来说，以上规定均体现了我国检察机关对公安机关侦查活动的监督。

3. 审判监督

现代各国的检察机关，都拥有对审判机关审判活动进行监督的职能。一般而言，大陆法系国家检察机关的上述监督职能的具体权限要比英美法系国家广泛。比如，根据法国刑事诉讼法第 31 条、第 32 条的规定，检察官对任何刑事法庭的审讯、裁判都有监督权，公诉需由检察官提起，“检察官参加审判法庭的辩论；所有裁决都应在检察官在场时宣布”。③ 如果检察官认为法院的裁判不当或者具有明显错误，则可以提起上诉。之所以存在上述不同法系国家之间的差别，某种程度上是因为大陆法系国家大多设有比较完备的再审程序。概括而言，大陆法系国家根据再审所要纠正内容的不同，将再审区分为事实再审和法律再审。事实再审的目的在于纠正业已生效裁判存在的事实错误，以便使得案件所得出的结论符合事实真相从而实现个案正义，再审判决的效力及于个案及其当事人；而法律再审的目的在于通过纠正业已生效裁判所存在的法律错误，以便实现法律在全国范围内的统一适用。比较事实再审而言，法律再审判

---

① 参见陈光中等：《中国司法制度的基础理论研究》，经济科学出版社 2010 年版，第 277 页。

② 1983 年修订人民检察院组织法第 12 条、第 13 条。

③ 参见周理松：《法国、德国检察制度的主要特点及其借鉴》，载《人民检察》2003 年第 4 期。

决的效力并不及于个案及其当事人。① 同时，大陆法系国家再审程序的启动要件也有比较严格的限制，比如，日本的再审程序就仅适用于重大案件，且再审适用的范围极为狭窄。② 比较而言，英美法系国家尽管在法律层面也存在类似的再审机制，但相对仍不完善。比如英国依据《1995 年刑事上诉法》的规定设立了刑事案件审查委员会，从而代替了传统上由其内政部实施的特殊救济。该委员会作为一个独立的主体，相对而言拥有丰富的资源及比较系统的审查程序，从而能够在审判纠错领域发挥更好的作用。而美国，则存在针对个别情形的特殊救济制度，如人身保护令、调卷令等。③

在我国目前的法律框架内，作为法律监督机关的人民检察院拥有对人民法院的审判活动予以监督的权力。最高人民检察院对各级人民法院的裁判以及上级人民检察院对于下级人民法院的生效裁判可以抗诉。对于检察机关提起抗诉的案件，法院必须再审。在监督内容方面，人民检察院的监督不仅涵盖作为裁判结果的判决或裁定，而且涉及人民法院审判活动的具体程序问题。在监督方式上，人民检察院可以采取两种方式：其一是抗诉或检察建议的方式。即针对刑事诉讼的一审、二审判决提出抗诉，针对民事诉讼和行政诉讼中业已生效的判决或裁定提出抗诉或检察建议。其二，针对人民法院在法庭审理过程中违反法定程序的行为提出纠正意见。④

4. 判决执行监督

判决执行监督，是指检察机关对法院的生效判决是否得到正确执行以及执行法院判决场所的活动是否合法所进行的监督。⑤ 当然，这里的判决主要是指刑事判决。在民事诉讼、行政诉讼领域，检察机关的监督主要体现为事中介入，而非事后监督。⑥ 在刑事领域，为了切实保障执行刑事判决和裁定，许多

---

① 参见肖铃：《大陆法系代表国家刑事再审程序介评》，载《五邑大学学报》（社会科学版）2004 年第 3 期。

② 参见［日］松尾浩也：《日本刑事诉讼法》（下卷），张凌译，中国人民大学出版社 2005 年版，第 205 页。

③ 转引自陈光中、郑未媚：《论我国刑事审判监督程序之改革》，载《中国法学》2005 年第 2 期。

④ 参见蔡定剑主编：《监督与司法公正》，法律出版社 2005 年版，第 175 页。

⑤ 参见陈业宏、唐鸣：《中外司法制度比较》，商务印书馆 2004 年版，第 112 页。

⑥ 在法国，检察机关有权监督刑事判决的执行。而在民事诉讼、行政诉讼领域，检察机关的监督色彩要比刑事领域弱化许多。参见施鹏鹏：《法国检察监督制度研究——兼与中国的比较》，载《暨南学报》（哲学社会科学版）2010 年第 5 期。

国家的刑事诉讼法律都具体规定了刑事判决执行程序、指挥和监督程序。比较而言，大陆法系国家和英美法系国家刑事法律规范在检察机关对刑事判决执行监督权所设定的范围方面存在较大的差别。大陆法系国家对检察机关该项监督权所规定的范围非常广泛，许多国家的相关法律规范规定检察机关不仅拥有执行刑事判决和裁定的一般监督权，而且也拥有相应的指挥执行权。① 而英美法系国家所规定的针对刑事判决和裁定的监督职能相对而言较小。

在我国，检察机关对刑事判决、裁定的执行具有监督权，此外还对监狱、看守所、劳动改造机关的活动拥有监督权。根据我国刑事诉讼法、人民检察院组织法等相关法律，我国人民检察院对刑事案件的判决、裁定的执行和监狱、看守所、劳动改造机关的活动是否合法实行监督，如果发现有违法的情形，应当通知执行机关予以纠正。② 就其功能而言，我国检察机关所进行的以上监督活动，能够监督刑事判决、裁定的准确实施，同时通过监督执行机关的执法活动，保障执行机关及其执行人员依法进行执行活动，从而依法实现刑事判决和裁定的内容，保障我国刑法、刑事诉讼法等的正确实施。此外，监督方式基于不同刑罚也存在差异：对于死刑执行，我国法律要求人民法院在交付执行死刑前，必须通知同级人民检察院派员临场监督。在具体监督过程中，检察机关对死刑执行要进行临场监督，主要审查死刑判决是否正确、死刑判决的执行是否依法定程序进行。对于判处无期徒刑、有期徒刑、拘役的判决的执行，检察机关的监督主要是审查被判处上述刑罚的已决犯是否被依法定程序和期限送达指定的监狱或劳改场所。对于减刑、假释的裁定，检察机关主要是对其合法性进行监督。在诉讼外监督方面，人民检察院对监狱、劳改机关对服刑期满的罪犯是否依法释放等实行监督，对看守所收押或释放是否符合法定条件进行监督，对羁押期限和程序等是否合法进行监督；对看守所的监管活动是否合法进行监督。此外，我国检察机关对包括监狱、劳动改造机关、少年犯管教所、拘役所在内的劳动改造机关实行法律监督。在具体监督过程中，检察机关主要监督以

① 根据德国刑事诉讼法的规定，检察机关从刑事判决一生效就开始对刑罚的执行予以监督。参见周理松：《法国、德国检察制度的主要特点及其借鉴》，载《人民检察》2003年第4期。

② 现行人民检察院组织法第19条规定："人民检察院发现刑事判决、裁定的执行有违法情况时，应当通知执行机关予以纠正。人民检察院发现监狱、看守所、劳动改造机关的活动有违法情况时，应当通知主管机关予以纠正。"

上监督对象的活动是否合法，是否切实有效执行了国家的法律和有关劳改工作方针政策。综合来看，我国检察机关对刑事判决、裁定的执行的法律监督范围和内容是多方面的，比英美法系国家检察机关的同类职权范围要广泛得多。

第三章　司法官法

某种程度上，司法是司法官应用技艺理性的产物，司法官的个人法律素养及职业经验是司法公正与否的关键因素。从此角度来说，司法官的职业准入、职业训练和职业保障等因素对于司法官行使司法权而言具有重要的意义：一方面，上述因素成为司法官正确行使其司法自由裁量权的技术性基础；另一方面，它也成为司法官抵御外在干涉的正当性理由。正因为司法官的技艺理性对于司法的重要价值，且司法官技艺理性的培育需要长久的司法经验及良好的制度保障，现代民主国家无不将司法官法视为司法质量的重要保障而予以特别关注。

司法机关在现代法治国家具有举足轻重的作用。言其重要，是因为它不仅是定纷止争的一套机制，而且是对政府权力进行审查和制约、从而对公民权利予以保障而得以在推进社会正义方面具有独立地位的国家机构。因此，司法机关能否良好运转往往成为司法权运行的制度前提。要实现司法机关的良好运转，则必然涉及司法官的素养问题。从此角度来说，符合相应条件、能够有力践行法治的司法官往往成为一国法治水平高低的重要指标，“司法官是行使国家司法权的主体，司法官的素质、修养以及精神，在一定程度上反映一个国家的司法水平，而司法官制度是否完善，直接影响着司法官群体的素质与修养，并进一步影响到国家司法职能的发挥程度。”①

从其演进历史来看，司法官来源于文官制度。直至近代以来，出于司法职业的特殊性以及司法独立的需要，司法官才开始从普通文官当中分离出来。相应地，司法官制度也从一般文官制度中分离出来，以一种现代人事管理体制和模式逐渐建立起来。② 在其概念方面，近代以来的司法官概念存在广义狭义之

① 毕连芳：《北京民国政府司法官制度研究》，中国社会科学出版社 2009 年版，第 1 页。

② 参见毕连芳：《北京民国政府司法官制度研究》，中国社会科学出版社 2009 年版，第 13 ~ 14 页。

分：广义上的司法官包括行使国家审判权、检察权和司法行政管理权的相关官员，而狭义上的司法官则仅指国家审判机关中的官员。① 在我国，由于现行宪法明确规定人民法院和人民检察院的司法机关属性，我国的司法官应包括从事审判活动的法官与从事法律监督工作的检察官两类。法官制度和检察官制度在任命条件、选拔管理、工资待遇、监督奖惩方面都极为相似。

第一节　法　官　法

在其一般意义上，法官法是指关于法官的任职资格、选任方式、任职期限、物质待遇等方面法律制度的总称。实践中，法官法通常是各国审判制度的重要组成部分。法官作为一国主要的司法权运行主体，总是与一国审判制度的总体框架相协调。② 其间的原因在于，审判结构框架的不同实际上是影响和决定法官地位和角色的最重要因素之一，同时也是直接导致不同审判风格形成的关键因素。

一、法官的概念与职责

作为主要的司法权运行主体，法官是指拥有娴熟法律技艺，并在司法机构中从事与审判相关工作有关人员的通称。由于司法传统、法律制度的不同，法官的角色在不同国家也不尽相同。但从司法的本质来看，所有国家大多要求法官应当不偏不倚、不受他人影响或掣肘、大公无私地根据法律判案。在我国，法官是依法行使国家审判权的审判人员，包括最高人民法院、地方各级人民法院和军事法院等专门人民法院的院长、副院长、审判委员会委员、庭长、副庭长、审判员和助理审判员等。值得注意的是，根据现行人民法院组织法第 34 条的规定，“有选举权和被选举权的年满 23 岁的公民，可以被选举为人民法院院长，或者被任命为副院长、庭长、副庭长、审判员和助理审判员，但是被剥夺过政治权利的人除外”。而且，在具体职责方面，人民法院院长、副院长、庭长、副庭长除履行审判职责外，还应当履行与其职务相适应的职责。

法官的职责，是指法官依照司法法律规范的规定所拥有的职权和应当承担

---

① 《中国大百科全书·法学》，中国大百科全书出版社 1984 年版，第 550 页。

② 参见陈业宏、唐鸣：《中外司法制度比较》，商务印书馆 2004 年版，第 186 页。

的责任。作为裁判员审判案件是法官的首要职责。① 首先，审判案件是法官的基本职责。根据《中华人民共和国法官法》（以下简称法官法）第 5 条的规定，普通法官履行审判职责的基本方式是“依法参加合议庭审判或者独任审判案件”。这意味着，审判案件并作出裁决是普通法官的基本或首要职责。其次，法官必须在查明案件事实的基础上作出裁判。根据我国现行法官法第 7 条的规定，法官“审判案件必须以事实为根据，以法律为准绳”。② 在裁判案件的过程中，事实是正确适用法律的前提，法律是裁决的尺度和基准，是对案件事实予以定性的依据。法官必须将法律事实与法律规范结合起来，在获得科学认知并进行综合法律考量的基础上作出裁判。再次，法官必须公正地作出裁判。根据我国法官法第 7 条的规定，人民法官“必须秉公办案，不得徇私枉法”。③ 从语义来看，该条款所规定的“办案”既涵盖“审判案件”，又包括“审理案件”，因此其法律效力可规约法官“审理案件”活动的方方面面：其一，人民法官应当秉公办案。这意味着法官必须出于公心审判案件，而不能够利用审判案件之机谋取个人私益、所在单位利益或地方利益等。其二，人民法官应当在纠纷两造之间保持中立。司法作为一种输送正义的国家权力运行行为，其首要职责在于借由司法裁判解决纠纷、保障人权，这客观上要求司法恪守中立立场、居中裁断。④ 为此，人民法官在审理案件过程中应当不偏不倚，不徇私情。

法官审判职责的履行需要得到较强的制度保障，但与此同时法官的审判行为也需要特定的技艺理性和职业伦理约束，这使得法官审判职能的发挥具有丰富的特点。概括而言，法官在行使审判职能方面具有强制性、排他性、局限性等特点。⑤ 当然，除了审判案件这一首要职责之外，法官还需要履行“法律规定的其他职责”。⑥ 这里的“法律规定”，主要包括人民法院组织法、刑事诉讼法、民事诉讼法、行政诉讼法等。综合上述法律规范，可以发现法官履行的“法律规定的其他职责”包括但不限于以下方面：依法审查起诉以决定是否立

① 参见江国华：《常识与理性（二）：法官角色再审思》，载《政法论坛》2011 年第 3 期。

② 现行法官法第 7 条第 2 项前半段。

③ 现行法官法第 7 条第 2 项后半段。

④ 参见吴展：《司法权规约体系研究》，武汉大学 2012 届博士论文，第 56 页。

⑤ 参见黄素萍、杨德志：《司法机关组织法》，中国政法大学出版社 2006 年版，第 80 页。

⑥ 现行法官法第 5 条第 2 项。

案；依法裁定予以减刑、假释；依法裁定采取诉前保全或者先予执行措施；依法裁定采取诉讼保全措施；依法对妨害诉讼者决定给予强制措施；依法解决下级法院之间的管辖权争议；依法指导下级法院工作；依法向有关单位提出司法建议等；同时必须处理不需要开庭审理的民事纠纷和轻微的刑事案件、指导人民调解委员会的工作。

二、法官的义务与权利

法官的义务，是指法官在履行职务或者与履行职务相关的活动中，应当为或者不为某种行为时所受到的特定约束和限制。法官的权利是指法律对法官可以享受某种利益或可以作出某种行为的许可和保证。现代各国一般通过有关法律规范，规定法官所应履行的某种责任。鉴于法官在司法领域的重要作用，一系列国际性法律文件对其义务和权利进行了具体规定。联合国《关于司法机关独立的基本原则》（1985 年）、国际律师协会《司法独立最低标准》（1982 年）、第一次世界司法独立大会《司法独立世界宣言》（1983 年）、国际法学家委员会《关于新闻媒体与司法独立关系的基本原则》（1994 年）、亚太地区首席大法官会议《司法机关独立基本原则的声明》（1995 年）等有关司法独立的国际文件都有关于法官权利义务的规定。

与以上国际性规则相一致，我国在司法领域也通过现行宪法、人民法院组织法、法官法、律师法等法律规范对法官的义务和权利进行了制度设定。综合而言，以上司法法律规范规定法官应当履行的义务以及所拥有的权利主要包括：

（一）法官的义务

法官的义务因法官身份的多元性及其行为的时空环境而存在区别。作为行使国家审判权的法官，其拥有多种层次的法律身份：① 其一，他（她）是一国公民。这意味着，它是一个具体的人，且拥有一国国籍；其二，他（她）是供职于国家机关的工作人员。法院是一国国家权力体系当中的公权力机关，法官是工作于上述国家机关的工作人员；其三，他（她）是专门依法行使国家审判权的审判人员。作为专门依法行使国家审判权的审判人员，其所行使权力的过程具有排他性，不具备法官身份的其他机关、社会团体、个人或组织不具有行使审判权的法律人格。在法官的前两个层次的法律身份当中，前者决定

① 黄素萍、杨德志：《司法机关组织法》，中国政法大学出版社 2006 年版，第 92 页。

了法官的个性自然本质，后者决定了法官的社会组织本质，法官的个性自然本质和社会组织本质构成了法官这一特定社会角色的双重法律人格载体。作为普通的社会个体，法官的行为必然受到来自社会诸多方面，有时甚至是权威方面的影响，但作为特定社会统治秩序的维护者，法官理应不畏强暴、排除干扰、秉公执法，独立行使其应有职权。① 当然，由于法官行使国家审判权的特点，后两个层次的法律身份之下，法官也负有与其他同等法律身份的主体不同的义务。作为行使国家审判权的审判人员，法官应当履行的义务主要包括：

第一，严格遵守法律规范的义务。法官是适用法律的技术主体，这一技术主体本身应当成为遵守法律的模范。现代社会尽管是法律主治的社会，但“法律不只是一整套规则，它是在进行立法、判决、执法和立约的活生生的人。它是分配权利和义务，并据以解决纷争，创造合作关系的活生生的程序。”② 就此而言，作为规则适用者的法官实际上是现代社会秩序基本内核之“法秩序”的缔造者。但是，法官适用法律是一项要求较高技艺理性的技术性工作，这要求作为规则适用者的法官必须遵循执行性法则、修复性法则和具体性法则等基本法则。③ 在我国，法官首先必须遵守宪法和法律所规定的一系列司法法律规范。如果法官不能够严格遵守司法法律规范，则很难相信他（她）能够严肃地执行法律以行使司法公权从而保障司法人权。

第二，恪守中立的义务。司法过程中的中立立场意味着司法权运行主体应当与案件以及双方当事人保持同等的距离，以一种超然和客观的态度处理其与案件和双方当事人的关系。这就要求法官不仅同争议的事实和利益没有任何意义上的关联性，而且要求法官不得对任何一方当事人存有支持或反对的偏见。④ 此外，基于中立立场，法官也不能够担任可能损及其司法独立性的司法及非司法性质职务，从而避免表面上或者实质上足以引致偏见的行为。在我国，法官不得兼任人民代表大会常务委员会的组成人员，不得兼任行政机关、检察机关以及企业、事业单位的职务，不得兼任律师。⑤ 在美国，法官参与政治活动一般存在诸多限制。此外，根据许多州宪法及相关成文法的规定，法官

① 参见陈光中等：《中国司法制度的基础理论研究》，经济科学出版社 2010 年版，第 180 ~ 181 页。

② 参见［美］伯尔曼：《法律与宗教》，梁治平译，三联书店 1991 年版，第 38 页。

③ 参见江国华：《常识与理性（二）：法官角色再审思》，载《政法论坛》2011 年第 3 期。

④ 参见肖建国：《程序公正的理念及其实现》，载《法学研究》1999 年第 3 期。

⑤ 现行法官法第 60 条。

亦不得担任非司法性职务。如法官要担任或竞选非司法性职务，其必须首先辞去法官职务。①

第三，依法回避的义务。在司法领域，回避制度是保证案件获得公正审理的制度。依此，法官不得审理有理由担心他持有偏见、或者可能引起不符合其职能之利害冲突的案件。在具体构成方面，回避制度由法定的回避情形、回避的适用范围、申请回避和作出决定的程序等内容组成。在我国，法官回避制度主要由现行法官法、最高人民法院《关于对配偶子女从事律师职业的法院领导干部和审判执行岗位法官实行任职回避的规定（试行)》等设定。根据现行法官法,② 法官之间有夫妻关系、直系血亲关系、三代以内旁系血亲以及近姻亲关系的，不得同时担任下列职务：同一人民法院的院长、副院长、审判委员会委员、庭长、副庭长；同一人民法院的院长、副院长和审判员、助理审判员；同一审判庭的庭长、副庭长、审判员、助理审判员；上下相邻两级人民法院的院长、副院长。此外，法官从人民法院离任后 2 年内，不得以律师身份担任诉讼代理人或者辩护人。法官从人民法院离任后，不得担任原任职法院办理案件的诉讼代理人或者辩护人。法官的配偶、子女不得担任该法官所任职法院办理案件的诉讼代理人或者辩护人。③ 根据最高人民法院《关于对配偶子女从事律师职业的法院领导干部和审判执行岗位法官实行任职回避的规定（试行)》的规定,④ 人民法院领导干部和审判、执行岗位法官，其配偶、子女在其任职法院辖区内从事律师职业的，应当实行任职回避。此处所称法院领导干部，是指各级人民法院的领导班子成员及审判委员会专职委员。此处所称审判、执行岗位法官，是指各级人民法院未担任院级领导职务的审判委员会委员以及在立案、审判、执行、审判监督、国家赔偿等部门从事审判、执行工作的法官和执行员。此处所称从事律师职业，是指开办律师事务所、以律师身份为案件当事人提供诉讼代理或者其他有偿法律服务。

第四，保守秘密的义务。法官在审判案件的过程中要查明案情，在此过程中有机会接触特定的机密或秘密材料。对于上述机密或秘密，除法律规定可以

---

① 参见于秀艳等编译：《美国法官制度与法院组织标准》，人民法院出版社 2008 年版，第 57 页。

② 现行法官法第 16 条。

③ 现行法官法第 17 条。

④ 最高人民法院《关于对配偶子女从事律师职业的法院领导干部和审判执行岗位法官实行任职回避的规定（试行)》第 1 条。

公开的之外，法官对于因履行其职责而获知的上述材料，有义务予以保密。根据德国司法法律规范的规定，法官所负有的以上义务即使在其职务关系终止以后仍然存在。① 在我国，法官的保密义务涵盖国家秘密和审判工作秘密，② 泄露国家秘密或审判工作秘密是应受惩戒的法官行为之一。③ 对于国家秘密，最高人民法院和国家保密局于1989年10月24日印发的《人民法院工作中国家秘密及其密级具体范围的规定》，对人民法院工作中国家秘密及密级的具体范围等内容进行了规定。对于审判工作秘密，最高人民法院于1990年9月5日颁布的《关于保守审判工作秘密的规定》根据《中华人民共和国保守国家秘密法》的有关规定，就保守审判工作秘密的一些具体问题进行了规定。

（二）法官的权利

法官的权利是指司法法律规范对法官可以享受某种利益或可以作出某种行为的许可和保证。当然，从司法权运行过程的角度来看，以上许可和保证都是服务于审判权的正确行使这一目的的。基于以上目的，法官应当拥有以下权利：

第一，独立行使其自身职权的权利。在司法审判过程中，法官基于其中立立场，有权根据其对讼案事实的评价和对相关法律的理解，在不受来自任何方面或者由于任何原因的直接和间接的限制、影响、诱导、压力、威胁或干涉的情况下，对案件秉公裁决。在此过程中，任何司法体系或者任何不同等级的司法组织或人员，均无权干涉法官自由地宣告其判决。在司法史上存在许多法官维护独立行使自身职权的权利的案例，日本“大津事件”就是如此。在日本，其明治宪法制定于1889年2月11日，于1890年11月29日正式实施。“大津事件”发生于1891年5月，起因是到日本访问的俄罗斯皇太子在滋贺县大津遭警备的津田三藏刺伤。日本政府唯恐和俄国的邦交产生障碍，遂对承办该案的法官施加压力，要求适用对日本皇族罪判处犯人死刑。当时担任大审院（相当于日本最高法院）院长的儿岛惟谦认为国法的严守是政治的基本，刑法所谓的皇太子由于不包含外国皇太子，故应该以普通谋杀未遂罪处断，并以此说服、激励承审法官最终判处津田三藏无期徒刑。鉴于“大津事件”中，以儿岛惟谦为代表法院有力地排除了来自政府的强大压力，从而捍卫了法官独立

① 参见邵建东主编：《德国司法制度》，厦门大学出版社2010年版，第47页。

② 现行法官法第7条。

③ 现行法官法第32条第6项。

行使其职权的权利,[①] 日本宪法学界泰斗甚至据此认为，日本司法权独立的传统是由“大津事件”才得以确立的。[②]

在我国，法官依法审判案件不受行政机关、社会团体和个人的干涉是宪法确定的一项重要司法原则,[③] 人民法院组织法对此原则也予以确认[④]。从其内容来看，这一规定主要是指法官审判案件必须依法进行，法官审理案件只服从法律，对于任何依仗权势以言代法、以权压法，非法干涉办案活动的行为都有权抵制，不受任何行政机关、团体和个人的干涉。

第二，职务责任豁免的权利。法官因执行职务而产生的作为及不作为，有免受诉讼或者骚扰以及出庭作证的权利。法官作为居中裁判纠纷的司法权运行主体，其执行职务行为应由法官责任豁免制度予以保障。所谓法官责任豁免，是指法官对于自己在司法审判过程中依法实施的行为、发表的言论以及判决的结果，享有不受指控或法律追究的权利。[⑤] 某种程度上，给予法官充分的职务保障，既是法官职业的具体特点，又是法官独立行使职权的客观需要。有鉴于此，各国法官均不同程度地享有“免责权”，即法官在法律规定的特定条件下，因履行司法职务的不行为或不当行为，有不被追究、不承担某种民事责任的权利。在执行职务过程中，不是“因为个人的主观原因，而是因为存在法律缺陷等客观原因而发生错误裁判的，法官不负法律责任；法官在审判过程中的言行不受他人民事起诉”。[⑥] 比如，根据我国澳门特别行政区《司法官通则》的规定，不得使法院司法官对其以法院司法官身份所作的裁判负责，仅在法律规定的情况下，方可就法院司法官因履行职务所作的行为而追究其民事、刑事或纪律责任，而且如系民事责任，仅得通过由行政当局针对有关司法官而提起的求偿之诉予以追究。[⑦]

---

① 大津事件发生时，日本法官的数量达到1500余人。当时法官所占人口比率为现代日本的1/3，司法部的人力资源相当充实。参见［日］松尾浩也：《日本刑事程序的过去、现在与未来》，肖振国译，载《中国刑事法杂志》2010年第11期。

② ［日］宫泽俊义：《日本国宪法精解》，中国民主法制出版社1990年版，第531页。

③ 现行宪法第126条规定：“人民法院依照法律规定独立行使审判权，不受行政机关、社会团体和个人的干涉。”

④ 现行人民法院组织法第4条。

⑤ 谭世贵、孙玲：《法官责任豁免制度研究》，载《政法论坛》2009年第5期。

⑥ 李卫平主编：《司法制度原理》，郑州大学出版社2009年版，第70页。

⑦ 中国澳门特别行政区《司法官通则》第6条。

第三，非因法定事由、非经法定程序不被变动职务的权利。这里规定的“法定事由”和“法定程序”，是指法律对于法官被免职、降职、辞退或者处分适用情形的具体规定。由于在审判案件的过程中，法官客观上需要排除外界的干扰居中裁判，在现代司法制度中法官的职务多通过任期终身制或不可更换制等予以保障。在美国，其法官职务包括终身制和任期制。终身制主要是针对联邦法院法官，所有联邦法院法官一经任命则终身任职，除非死亡、辞职或者退休以外的免职，就只能通过有罪判决的弹劾程序才能予以罢免。各州的法官既有终身制，也有任期制，如系任期制，则一般任期也较长，短则 4 年，长则可达 15 年之久。而且，只要“品行良好”，法官便可续职，实际上也是一种终身制。① 在英国，法官无论是终身制，还是任期制，一经任用便不得随意更换，只有依照法定条件才可以弹劾、撤职、调离或责令其提前退休。在俄罗斯，法官权力的中止或暂停也必须遵循联邦法律所设定的程序和原则。② 在我国，法官任职不实行终身制。法官的任命同样需要经过人大常委会任命或者人民法院任命，如果需要对法官免职、降职、辞退或者处分，也必须经过法定的程序。司法实践中，法官可在符合法定情形下被免职。③ 同样，对于不符合法定条件获得任命的法官，一经发现即应由作出该项任命的机关撤销该项任命；上级人民法院发现下级人民法院法官的任命有违反法律规定的条件的，应当建议下级人民法院依法撤销该项任命，或者建议下级人民法院依法提请同级人民代表大会常务委员会撤销该项任命。④

三、法官准入制度

法官作为主要的司法权运行主体，担负定纷止争、维护社会公平正义的重大责任。就其角色而言，法官首先是解决纠纷的裁判员，从更深层面来看，其也是社会的工程师。只不过，作为工程师的法官是一种借助个案裁判构筑社会正义的特殊工程师。⑤ 某种程度上，正是由于法官重要且特殊的社会地位，世

---

① 参见宋冰：《读本：美国与德国的司法制度及司法程序》，中国政法大学出版社 1998 年版，第 144 页。

② 参见陈光中等：《中国司法制度的基础理论研究》，经济科学出版社 2010 年版，第 182 页。

③ 参见法官法第 13 条。

④ 参见法官法第 14 条。

⑤ 参见江国华：《常识与理性（二）：法官角色再审思》，载《政法论坛》2011 年第 3 期。

界上的绝大多数国家才通过各种各样的遴选机制，为法官确立相应的准入制度。但由于文化传统、法治建设等因素，不同国家的法官准入制度也存在较大的差异。

根据绝大多数大陆法系国家司法法律规范的规定，初任法官除需要通过国家考试外，还要经过学习或者培训后，才能任职。对于考试，各国均有严格规定。比如，德国法官法第5条规定：获得法官任职资格必须在德国的一所大学学习法律通过第一次司法考试。在其内容方面，第一次司法考试主要包括1篇论文、4项笔试和1次口试，主要通过案例的方式来考查学生对知识的把握和分析法律问题、提出法律意见的能力。① 通过第一次司法考试者为见习官，接下来要进行2年的实践培训。2年的培训按其内容分为以下几个阶段：7个月的民事法院培训、3个月的检察官办公室培训、4个月的律师事务所培训、4个月的行政机关培训、4个月的选定司法职业培训。整体上，培训的目的旨在让毕业生能够了解法律职业的相关业务，从而形成一个完整的法律实务知识链条。培训完成后要通过由8项笔试和1次口试组成的第二次司法考试。比较第一次司法考试而言，第二次司法考试的内容更为全面，通过第二次司法考试才能够获得候选法官资格从而顺利结束法学专业学习。② 当然，具备以上条件，只是获得了成为法官的资格。能够成为法官，还应符合以下条件才可能被任用为法官：必须是基本法第116条意义上的德国人，保证在任何时候都赞成基本法意义上的自由、民主之基本制度，并具备必要的社会能力。在具体任命方面，联邦最高普通法院法官，须由联邦司法部长和法官选拔委员会依照法官选举法选举后由联邦总统任命。至于联邦宪法法院的法官，则总共10名法官须由众议院和参议院各选出8名，并经议会2/3多数通过。③ 在日本，由于实行法律职业一体化，法官与检察官和律师统称为“法曹”，成为“法曹”当中的法官也需要通过3次严格的考试才能成功。一般而言，经过3次严格的考试，大约只有1/60的报考者最终能够成为法官。④

在英美法系国家，尽管多数国家没有规定特定的法官考试。但相关国家都规定法官在任职之前必须有担任律师的经历。由于律师资格的获得必须通过严

---

① 参见关毅：《法官遴选制度比较（上）》，载《法律适用》2002年第4期。

② 参见邵建东主编：《德国司法制度》，厦门大学出版社2010年版，第46页。

③ 参见陈文兴：《司法公正与制度选择》，中国人民公安大学出版社2006年版，第98页。

④ 转引自宋英辉：《中国司法现代化研究》，知识产权出版社2011年版，第68页。

格的考试才能成功，因此法官的任职实际上也需要经历考试。同时，由于法官主要从律师中选拔，以上国家对初任法官的司法经验及其品行尤为注重。在其实践中，法官候选人多是从业良久的律师，其能力、品行在同行、法官当中会有一个公正的评价，法官的素质和社会地位较高，人们对法官也十分信任和尊敬。① 在美国，成为法官候选人首先需要是大学法学院毕业生，且需获得法律职业博士学位。由于从律师中遴选，法官候选人客观上需要通过美国律师资格考试且拥有若干年的律师从业经验。对于联邦法院的法官，除了上述条件外，还要满足年龄在 50～55 周岁之间等其他条件。对于候选法官的考察，主要围绕职业技能、道德素质以及候选人在公益事业中的表现进行。② 在英国，根据其司法法律规范的规定，治安法官之外的所有法官均只能从参加全国四个高级律师公会或者初级律师协会的律师中任命，并且至少应拥有 7 年出庭律师的经历，担任高等法院法官，必须曾任 10 年以上出庭律师，担任上诉法院法官，必须曾担任 15 年以上出庭律师或者有曾任高等法院法官 2 年以上资历。③ 无论是美国还是英国，其之所以主要从律师中选任法官，大多是因为律师拥有长久的法律专业实务经验、专业素养较高并且独立执法的意识较强。

在我国，法官的选任制度历经诸多变革后渐趋成熟。在 1995 年《中华人民共和国法官法》颁布之前，我国有关法官任职资格的规定集中于 1954 年制定的《中华人民共和国人民法院组织法》第 34 条，即“有选举权和被选举权的年满 23 周岁的公民，可以被选举为人民法院院长，或者被任命为副院长、庭长、副庭长、审判员和助理审判员，但是被剥夺过政治权利的人除外”。1983 年修订人民法院组织法时增加一款‘人民法院的审判人员必须具有法律专业知识’”，④ 开始要求审判人员具备一定的法律素养。但是，尽管自 1983 年修订人民法院组织法以来，在法官任职资格方面确立了有关专业知识的要求，但相关要求的具体标准实际上并不清晰。

比较而言，我国于 1995 年制定的《中华人民共和国法官法》对法官任职资格作了较为具体的规定。根据有关规定，担任法官必须具备如下条件：具有中华人民共和国国籍；拥护中华人民共和国宪法；有良好的政治、业务素质和

① 陈光中等：《中国司法制度的基础理论问题研究》，经济科学出版社 2010 年版，第 176 页。

② 参见曲瑞：《法官遴选制度探究》，吉林大学 2010 届硕士论文，第 16 页。

③ 陈业宏、唐鸣：《中外司法制度比较》，商务印书馆 2004 年版，第 189 页。

④ 熊先觉：《司法学》，法律出版社 2008 年版，第 194 页。

良好的品行；身体健康；高等院校法律专业毕业或者高等院校非法律专业毕业具有法律专业知识，工作满 2 年的，或者获得法律学士学位、工作满 1 年的；获得法律专业硕士、法律专业博士学位可以不受上述工作年限的限制。曾因犯罪受过刑事处罚的，曾被开除公职的人不得担任法官职务。尽管 1995 年《法官法》在某些地方仍然有待完善，但它“无疑对我国法官队伍建设起到了巨大的推动作用。”① 此后，随着法官法于 2001 年被修改，以及最高人民法院于 2002 年出台《关于加强法官队伍职业化建设的若干意见》等司法法律规范的形成，我国在法官任职资格等诸多方面的制度规定尽管尚不系统，但具体规则渐趋明晰。

根据以上司法法律规范，担任法官应当具备高等院校法律专业本科毕业或高等院校非法律专业本科毕业具有法律专业知识，从事法律工作满 2 年，其中担任高级人民法院、最高人民法院法官应当从事法律工作满 3 年；获得法学硕士学位、博士学位或者非法律专业硕士学位、博士学位具有法律知识，从事法律工作满 1 年，其中担任高级人民法院、最高人民法院法官，应当从事法律工作满 2 年。② 这里的问题是，以上法律规范当中的“具有法律专业知识”、“从事法律工作”由于缺少明确的标准，实际上是一种法律专业素养领域较低的要求。其间的原因在于，以上法律规定使得刚毕业的法学学士在法院工作 3 年后，经法院及相关权力机关同意即可担任法官。如系硕士研究生，则工作 1 年后即可担任法官，即使是担任最高人民法院的法官也仅需要 2 年工作经验即可。

因此，我国在法官遴选方面对法律工作经验的要求偏低，且随着学历的增高还减少了相应的工作经验年限，这在某些方面体现出我国的法官遴选具有明显的重学历、轻经验的特点。③ 而且，法律专业素养和法律工作经验的较低要求也为“一些不具备法律素养的人进入法院系统开了方便之门，事实上降低了法官的任职条件。”④ 除此以外，根据现行公务员法第 45 条第 3 款的规定：“确定初任法官、初任检察官的任职人选，可以面向社会，从通过国家统一司

① 宋英辉主编：《中国司法现代化研究》，知识产权出版社 2011 年版，第 71 页。

② 参见法官法第 9 条。

③ 参见陈文兴：《司法公正与制度选择》，中国人民公安大学出版社 2006 年版，第 104～105 页。

④ 陈光中等：《中国司法制度的基础理论问题研究》，经济科学出版社 2010 年版，第 177 页。

法考试取得资格的人员中公开选拔”，国家可以直接从司法考试合格人员中选拔初任法官、初任检察官，而不要求初任法官、初任检察官必须通过公务员考试。但是，由于目前我国司法考试的性质为资格性考试，从而使得公务员法所确立的上述制度根本不具有可操作性，导致我国法官的选拔任命与一般公务员没有本质的差别。①

四、法官保障制度

在其最一般意义上，法官保障制度与审判独立存在直接的关系。审判独立是司法公正的首要前提。司法公正必须通过独立的审判才能实现，尽管独立的审判并不必然导致公正的审判，但不独立的审判必然导致审判的不公正。② 循此逻辑，法官保障制度的要义在于应当通过任职保障、经济保障以及司法豁免权等制度赋予法官独立的审判地位，使得法官能够公正、客观地履行其司法职责而不受外界的不当干扰。换言之，法官的审判独立地位需要依靠法官的终身制和退休制、固定和充足的收入、任职资格的要求、有限的司法豁免等一系列制度予以保障和落实。缺少任何一项制度，都难以实现司法独立。③

（一）法官的职位保障

法官的职位保障是指法官一经任命，非因法定事由，并经法定程序不得将法官停职、免职、降职、转调或减俸。关于法官的任期，西方各国都规定终身制。法官终身制的价值在于可以有效地保证法官独立审判、不受外界因素的干扰，并且可以积累丰富的审判经验，稳定法官队伍，形成法律传统以保持法律的持续和稳定。④ 在英国，依据1710年的《王位继承法》和1925年的《最高法院审判法》的规定，除大法官外，法官是终身制，除两院弹劾外，不能被罢免。在美国，其联邦宪法第3条第1款规定：“最高法院与下级法院法官在忠于职守期间得终身任职，于规定期间享受报酬，其报酬于任职期间不得减

① 陈光中等：《中国司法制度的基础理论问题研究》，经济科学出版社2010年版，第177～178页。

② 参见钱锋：《法官职业保障与独立审判》，载《法律适用》2005年第1期。

③ Thomas E. Plank, *The Essential Elements of Judicial Independence*, *William Mary Bill of Rights Journal*, 2001, Vol. 5, p. 10. 转引自陈光中等：《中国司法制度的基础理论问题研究》，经济科学出版社2010年版，第181页。

④ 参见黄素萍、杨德志：《司法机关组织法》，中国政法大学出版社2006年版，第124～125页。

少。”所有美国联邦法院法官一经任命，终身任职，直至年迈退休。

与英美法系国家类似，大陆法系国家在法官任期制度方面也大多采用终身制。如法国宪法和法院组织法规定，共和国总统是司法独立的保障者，法官实行终身制。法官在其任职期间，除非因可弹劾之罪并经有关法定弹劾程序，不得被免职、撤换或者强令退休。① 根据德国基本法和联邦德国法院组织法的规定，德国法官是独立的，其在审判过程中只服从法律。并且，法官一经任命，非因法定事由并经法定程序不得停职、免职、降职、转调或者减俸。在联邦层面，如果联邦法官因行使职权或不行使职权而违反德国基本法的原则或者某州的宪法秩序，则联邦宪法法院经联邦议院要求，可以2/3多数裁决将其调职或命令其退休。② 在日本，其司法法律规范规定，最高法院的法官，到70岁退休，下级法院的法官，任期为10年，可以连任。实质上也是一种终身制。③

从法律形式上来看，我国法官的职位保障制度并未在现行宪法中直接体现。具体来说，我国现行法官法规定了法官的职位保障制度，但没有规定任职期限，原则上法官任职可以届至退休年龄。此外，现行法官法还规定了一些法官依法应当被免除职务的事由，④ 比如法官丧失中国国籍，职务变动不需要保留其原职务的，经考核确定为不称职的，退休的，辞职、停职的，因违纪、犯罪不能继续任职的，应当依法提请免除其职务。免职的法定程序和任职相同，如最高人民法院院长应由全国人民代表大会选举和罢免，最高人民法院副院长、审判委员会委员、庭长、副庭长和审判员由最高人民法院院长提请全国人民代表大会常务委员会任免；地方各级人民法院院长由地方各级人民代表大会选举和罢免，副院长、审判委员会委员、庭长、副庭长和审判员由本院院长提请本级人民代表大会常务委员会任免；人民法院的助理审判员由本级人民法院院长任免。这里的立法瑕疵在于，现行法官法仅罗列了法官应予免职的情形，而对考评的主体及专业水准、拟罢免法官是否拥有陈述权、经由何种程序予以免职及权力机关的具体通过罢免票数等决定任免质量的具体标准并未明确。

而且，以上司法法律规范的制度设置实际上大多归属于法律遴选制度的范畴，对于遴选法官之后以及其在执行职务过程中的人身安全和其他权利如何保

---

① 参见周道鸾：《外国法院组织与司法制度》，人民法院出版社2000年版，第327页。李卫平主编：《司法制度原理》，郑州大学出版社2009年版，第326页。

② 转引自李卫平主编：《司法制度原理》，郑州大学出版社2009年版，第326页。

③ 参见陈业宏、唐鸣：《中外司法制度比较》，商务印书馆2004年版，第200页。

④ 现行法官法第13条。

障方面，现行法官法尚有待进一步规定和完善。

此外，我国现行法官法还规定了法官的专职制，即法官不得兼任人民代表大会常务委员会的组成人员，不得兼任行政机关、检察机关以及企业、事业单位的职务，不得兼任律师。在任期制方面，从我国司法法律规范的规定来看，法官的任期制并非任职终身制，从保障法官职业中立化、专业化的角度来看，法官任职终身制应当成为我国法官制度建设的重要目标之一。

（二）法官的物质保障

法官的物质保障包括在职时的物质待遇和退休后的物质待遇两个层面的保障。就世界主要国家而言，除了法官任职终身之外，法官薪俸不得减少也是法官身份保障的基本模式。之所以如此，是因为该制度是法官维持独立的基本制度，诚如汉密尔顿所言，“最有助于维护法官独立者，莫过于使其薪俸固定……就人类天性之一般情况而言，对某人的生活有控制权，等于对其意志有控制权。①某种程度上，法官的职业特性决定了法官的收入构成必须单一化。整体上，薪金几乎是法官唯一的收入来源，其间的原因在于：一方面，法官作为行使司法权这一国家公权力的主体，不可能从参加或参与司法活动的当事人处获得报酬乃至其他形式的物质利益；另一方面，法官根据其职业伦理等法律规范，不能参与任何以营利为目的的社会交往，如果和交由其解决的冲突存在经济联系，则会成为要求该法官予以职业回避的充分理由。基于以上原因及司法传统，西方国家普遍对法官提供较高的薪金。以美国为例，其法官物质保障制度由高薪制和薪俸不得减少两项制度构成。在高薪制方面，美国法官的薪俸较高。其中，美国联邦法院首席大法官的年薪与副总统相同，其余8位大法官的年薪与国会议员、政府内阁成员的工资大致相同。而且，法官的薪俸整体上高于相同级别公务员的收入。比如，2005年联邦上诉法院法官的年薪为171800美元，联邦地区法官的年薪是162100美元，而联邦政府普通公务员2006年的平均年薪才达到6.1万美元。②

概括而言，西方主要国家法官的待遇体系主要有两种形式：其一是直接以法官自身的等级作为主要的参照标准，比如德国法官采取和公务员不同的独立

① ［美］汉密尔顿、杰伊、麦迪逊：《联邦党人文集》，程逢如等译，商务印书馆1980年版，第396页。

② 参见崔锡猛：《中美法官制度比较研究》，载《四川警官学院学报》2010年第1期。

的法官工资表，具体工资额相当于同级别公务员的2倍；其二是采用先确定法官职务再和行政公务员相对应的形式，如英国高等法院法官的年薪最低为32000英镑。实际上，不管是以上何种方式，西方国家法官领域薪金制度的基本目标是能够保障法官在各国当地的社会经济条件下过上稳定而体面的生活。比较而言，英美法系国家法官的待遇要比大陆法系高许多。英美法系国家法官的培训、选任和晋升都不同于职业文官，其社会地位、名誉、威望远较文官高得多。在英国，法官的待遇是很高的，而且，法官的工资由统一的基金支出，不需要每年经议会讨论决定。法院的预算、法官的工资由大法官提出经人事部门同意即可。法官的工资只能增加不能降低。但是，大陆法系国家在其传统上一直将法官作为公务员来管理。法官享受文官式待遇，不同级别的法官薪金与相应级别的文官薪金相参照而确定。德国公务员基本工资标准，按照不同的行业分为三大工资系列：行政单位的公务员和军人的工资系列，高等学校教授和助教的工资系列，法官和检察官的工资系列，法官共分十级，最低级比特级公务员最低级的工资略高，最高级比特级公务员最高级工资略低。① 大陆法系国家法官的文官式待遇有利于对公职人员的统一管理，防止产生一个拥有过分特权，脱离民众的法官阶层，但其对法官经济地位的保障不够有力。不过，现代西方各国普遍注重提高法官待遇，以便实现高薪养廉的目的。两大法系国家的法官制度在传统上的差异逐渐缩小。

在我国，法官的身份保障可见于现行法官法，但缺少宪法层面的明确规定。② 在现行法官法颁布之前，我国法官的物质保障在立法上也一直处于空白的状态。依照传统的做法，我国法官的任期待遇和退休待遇与普通行政部门人员适用同一标准，而且法官实际享受的待遇普遍低于行政部门的行政人员。③ 现行法官法对我国法官物质保障作了原则性规定，该法第34条、第35条、第36条规定，根据审判工作特点，法官的工资制度和工资标准由国家规定；法官实行定期增资制度；经考核确定为优秀、称职的，可以按照规定提前晋升工资；法官享受国家规定的审判津贴、地区津贴、其他津贴以及保险和福利待遇。但总体来看，我国法官的物质保障制度还存在一些问题，需要经由统一的司法改革予以完善。

---

① 参见胡建华：《法官的级别和工资待遇》，载《人民司法》1994年第5期。

② 参见刘练军：《司法要论》，中国政法大学出版社2013年版，第95页。

③ 参见崔锡猛：《中美法官制度比较研究》，载《四川警官学院学报》2010年第1期。

第二节 检察官法

检察官法是指关于检察官的任职资格、选任方式、任职期限、物质待遇等方面法律制度的总称。由于检察官与检察机关存在紧密的关联，围绕检察官而形成的相关法律制度与检察制度密不可分。一般而言，检察制度是指法律规定的关于检察机关的组织机构、职权和活动原则以及检察人员的任免、考核等相关法律制度。① 检察官作为最主要的检察人员，因其而设置的任免、考核、晋升、惩戒等相关检察官法显然是检察制度的重要内容。历史上，检察官制度创始于欧洲大陆的法国，随后成为现代国家不可或缺的重要力量。但由于各国检察制度及其法治传统等因素，检察官的角色定位在世界各国存在诸多差异。②

一、检察官的概念与职责

检察官是检察机关的人格化，是具体运行国家检察权的司法官员。③ 检察官法主要是围绕检察官而创设的各种人身制度，具体指涉与检察官相关的任职资格、选任方式、任职期限、物质待遇等方面的法律制度。由于不同国家司法传统以及国情等因素，检察官在世界各国国家权力体系中的具体地位也存在诸多差别。但在存在以上差别的同时，世界各国大多考虑将检察官在所在国优先定位，并使其构成一国法律职业的重要组成部分。

（一）大陆法系国家检察官的职责

大陆法系国家的检察官实行检侦一体化，强调检察权的高度集中统一。④ 在其缘起上，检侦一体化的模式形成于法国。在1784年法国资产阶级革命取得胜利之后，法国国民会议于1785年6月16日通过的法令中规定，检察官是行政机关派驻在各个法院中的代理人。根据上述法令，法国在各级法院中设置了检察官，负责在刑事案件中担任原告，独占公诉权。⑤ 随后于1808年制定

① 参见陈业宏、唐鸣：《中外司法制度比较》，商务印书馆2004年版，第92页。

② 参见孙谦：《维护司法的公平正义是检察官的基本追求——〈检察官论〉评介（一）》，载《人民检察》2004年第2期。

③ 参见范愉主编：《司法制度概论》，中国人民大学出版社2003年版，第178页。

④ 参见熊先觉：《司法学》，法律出版社2008年版，第198页。

⑤ 黄素萍、杨德志：《司法机关组织法》，中国政法大学出版社2006年版，第243页。

的重罪审理法典赋予了检察院提起公诉权，国家追诉制度由此建立。1811年，修改后的重罪审理法典在继承原法的基础上，赋予了检察机关刑事诉讼中预审(侦查)、追诉、审判三大职能。同时，法国检察制度也对德国、日本、意大利、芬兰、俄罗斯以及一些前法国殖民地产生了广泛影响，从而在其整体上形成了大陆法系的检察制度。① 整体上看，检侦一体化权力安排的特性有助于避免侦查权的离心倾向，在其要义上偏重于对诉讼效率的追求。

在组织体系上，法国和德国的检察机关属于行政机关，接受司法部领导。检察官是司法部的代表，在其领导体制上接受司法部长的领导。在法国，检察机关与普通法院体系合体。法国普通法院设置最高法院、上诉法院、初级法院三级。在三级法院当中则分别设有：最高检察长、检察官若干人；上诉法院检察长、检察长助理和代理检察官若干人；共和国检察官、代理检察官若干人。② 同样，德国检察机关也和法院对应设置并合署于法院体系，联邦层面的检察机构设在联邦法院；联邦以下的检察机关只有州和州高级检察机关，分别设在州和州高级法院内；地方法院的刑事审判活动由设在州法院的检察官负责。③ 此外，在组织体系和检察业务方面，联邦检察机构和各州检察机关之间并不存在领导和隶属关系。根据德国法院组织法、刑事诉讼法的规定，仅在涉及某些重大刑事犯罪的案件中，联邦总检察署和各州检察机关之间才存在某些职责上的交叉。④

在其职责方面，大陆法系国家检察官主要表现为主导刑事诉讼程序，在其他司法程序中也略有表现。在德国，由于其检察机关是负责刑事诉讼的主要参与机关，检察官因此也负有极为重要的职责。首先，检察机关作为刑事诉讼的参与人直接或间接参与刑事诉讼的全部过程和环节，这是其在刑事诉讼领域的主要角色。其次，检察机关主导侦查程序，领导警察对刑事案件进行侦查。在侦查程序中，检察机关针对被指控人或第三人采取某些措施，需要征得法院的批准。尽管检察官在刑事诉讼领域要受到相关法律原则的支配，比如检察官只能在掌握充足的事实根据后才能采取行动，⑤ 但检察官同样拥有相当的自由裁量权。如果被指控者罪行轻微且根据公共利益标准不应起诉时，检察官可以终

① 参见中国检察考察团：《德国的检察制度》，载《人民检察》1994年第11期。

② 参见中国检察考察团：《法国的检察制度》，载《人民检察》1994年第12期。

③ 中国检察考察团：《德国的检察制度》，载《人民检察》1994年第11期。

④ 参见邵建东主编：《德国司法制度》，厦门大学出版社2010年版，第52页。

⑤ 德国刑事诉讼法第152条第2款。

止案件。再次，在民事诉讼方面，在婚姻、家事、宣布限制行为能力人、宣告失踪以及公示催告程序等案件或事件中，由检察官实现起诉权、申请权或参与权。此外，在行政诉讼领域，检察官也发挥一定作用。根据德国行政法院法第35条的规定，联邦政府应当在联邦行政法院设置一名联邦利益的代表，这名代表通常由检察官出任。① 在法国，检察官兼有司法警察的所有职权，拥有指挥司法警察进行一切活动的职权，同时还可以要求司法警察就一切案件提供报告并移送案件。对于现行犯而言，如果检察官在场，则由其执行司法警察的职务，且在执行职务过程中有权调集警力。从司法法律规范的角度来说，法国的刑事诉讼法明确规定，司法警察官和司法警察应当根据共和国检察官的指令或依职权进行初步侦查，检察长有权监督一切缉查行动。② 除此以外，在民事诉讼、行政诉讼，乃至行政管理领域，检察官都拥有广泛的职权。以行政管理为例，检察官拥有监督司法辅助人员如律师、公务助理人员、司法助理人员、司法鉴定人员的职权，拥有监督相关机构如狱政机构、精神病机构、私人教育机构、酒类出售机构的职权，甚至在检察院外以及与维护公共秩序关系紧密的其他事项方面，检察官也拥有广泛的职责。③

（二）英美法系国家检察官的职责

比较大陆法系国家而言，英美法系国家检察官实行的是检侦分散化模式。在该模式运作的早期，国家并未建立组织严密的全国性检察机关和警察机关，而只有地方、州和联邦的检察制度和警察体制。与检侦分散化相联系的是，检察官所发挥的职能极为有限，比如英国检察官就无权进行侦查、无权会见证人、在检警关系中也不存在主导权。这和大陆法系国家检察官的职能差别极大，以至于有学者将英国检察官比喻为“奇怪的动物”。④ 英国直至1985年制定犯罪起诉法，才据此建立了皇家检察院，检察官才从警察部门手里接获刑事案件的起诉权。在任职方面，皇家检察院的检察官必须从初级律师或律师中选任，并通过公开竞争的方式由检察长依职权任命。检察官属于文职公务员，以

---

① 参见邵建东主编：《德国司法制度》，厦门大学出版社2010年版，第50页。

② 参见熊先觉：《司法学》，法律出版社2008年版，第198页。

③ 参见施鹏鹏：《法国检察官的职权》，载《人民检察》2007年第17期。

④ Andrew Ashworth, *Developments in the Public Prosecutor's Office in England and Wales*, *European Journal of Crime, Criminal Law and Criminal Justice*, Vol. 8, 2000, p. 257. 转引自李培锋：《英国检察制度的创设模式及当代特点》，载《南大法律评论》2009年春季卷。

检察长办公室的皇家检察官身份被分配至全国各地。① 在组织体系上，英国在中央设置皇家检察院作为全国的最高检察机关，由其负责领导全国检察机关。② 在全国分为若干个区分别设置区检察院，在每个区内又设置若干个检察分院，作为检察机关的最基层机构。总检察长和副检察长是英国政府的首席法律官员和政府部门的法律顾问，接受议会的质询并与政府共进退。

美国尽管与英国同属英美法系国家，司法传统上也受到英国的深刻影响，但其检察制度在早期追随英国之余，也在其后的发展中借鉴了英国之外其他一些欧洲国家的经验。其间的突出表现之一，就是美国的检察官制度将英国检察长中止诉讼的权力、法国公诉官起诉的权力和荷兰检诉官的地方自治进行了糅合。③ 在以上结合的基础上，美国检察制度呈现出分散与集中相结合的发展趋势：一方面，联邦层面相对集中，由司法部长兼任联邦总检察长。联邦总检察长不仅是联邦政府的首席法律顾问，且是联邦司法系统的行政长官。但在另一层面，各州的检察系统仍然保持着较为分散的特点。④ 在现代检察制度之下，美国检察官拥有广泛的职权：可以作为政府律师代表政府进行民事诉讼，在刑事案件中负责侦查、决定是否起诉、传唤证人、进行辩诉交易等重要决定，并负责根据陪审团的有罪判决提出刑法建议。

（三）我国检察官的职责

尽管根据我国现行宪法和人民检察院组织法的规定，人民检察院在其法律属性上属于法律监督机关。⑤ 但从我国检察官所行使的职责来看，其所承担的主要是司法职能，是为司法官的一种。根据现行检察官法第 6 条的规定，我国检察官的职责包括：依法进行法律监督工作；代表国家进行公诉；对法律规定应该由人民检察院直接受理的犯罪案件进行侦查；法律规定的其他职责。概括而言，检察官的职责范围涵盖法律监督、提起公诉、相应案件的侦查以及法律

① 参见樊崇义、吴宏耀、种松志：《域外检察制度研究》，中国人民公安大学出版社 2008 年版，第 16 页。

② 参见陈业宏、唐鸣：《中外司法制度比较》，商务印书馆 2004 年版，第 103 页。

③ 参见［美］爱伦·豪切斯泰勒·斯黛丽、［美］南希·弗兰克：《美国刑事法院诉讼程序》，陈卫东、徐美君译，中国人民大学出版社 2002 年版，第 208 页。转引自李卫平主编：《司法制度原理》，郑州大学出版社 2009 年版，第 337 页。

④ 参见齐树洁：《美国司法制度》，厦门大学出版社 2006 年版，第 575 ~ 576 页。

⑤ 参见韩大元、刘松山：《论我国检察机关的宪法地位》，载《中国人民大学学报》2002 年第 5 期。

规定的其他职责。

尽管就其字面含义来看，现行检察官法并未明确检察官的独立司法地位，但是，就其所行使的职责来看，检察官是独立行使检察权的司法官，检察官所工作的检察机关是司法机关。同时，作为履行检察职责的司法权运行主体，我国检察官独立行使其职权与检察一体并不矛盾，不能够基于检察一体而将检察官定性为行政官。① 之所以说我国检察官独立行使其职权与检察一体并不矛盾，是因为检察官在行使其职责过程中是法律运用的实际操作者、案件的亲历者，其对案件的承办无论是在证据的把握还是对其定性分析方面都带有强烈的个人主观烙印。而且，从一种过程论的角度来说，检察官是在具备基本法律知识和法律适用技能的基础上形成了案件分析报告和承办意见，其对整个案件了解全面并倾注了自己多方面的考察、分析。尽管如此，检察官的个人主观特性并非脱离其所处检察机关而存在。故而，检察一体是将检察系统的领导同检察官的独立办案相结合，检察官独立办案的前提是检察一体。检察官的独立作为现代司法的一般原则，符合司法规律且有利于保证司法公正。②

此外，我国检察一体中的领导与被领导关系主要是约束检察机关与检察机关之间的关系，并不主要指涉检察官之间的个体性领导。根据现行检察官法的规定，最高人民检察院领导地方各级人民检察院和专门人民检察院的工作，上级人民检察院领导下级人民检察院的工作。③ 显然，领导与被领导关系的约束对象是作为检察机关的各级人民检察院。即使是涉及个体性领导内容的，也仅涉及检察官的任免和晋升环节，而非检察官的职权运行内容。根据现行检察官法的规定，在检察官任免环节，对于不具备现行检察官法所规定条件或违反法定程序被选举为检察长的，上一级人民检察院检察长有权提请该级人民代表大会常务委员会不予批准。④ 在检察官撤换方面，最高人民检察院和省、自治区、直辖市人民检察院检察长可以建议本级人民代表大会常务委员会撤换下级人民检察院检察长、副检察长和检察委员会委员。⑤ 因此，检察官独立行使其

① 在“检察一体”之下，检察机关上下形成一个整体。相关国家中可能具体体现于阶层式建构和上级的指令权、职务收取和职务转移制、官员代换制、首长代理制等四种制度方面。参见龙宗智：《论检察官的定位——兼评主诉检察官制度》，载《人民检察》1999年第7期。

② 参见谢鹏程：《论检察官独立与检察一体》，载《法学杂志》2003年第3期。

③ 参见现行检察官法第5条。

④ 参见现行检察官法第15条。

⑤ 参见现行检察官法第16条。

职权并不全部受到检察一体的影响。这主要是因为：其一，检察官所在检察机关有权独立行使检察权，不受行政机关、社会团体和个人干涉。① 其二，现行检察官法的主要立法宗旨就是保障人民检察院实施法律监督，依法独立行使检察权，保障检察官依法履行职责，鉴于检察机关是检察官的人格化，检察机关独立行使其检察权要依赖检察官独立履行其职责才可以实现。

二、检察官的义务与权利

（一）检察官的义务

检察官在司法过程中如何处理其与其他司法权运行主体之间的关系，一直是各国理论界与实务界关注的主题之一。在刑事诉讼领域，检察官的犯罪追诉行为是否正当，尤其是检察官在打击犯罪与保护被追诉人之间产生紧张时，如何依据更高的正当性标准予以取舍，一度成为确立检察官义务的重要司法命题。围绕上述命题，西方国家确立了一些制度予以保障的检察官客观义务。② 概言之，检察官的客观义务是指在刑事诉讼活动中，为了发现案件的真实情况，检察官不应站在当事人的立场，而应站在客观公正的立场，不偏不倚地全面收集证据，审查案件和进行诉讼活动。在此方面，即使是将检察官视为诉讼程序当事人的美国也是如此。比如，美国大法官萨瑟兰就曾在1935年伯格诉合众国一案中指出："美国检察官代表的不是普通的一方当事人，而是国家政权，他应当公平地行使自己的职责；因此检察官在刑事司法中不能仅仅以追求胜诉作为自己的目标，检察官应当确保实现公正，也就是说，从这个特别的、有限的意义上讲，检察官是法律的奴仆，具有双重目标，既要惩罚犯罪，又要确保无辜者不被错误定罪。检察官可以而且也应当全力以赴地追诉犯罪，但在他重拳出击时，却不能任意地犯规出拳。不允许使用可能产生错误结果的不适当手段追诉犯罪，与用尽全部合法手段寻求公正的结果，二者同样属于检察官的职责。"③ 某种程度上，正因为检察官客观义务之独特价值，西方理论界才围绕其贡献了诸多智识，而实务界也为此创设了一些规则。比如，第八届联合

① 参见现行宪法第131条、现行人民检察院组织法第9条。

② 参见郭松：《检察官客观义务：制度本源与实践限度》，载《法制与社会发展》2009年第3期。

③ ［美］艾伦·豪切斯泰勒·斯黛丽、南希·弗兰克：《美国刑事法院诉讼程序》，陈卫东、徐美君译，中国人民大学出版社2002年版，第230页。

国预防犯罪和罪犯待遇大会于1990年通过的《关于检察官作用的准则》在其第12条、第13条明确规定："检察官应始终一贯迅速而公平地依法办事，尊重和保护人的尊严，以及维护人权，从而有助于确保法定诉讼程序和刑事司法系统的职能顺利地运行。检察官履行其职责时应当不偏不倚地履行其职能，并避免任何政治、社会、宗教、种族、文化、性别或任何其他形式的歧视；保证公众利益，按照客观标准行事，适当考虑到嫌疑犯和受害者的立场，并注意到一切有关的情况，无论是否对嫌疑犯有利或不利……"①

在我国相关领域，我国检察官客观义务也存在规范依据。在刑事诉讼领域，我国现行刑事诉讼法第50条至第52条的规定，明确体现了检察官的客观义务。根据现行刑事诉讼法第50条的规定，检察人员必须依照法定程序收集能够证实犯罪嫌疑人、被告人有罪或者无罪、犯罪情节轻重的各种证据，严禁刑讯逼供和以威胁、引诱、欺骗以及其他非法方法收集证据，不得强迫任何人证实自己有罪。必须保证一切与案件有关或者了解案情的公民，有客观、充分地提供证据的条件，除特殊情况外，可以吸收他们协助调查。根据上述条款的内容，检察官的调查取证工作不应当以单纯完成追诉为目的，而应当站在客观公正的立场上全面收集有利于查明案件真相的各种证据。根据现行刑事诉讼法第51条的规定，人民检察院起诉书必须忠于事实真相，故意隐瞒事实真相的，应当承担法律责任。根据现行刑事诉讼法第52条的规定，凡是伪造、隐匿或者毁灭证据的，无论属于何方，都必须受法律追究。除上述法律规定外，刑事诉讼法有关刑事侦查的规定，都对检察官行使检察权的行为构成义务。

当然，从司法官的角度来说，现行检察官法对检察官客观义务的创设更为具体。根据现行检察官法第8条的规定，检察官应当履行的义务包括：

其一，严格遵守宪法和法律的义务。宪法是国家的根本法，具有最高的法律效力，是一切法律的制定依据。宪法规定了国家的根本制度和根本任务，是我们进行社会主义现代化建设的根本保障。从检察官的角度来说，宪法赋予了人民检察院检察权，这使得宪法也是检察官存在并行使其职权的先在前提。因此，作为行使检察权的检察官必须严格遵守宪法和法律所规定的原则。同时，检察官有权依照法律规定独立行使检察权，不受行政机关、社会团体和个人的干涉，在适用法律上一律平等，不允许有任何超越法律的特权。检察官是国家司法权运行主体之一，以上特殊身份要求检察官在行使检察权时必须依法进

① 北京大学法学院人权研究中心编：《国际人权文件选编》，北京大学出版社2002年版，第221页。

行。这就要求检察官必须依据宪法和法律的规定，在宪法和法律规定的职权范围内依照法律规定的程序进行检察活动。就此而言，严格遵守宪法和法律是检察官履行职责的首要义务。

其二，秉公执法、不徇私枉法的义务。在规范层面，我国现行刑事诉讼法和检察官法都对此作出了规定。这里的“以事实为根据”是指检察官在办理案件时，必须以事实为根据，只有在查明案件事实的情况下才能依法起诉或者实施法律监督。这里的“事实”意味着它必须是检察官以客观存在的、经过调查属实、有证据证明的“事实”，而不能够是靠主观想象、推测、怀疑的所谓“事实”。从规范层面来说，法律赋予检察机关侦查权和法律监督权，行使这些权力的前提就是必须以事实为根据。以法律为准绳，是指检察官必须以法律为标准。这意味着检察官办案必须严格按照法律规定来进行，应当以法律的规定作为办案的依据，并且要做到不偏不倚。基于法律规范的多层次性，以法律为准绳意味着检察官既要严格按照实体法办案，又要严格遵守程序法的规定。这里所说的“秉公执法，不得徇私枉法”，在现行刑事诉讼法中的体现是“对于一切公民，在适用法律上一律平等，在法律面前，不允许有任何特权”。并且，以上规范是直接针对人民检察院而确立的，对检察官有间接的约束力。而在现行检察官法中，该规定是直接约束检察官的。无论如何表述，也不论约束的直接与否，“秉公执法，不得徇私枉法”都要求检察官在办理案件的过程中，必须是出于公心，而不是为了谋取私利或者出于本地区、某个部门的局部利益、地方保护主义或者部门保护主义去办理案件，更不得在办理案件过程中徇私利、徇私情，以权谋私。换言之，检察官并非诉讼活动中的普通当事人，其在刑事诉讼中并不存在独立的利益，检察官的天职是维护法律、确保正义得到实现。以刑事诉讼为例，现行刑事诉讼法在其第 28 条规定了包括检察人员在内的回避制度，如检察人员系本案的当事人或者是当事人的近亲属、检察人员本人或者其近亲属和本案有利害关系、抑或与本案当事人有其他关系，可能影响公正处理案件，则应当自行回避，当事人及其法定代理人也有权要求其回避。究其根本来说，“秉公执法，不得徇私枉法”是对检察官职业素质最基本的要求：一方面，检察官行使的是国家司法权，其权力的运用直接关系到当事人的切身利益，关系到执法的统一，关系到司法的公正和法律的尊严，检察官要通过检察权的行使维护社会正义以便彰显法律的严肃；另一方面，检察官也要通过检察权的行使，维护国家利益、维护自然人、法人的合法权益，要通过检察权的行使，惩罚犯罪，保护人民，保障社会秩序、经济秩序，保障社会主义现代化建设的顺利进行。因此，秉公执法对维护法律的尊严尤其重要。

其三，维护国家利益、公共利益，维护自然人、法人和其他组织合法权益的义务。检察官是行使国家检察权，并代表国家行使法律监督权的法定主体，其在履行职责的过程中必须维护国家利益和公共利益。除此以外，检察官还必须维护自然人、法人和其他组织的正当的合法权益，尤其是他们在诉讼活动中的诉讼权利。这里的自然人包括我国公民，也包括外国公民；法人包括机关法人、社会团体法人、企业法人、事业单位法人等；其他组织包括没有取得法人资格的联营、企业或者事业单位的分支机构等。以刑事诉讼为例，根据现行刑事诉讼法第 14 条的规定，人民检察院应当保障犯罪嫌疑人、被告人和其他诉讼参与人依法享有的辩护权和其他诉讼权利。这意味着，检察官在实际办理案件，履行其司法职能的过程中，不应当无视乃至忽视其他诉讼权利，否则会因违反刑事诉讼法等相关法律所规定的义务而承担法律责任。

其四，清正廉明，忠于职守，遵守纪律，恪守职业道德的义务。就其内容而言，本项义务是对检察官自身素质的要求。对于检察官而言，本项义务的约束性不仅体现为其在案件的办理过程中必须清正廉洁、忠于职守、在执行职务时秉持不偏不倚及公平等基本态度,① 而且要求检察官不贪赃枉法，且应恪守作为一名检察官所应当具备的职业道德。历史地看，检察官产生的初衷“在于以受严格法律训练和法律拘束的公正客观的官署，控制警察活动的合法性。”② 如果检察官违反本项义务，违背检察官的基本职业伦理，则检察官存在之价值显然无从谈起。

其五，保守国家秘密和检察工作秘密的义务。根据《中华人民共和国保守国家秘密法》（以下简称保守国家秘密法）的规定，国家秘密是关系国家安全和利益并依照法定程序确定，在一定时间内只限一定范围的人员知悉的事项。对于国家秘密而言，一切国家机关、武装力量、政党、社会团体、企业事业单位和公民都有保守国家秘密的义务。显然，作为检察机关人格化身的检察官有保守国家秘密的义务。如果检察官在检察工作过程中接触到有关国家秘密，其应当严格保守以上秘密。相关案件的办理应严格遵循法定程序进行，不得随意泄露所涉国家秘密。所谓工作秘密，具体是指有关国家机关在相关公务

① ［日］森际康友编：《司法伦理》，于晓琪、沈军译，商务印书馆 2010 年版，第 179 页。

② 林钰雄：《刑事诉讼法》，中国人民大学出版社 2005 年版，第 16 ~ 17 页。

活动或内部管理过程中形成的非属于国家秘密，但又不宜对外公开的事项。① 对于以上工作秘密，如办案过程中所获知的当事人的商业秘密或个人隐私、所形成的内部意见、材料等，检察官亦不得随意泄露。

其六，接受法律监督和人民群众监督的义务。这里的“法律监督”包括：首先，人民检察院对同级人民代表大会及其常委会负责，受其监督并向其报告工作。以上负责及报告机制意味着：一方面，人民检察院的检察活动要受同级人民代表大会及其常委会的监督；同时，在人民代表大会及其常委会对人民检察院进行法律监督和工作监督的过程中也会涉及某些检察官。② 其次，下级人民检察院的检察活动要受上级人民检察院的监督。作为法律监督机关的人民检察院，其上下级之间是领导与被领导关系，最高人民检察院领导地方各级人民检察院和专门人民检察院的工作，上级人民检察院领导下级人民检察院的工作。故而，对于下级人民检察院在检察活动中存在的违背法律的地方，上级人民检察院应当依法予以纠正。比如，在审查起诉领域，如公安机关对人民检察院作出的不批准逮捕的决定、不起诉或者免予起诉的决定存有异议，可以向上级人民检察院提请复核，上级人民检察院应当及时作出决定，并依法通知下级人民检察院和公安机关执行。再次，检察官的检察活动还要受国家机关、社会团体和组织的监督。如人民检察院的检察活动违背法律规定，国家机关、社会团体和组织有权提出意见。这里的“人民群众监督”，具体是指检察官的检察活动应当接受广大人民群众的监督。人民检察院的检察权归根结底是人民赋予的，因此，其检察活动也应当接受人民群众的广泛监督。但应当注意的是，无论何种方式的监督，其具体实施方式都不应当是替代检察官办案。如在监督的过程中发现检察官存在违反法律的情形，应当遵循法律所规定的程序提出监督意见，而不能够替代检察官行使职权。

（二）检察官的权利

在现代国家，无论采取何种检察权配置模式，检察官都是负有多元司法功能的主体。首先，检察官是刑事公平正义的捍卫者。司法实践中，检察官通过

① 参见韩冰：《浅析信息公开条件下工作秘密的法律保护》，载《江南社会学院学报》2008 年第 4 期。

② 比如相关检察机关内某些领导人员、检察委员会委员及普通检察员等相关人员的任免，就大多需要人大或人大常委会通过。参见人民检察院组织法第 21、22、23、24、26 条。

代表国家、人民及当事人对犯罪行为予以追诉从而与被追诉者形成对峙，使得法官能够秉持客观中立的立场作出公正裁判以便救济被害者的合法权益。其次，检察官还是司法人权的重要维护者。① 通过参与相关司法过程，检察官能够对司法过程中的其他主体如法官、警察是否遵守法律予以监督。就其效果而言，以上监督的有效展开有助于尽力避免非法追诉及审判、从而确保无辜者不受到诬陷、栽赃，使得检察官的理性正义立场成为实现社会正义的重要保障。② 再次，检察官也是重要的法律监督者。在各国检察体制下，检察官都行使包括反渎职、反贪污乃至对行政机关执法情况的监督在内的相关法律监督权能，从而成为发挥法律监督职能的重要主体。

鉴于检察官发挥司法职能的多元性，以及其自身权力运行的规范性，国际组织及有关国家通过相应的规范赋予了检察官广泛的权利。属于上述规范之列的包括 1990 年 8 月于哈瓦那第八届联合国预防犯罪和罪犯待遇大会上通过的《关于检察官作用的准则》、国际检察官协会 1999 年 4 月通过的《检察官专业责任及主要职责和权力之声明》、欧盟检察官大会 2005 年 5 月通过的《欧盟检察官伦理及行为准则——“布达佩斯准则”》等。上述有关检察官的国际性规范以及相关国家的国内法都对检察官行使职权过程中的权利问题予以关注。根据《关于检察官作用的准则》规定③，各国应确保检察官能够在没有恐吓、阻碍、侵扰、不正当干预或不合理地承担民事、刑事或其他责任的情况下履行其专业职责。国内法层面，比如日本检察厅法就规定，除非例外情况，不得违反检察官个人的意愿使其失去职位或将其停职、减少其薪俸。④

与国际性规范和其他国家国内法相类似，我国检察法律规范对检察官所享有的权利也作出了广泛规定。根据现行检察官法的相关规定，⑤ 检察官依法享有以下权利：

其一，拥有履行检察官职责应当具有的职权和工作条件的权利。依据人民检察院组织法、检察官法等法律规范，检察官拥有依法进行法律监督工作、代表国家进行公诉、对法律规定由人民检察院直接受理的犯罪案件进行侦查等相

---

① 司法权不能简单地等同于司法权力。除了司法公权，还包括司法人权等内容。参见廖奕：《过程与均衡：司法本质的中国语境》，载《法学评论》2009 年第 1 期。

② 郭晶：《论检察官基本立场之确立》，载《政治与法律》2006 年第 5 期。

③ 《关于检察官作用的准则》第 4 条。

④ ［日］森际康友编：《司法伦理》，于晓琪、沈军译，商务印书馆 2010 年版，第 171 页。

⑤ 现行检察官法第 9 条。

关职责。在履行上述职责时，检察官根据现行刑事诉讼法、民事诉讼法、行政诉讼法和其他相关法律规范拥有相应的职权，比如对贪污贿赂案件行使侦查权；在民事诉讼和行政诉讼中对违背法律程序的行为提出纠正意见；对人民法院的判决如认为错误，有权提出抗诉等。为了有效地履行以上职权，检察官必须配置相应的工作条件。

其二，依法履行检察职责不受行政机关、社会团体和个人干涉的权利。从规范角度来说，这是一项由宪法确定的重要司法原则。对此原则，人民检察院组织法也予以确认。从其内容来看，该原则主要是指检察官履行职责时必须依法进行，检察官办理案件只服从法律，“（在对被告的刑事程序中）检察官作为法律的守护人，负有彻头彻尾实现法律要求的职权。”① 因此，在面对任何依仗权势以言代法、以权压法，非法干涉办案活动的行为时，检察官都有权依法予以抵制。

其三，非因法定事由、非经法定程序，不被免职、降职、辞退或者处分的权利。作为司法官的检察官尽管与法官存在差别，但出于实现职权的目的其也拥有特别的身份保障权，比如日本“检察官除了退休或其他的特别规定的事由外，是不会发生违背其本人意愿而使其失去官职、停止职务或减少工资的情况的”。② 在我国，检察官本项权利中所确立的“法定事由”和“法定程序”，是指法律明确规定哪些情况下检察官会被免职、降职、辞退或者处分。此外，由于检察官的任命系经人大常委会任命或者人民检察院任命，如需对检察官免职、降职、辞退或者处分，也必须经过法定的程序才可以实现。概括而言，我国检察官法定被免职及辞退的情形主要见于现行检察官法第 14 条和第 43 条规定的情形。法定处分的情形见于现行检察官法第 35 条。除非符合以上情形，且经相关法定程序，检察官的职位不受变动。

其四，获得劳动报酬，享受保险、福利待遇的权利。劳动权和获得报酬权是宪法规定的公民基本权利。在法律层面，检察官的身份具有双重性：一方面，检察官是作为国家机关一种的检察机关中的工作人员，代表检察机关履行检察职责；另一方面，检察官也是我国公民，具有公民的法律身份。作为公民的检察官也是劳动者，同样有权获得相应的劳动报酬。此外，我国检察官本项权利中的“报酬”既包括检察官的工资收入，也包括合法的其他收入。

---

① 林钰雄：《刑事诉讼法》，中国人民大学出版社 2005 年版，第 106～108 页。

② ［日］森际康友编：《司法伦理》，于晓琪、沈军译，商务印书馆 2010 年版，第 171 页。

其五，人身、财产和住所安全受法律保护的权利。检察官担负维护国家法律，打击一切犯罪行为，保护国家、集体和个人的合法权益的任务，其在执法过程中，往往容易受到打击报复。有鉴于此，我国相关法律对检察官的人身、财产和住所的安全受保护作出了专门规定。

其六，参加培训的权利。根据现行检察官法第 9 条的规定，检察官有参加培训的权利。作为实现法律的重要角色，检察官通过培训提升法律理解和检察业务能力是正确理解和把握法律规定内容的关键。只有借助不断学习和长久的专业历练，检察官才能提高正确运用法律、履行职责的能力。此外，检察官所在检察机关应当有计划地进行理论培训和业务培训。而且，检察官在培训期间的学习成绩和鉴定，是其任职、晋升的依据之一。

其七，提出申诉或者控告的权利。申诉权和控告权是检察官对于自身权利受到侵害或者对处理不服时的一种救济的权利。检察官对于国家机关及其工作人员侵犯本人权利的，有权提出控告。对于本人的处分或者处理不服的，有权向原处分、处理机关申请复议，并有权向原处分、处理机关的上级机关申诉。检察官提出申诉和控告，应当实事求是，不得捏造事实、诬告陷害。

其八，辞职的权利。检察官辞职应当出于自愿，任何人不得强迫检察官辞职，或者以其他非法手段迫使检察官辞职。就此而言，检察官辞职是检察官的自由，也是其所拥有的一项基本权利。应当注意的是，根据现行检察官法第 42 条的规定，检察官辞职应当由本人提出书面申请，依照法律规定的程序免除其职务。

三、检察官准入制度

任何一个国家的任何一个机构能否有效地发挥其职能的前提，在于该机构组成人员的素质、应具备的资格是否适当，检察官更是如此。检察机关所具有的维护国家政权和社会秩序的特定职能决定了检察官担负特定的国家职责，而检察官负有的特定国家职责又决定了检察官这一职务并非任何人都能够胜任且不能随意任免。在我国，由于当下的法律规定尚不健全，诉讼程序有待完善，通过塑造一支素质过硬的包括检察官在内的司法官队伍，以实现法制价值最大化，理应成为当下司法改革的重要选择。① 而在司法实务层面，确定检察官素质的重要制度莫过于具体的检察官准入制度。有鉴于此，世界各国都很重视检

① 参见卞建林：《检察官：司法品性和职业素养同等重要》，载《检察日报》2004 年 10 月 29 日第 1 版。

察官任职资格的确定问题。但各国由于政治、文化背景的不同，对检察官任职资格的规定存在很多差异。

（一）大陆法系国家检察官任职资格

与法官任职资格一样，大陆法系国家对检察官的任职和晋升资格规定了严格的考试制度和升迁程序。从其具体内容来看，大陆法系国家对检察官的任职资格要求基本与法官相同。其原因在于，上述国家都将检察官视为“法律人”（或称法律家、法曹等，包括法官、检察官和律师等法律工作者）之一部分而予以培养。① 概括而言，大陆法系国家对检察官任职资格的要求具体包括：其一，具有较高的法律专业知识水平，通常体现为一定的学历；其二，拥有特定的司法实践经验；其三，专门的司法考试，使得未来的检察官能够全面、系统地学习和掌握本国的相关成文法律，以达到从事检察工作所需要的业务和理论水平。当然，具体到每一国家，上述要求可能又会存在细微的差别。在法国，检察官的任职资格包括：大学法律专业毕业并获得法学学士以上学位；通过专门的司法官资格考试（法学博士学位获得者可免予考试）；在国家司法官学校进行3年半的理论学习和司法实务训练（法学博士学位获得者可以只学习1年）。研习结束，经研习生审查委员会审查合格方有资格被任命为助理检察官。在德国，检察官与法官的任职条件、职业发展道路完全相同，实践中二者也经常互换岗位和职务。② 成为检察官必须在大学修完3年以上的法律课程，通过2次严格的考试才能够获得任职资格。大学法律专业毕业生有资格参加第1次考试，考试及格者随后需接受为期2年半的法律实务训练，经考核显示品行良好并成功完成2年半法律实务训练的人，有资格参加第2次考试。第2次考试比第1次考试更为严格，顺利通过第2次考试者可被任命为见习检察官。见习检察官试用满1年并经州司法行政长官审查合格后可被任命为候补检察官。候补检察官任职满5年左右可获得终身任职资格。在日本，检察官和检察事务官都是中央公务员，凡法律规定不能被任命为一般官吏，且受过监禁以上的刑事处罚或者受过弹劾法院罢免的受审者，均不得担任检察官。检察事务官主要通过公务员考试产生（日本公务员考试分为三类，第一类是专门培养后备人才的考试，第二类是大学毕业参加的考试，第三类是高中毕业参加的考

① 参见金文彤：《中国检察官制度研究》，中国政法大学2005届博士论文，第117页。

② 参见邵建东主编：《德国司法制度》，厦门大学出版社2010年版，第52页。

试。检察事务官参加第二、三类考试），由人事院组织。检察事务官的考试录取率虽低于检察官，但也在1∶10到1∶20之间，竞争十分激烈。与检察事务官不同，检察官主要通过司法考试产生，具体由法务省组织。根据日本检察厅法的规定，检察官准入渠道主要有三种。第一种也是最主要的一种是经国家司法考试合格，通过为期一年半的司法修习结业者，成为修习检事。第二种是从其他法律工作者（包括从事法学教学者）中选任。第三种是从具备法定条件的检察事务官和其他国家行政官员中选考。上述选考方式无须经过司法考试，而是由设置在法务省并由法务大臣任命委员组成的副检事选考审查会负责。通过这种选考的检察官，成为特任副检事。通过后两种渠道进入检察官队伍的与通过司法考试进入检察官队伍的人员在名称和任职方面都有区别，在晋升方面也受到限制。如副检事只能被委派担任区检察厅检察官职务。同时，由于检察官不同于一般国家公务员，其所应当具有的资格在法律上也有更高的要求。在具体职级方面，日本检察官分为一级检察官和二级检察官，任用检察官的资格与任用法官的资格基本相同。①

（二）英美法系国家检察官任职资格

英美法系国家检察官的任职资格与大陆法系国家区别很大。比较而言，英美法系国家由于遵循从个别案件中抽象出规则然后再将这些规则运用到将来的个案裁断的办案模式，故更为强调检察官的实务分析能力。② 实践中，英美法系国家检察官由具有律师资格者担任，且检察官的晋升没有大陆法系国家那样的严格限制。比如，美国联邦司法系统中的检察官就由总统提名，经参议院审查批准而产生，州检察总长和检察官多由选民选举产生。③ 在英国，无论何种职级的检察官，都必须从拥有职业律师资格的人中选任。而在英国获得律师执业资格，需要严苛的程序，首先必须大学本科毕业，之后必须到律师学院进行2年的学习；其次必须通过律师资格考试，才能够取得律师资格；取得律师资格后还要实习1年，才能够独立接案。如要成为皇家检察官或者助理检察官，必须拥有7年以上的大律师或律师执业经历。要成为总检察长、副总检察长或

---

① 参见陈业宏、唐鸣：《中外司法制度比较》，商务印书馆2004年版，第130～131页。

② 参见金文彤：《中国检察官制度研究》，中国政法大学2005届博士论文，第116页。

③ 参见齐树洁主编：《美国司法制度》，厦门大学出版社2010年版，第12～13页。

地区检察长，必须拥有10年以上专门律师或法庭外律师的执业经历。

（三）我国的检察官任职资格

长期以来，我国并没有专门法律规定检察官的任职资格和条件。在规范层面，确立检察官制度的法律依据主要是1995年2月28日第八届全国人民代表大会常务委员会第十二次会议通过的《中华人民共和国检察官法》，该法规定了检察官必须具有的良好品行和业务素质及其他条件。概括而言，主要包括：（1）具有中华人民共和国国籍；（2）年满23周岁；（3）拥护中华人民共和国宪法；（4）具有良好的政治、业务素质和良好的品行；（5）身体健康；（6）高等院校法律专业毕业或者高等院校非法律专业毕业具有法律专业知识。① 曾因犯罪受过刑事处罚的人或曾被开除公职的人不得担任检察官。② 同时，还规定了检察官的等级制。我国检察官分为四类十二个级别：最高人民检察院检察长为首席大检察官，二至十二级检察官分别为大检察官、高级检察官、检察官。检察官等级的确定机制，主要以检察官所任职务、德才表现、业务水平、检察工作实绩和工作年限为依据。但在检察官的等级编制、评定和晋升方面，目前仍然缺少完善的办法。

以检察官准入领域的国际性规范观照我国相同领域，可以发现我国在法律上对检察官任职资格的规定既兼顾了对法律专业知识、司法工作经验和品德要求的通用做法，又根据我国国情适当进行了变通。但其间的问题是，我国检察官任职资格的经验要求比较西方国家而言较低。根据现行检察官法的规定，担任检察官需具有中华人民共和国国籍，年满23岁，拥护中华人民共和国宪法，有良好的政治、业务素质和良好的品行，身体健康，高等院校法律专业本科毕业或者高等院校非法律专业本科毕业具有法律专业知识，从事法律工作满2年，其中担任省、自治区、直辖市人民检察院、最高人民检察院检察官，应当从事法律工作满3年；获得法律专业硕士学位、博士学位或者非法律专业硕士学位、博士学位具有法律专业知识，从事法律工作满1年，其中担任省、自治区、直辖市人民检察院、最高人民检察院检察官，应当从事法律工作满2年。从上述规定来看，检察官任职对候选人社会经验，尤其是法律职业经验的具体要求仍然相对较低。

---

① 现行检察官法第10条。

② 现行检察官法第11条。

四、检察官保障制度

根据联合国《关于检察官作用的准则》的规定①，世界各国都应确保检察官在没有任何恐吓、阻碍、侵扰、不正当干预或不合理地承担民事、刑事或其他责任的情况下履行其专业职责；如果检察官及其家属的安全因其履行检察职能而受到威胁时，相关当局应当为其提供人身安全保护；各国应以法律、法规或条例的形式对检察官的服务条件、充足的报酬、在适当情况下的任期、退休金及退休年龄予以规范。概括而言，以上保障制度主要围绕职位、物质待遇予以设置。

（一）检察官的职位保障

有关检察官的职位保障制度，主要集中于检察官的任期制度以及限制免除职位方面的制度。在检察官的任期方面，世界各国的制度包括两类：一类是终身任职，另一类是定期任职。实践中，大多数国家检察官的任期为定期任职，并由法律具体规定任职年限。日本采行终身制，无论是一级检察官，还是二级检察官（包括副检事）均为终身制。当检察官达到法定退休年龄，或者属于法定事由或接受惩处才会被免职。除例外情形外，一般不得违背检察官个人意愿将其免职、停职或减薪。② 欧洲国家中，德国、荷兰也采行终身制。③ 而在前苏联，总检察长和所有下级检察长的任期均为5年。在美国，联邦总检察长、联邦地方检察官等选举产生的检察官，其任期一般与总统的任期相同。④

在检察官免除职务的限制方面，各国通常规定非具有特定情形、非依法定程序，不得免除检察官职务。比如日本，除了有不得任命检察官的事由发生，或者已达法定退休年龄，或者依照检察官审查会议的决议，或者产生剩员，或者受惩戒之外，不得违背检察官本人意愿，免除或者停止其职务，且免职必须依照法定程序进行。⑤ 对检事总长、检事次长以及检事长，必须经检察官合格

---

① 参见徐鹤喃：《〈中华人民共和国检察官法〉实用问题解析》，中国计划出版社1995年版，第242页。

② 参见龚刃韧：《现代日本司法透视》，世界知识出版社1993年版，第185页。

③ 参见张仲芳：《荷兰的检察制度》，载《人民检察》1995年第4期。

④ 参见张智辉、杨诚：《检察官作用与准则比较研究》，中国检察出版社2002年版，第406～407页。

⑤ 参见张智辉、杨诚：《检察官作用与准则比较研究》，中国检察出版社2002年版，第412页。

审查会作出决议，并经法务大臣劝告，方可免职。大陆法系其他国家对于免除检察官职务，也有相应的较严格的法律规定。而在英美法系国家，检察官则是作为普通的国家公务员来管理。正因为如此，英美法系国家检察官队伍极不稳定。在美国，检察官与政党共进退，每个新总统上台都会重新任命本党人员作为检察官来替代原来的检察人员，对整个检察系统实行“大换血”。英国尽管自1986年起建立了统一的检察机构，但是对于检察官决定起诉的案件，他们只能在治安法院出庭支持公诉，在刑事法院、高等法院等则必须聘请大律师出庭支持公诉，因而出庭公诉人员的固定性也比较差。

（二）检察官的物质保障

大陆法系国家检察官享有近似于法官的身份、经济保障，检察官和法官应地位一样，俗称检察官为“站着的法官”，而法官为“坐着的法官”。当然，两者的职务不存在交叉，检察官不得从事法官的行为，检察官也没有权力和责任去监督法官履行其职责。① 在薪金方面，检察官也低于同级别行政官员，如德国总检察长的薪金低于司法部长，仅和司长级一等参事官薪金相同。联邦总检察长以下的联邦检察官以及各州检察官的待遇尚不如一般行政官。另外，由于该国检察官晋升比一般行政官缓慢，检察官在45岁前很难晋升为课长检察官。为了弥补这一不足，自1957年起，通常在39岁时可以得到与课长检察官相同的薪金。在俄罗斯，联邦检察院法规定检察官可以享受如下待遇：具有衔级的检察机关工作人员，其工资由职务工资、衔级补贴和工资补贴构成；检察机关工作人员可享受每年30个连续公历日的假期，不含往返途中的时间、路费公付等；检察机关工作人员退休后可领取退休金，去世后，其家属可享受政府依法给予的物质保障等。②

英美法系国家检察官因为按照普通行政人员管理，检察官薪水往往比法官或私人律师都低，检察工作往往没有吸引力。实践中，检察人员往往只把检察工作作为今后从事其他工作积累经验和资本的“跳板”，而不是将其作为永久性职业。③ 在美国，地方首席检察官的薪金数额不仅不同州参差不齐，甚至在同一州内的不同地区也有很大差别。一般而言，检察官的薪金高低与其所在地

---

① 参见邵建东主编：《德国司法制度》，厦门大学出版社2010年版，第52页。

② 参见黄素萍、杨德志：《司法机关组织法》，中国政法大学出版社2006年版，第306页。

③ 参见何家弘：《美国司法制度（一）》，载《检察日报》2001年8月13日第9版。

区人口稠密度大小和经济发展状况存在密切的关系。在人口稠密、经济发达地区，特别是在大都市里，检察官的薪金很高；而在一些人口少、经济不发达的地区，检察官的薪金则十分微薄甚至不足以维持生计。

与西方国家相比，我国检察官的保障制度规定得不具体。在规范层面，现行人民检察院组织法、检察官法分别规定了对检察官的身份和经济保障制度。但目前的规定不够健全，比如人民检察院组织法第 22 条①的规定从程序和制度上制约了从外部对检察长的随意免职，加强了上级检察院对下级检察长免职的领导监督，保障了上级检察长的领导地位，但是对其他检察官则没有上述免职的程序规定。又如检察官法规定了检察官的惩戒和辞退制度，但其法定条件过于宽泛且未规定专门的惩戒和辞退程序。现行检察官法第 39、40、41 条对检察官的工资保险福利作了原则性规定：检察官的工资制度和工资标准，根据检察工作特点，由国家规定；检察官实行定期增资制度。经考核确定为优秀、称职的，可以按照规定晋升工资；有特殊贡献的，可以按照规定提前晋升工资；检察官享受国家规定的检察津贴、地区津贴、其他津贴以及保险和福利待遇。在实践中，检察官的物质保障目前还有许多问题尚未解决或者没有解决好。在任期制度方面，我国检察官实行的是不可更换制，检察官的任职非因法定事由和法定程序不被免职、辞退、撤职、开除。比如，检察官必须经过和任职相同的法律程序，并具有相关情形才可免职。检察官的辞职，也需要经法定程序。检察长由本级人民代表大会罢免，但地方各级人民检察院检察长的罢免，须报上一级人民检察院检察长提请该级人民代表大会常务委员会批准。副检察长、检察委员会委员和检察员由本院检察长提请本级人民代表大会常务委员会罢免。助理检察员由本院检察长罢免。

第三节　公务员法

在规范层面，我国现行有效的公务员法于 2005 年由全国人大常委会第 15 次会议通过，2006 年 1 月 1 日正式实施。其立法历程大致包括三个阶段：第

① 现行人民检察院组织法第 22 条规定："省、自治区、直辖市人民检察院检察长和人民检察院分院检察长由省、自治区、直辖市人民代表大会选举和罢免，副检察长、检察委员会委员和检察员由省、自治区、直辖市人民检察院检察长提请本级人民代表大会常务委员会任免。省、自治区、直辖市人民检察院检察长的任免，须报最高人民检察院检察长提请全国人民代表大会常务委员会批准。"

一个阶段是起草阶段，时间从2000年8月到2004年3月。在该阶段，中组部、人事部在总结《公务员暂行条例》实施经验的基础上，组建了一个由实际部门和专家学者相结合的公务员法起草班子，形成了公务员法草案送审稿，并由人事部于2004年3月报送国务院。第二阶段是提出议案阶段，时间从2004年3月到2004年12月。国务院法制办公室在收到草案送审稿后，在广泛征求各方意见的基础上会同中组部、人事部对草案送审稿进行了反复研究修改，形成公务员法草案，并报国务院常务会议讨论通过。第三阶段是立法审议阶段，时间从2004年12月到2005年4月27日。2004年12月25日，第十届全国人民代表大会常务委员会第十三次会议将公务员法草案列入会议议程。全国人大常委会法律委员会于2005年4月先后召开两次会议，根据各方面的意见对以上草案进行了逐条审议并提出了修改意见。2005年4月25日，全国人大常委会第十五次会议召开，对修改后的草案进行了分组审议。会议期间，根据全国人大常委会组成人员的审议意见进行了进一步的修改完善，于4月27日由全国人大常委会会议表决通过，并于2006年1月1日起正式实施。

就其内容而言，尽管公务员法具体条文中仅有2条①直接提及法官、检察官，但由于它在整体上将法官、检察官纳入国家干部管理制度的范围之内，对司法官还是具有十分重要的影响。有鉴于此，本节结合公务员法的基本制度，以及其所具有的司法组织法律意涵予以阐述。

一、中国公务员的概念与范围

根据现行公务员法第2条的规定，公务员是指依法履行公职、纳入国家行政编制、由国家财政负担工资福利的工作人员。比较公务员法之前的《公务员暂行条例》而言，公务员法本条的变化堪称是至为显著的：首先，公务员名称和内涵变化巨大。在《公务员暂行条例》中，公务员指“国家公务员”，这容易导致人们误解公务员仅指中央（国家）公务员，而不包括地方公务员。其次，公务员的范围急速扩大。《公务员暂行条例》所界定的公务员是指“各级国家行政机关中除工勤人员以外的工作人员”，这首先意味着公务员仅可能来自行政机关，其次意味着来自行政机关的工勤人员是排除在公务员之外的。而公务员法中所界定的“公务员”，是指“依法履行公职、纳入国家行政编制、由国家财政负担工资福利的工作人员”。这意味着公务员的范围远远超越行政机关，在以上显著变化下，公务员法将众多不同法律属性的国家机关以及

① 现行公务员法第3条、第45条。

政党机关中的工作人员统一纳入公务员法的约束范围，形式上适用统一的法律。①

当然，就行政机关中的公务员而言，公务员法还是在录用条件、类别划分、选任程序等方面作出了自身的努力，使得公务员制度更加法治化。在现代世界各国，公务员在产生机制上多通过录用来完成。在法律上，公务员录用是指依照法定程序和方法，将符合一定条件的人员吸收为公务员、担任某种职务的制度。从规范的层面来说，上述一定条件具体是指进入公务员队伍所应当具备的各种法定要件。在我国，根据公务员法的规定，成为公务员的条件可以分为积极条件和消极条件两种。积极条件即取得公务员身份所必须具有的条件，包括：公务员必须由具有中华人民共和国国籍的我国公民担任；公务员须年满18周岁；必须拥护中华人民共和国宪法；公务员应当具有良好的品行；公务员应当具有正常履行职责的身体条件；公务员应当具有符合职位要求的文化程度和工作能力；法律规定的其他条件。② 消极条件即具有这些条件，则不能取得公务员身份或不能担任公务员职务。综合而言，上述条件包括：曾因犯罪受过刑事处罚的；曾被开除公职的；有法律规定不得录用为公务员的其他情形的。③

二、公务员法的司法组织法意涵

根据公务员法的规定，如法律对公务员中领导成员的产生、任免、监督以及法官、检察官等的义务、权利和管理另有规定的，从其规定。④ 从本条规定的直接语词来看，其具体意思是指：如公务员法之外的法律对公务员中的领导成员的产生、任免、监督以及法官、检察官的义务、权利和管理存在规定，且相关规定与公务员法相同领域的规定不一致，则应适用以上法律的规定；反之，如公务员法之外的法律未对法律对公务员中的领导成员的产生、任免、监督以及法官、检察官的义务、权利和管理予以规定，或上列法律在相同领域的规定并不与公务员法冲突，则应适用公务员法。鉴于行政权的拓展特性，以及行政权又囊括行政立法权和行政复议权等多种权力样态，且行政权又在财政资

---

① 参见姜明安：《重视制度设计，保障〈公务员法〉立法目的的实现》，载《华东政法学院学报》2005年第2期。

② 现行公务员法第11条。

③ 现行公务员法第24条。

④ 现行公务员法第3条第2款。

助和行政人事等环节对司法权的运行产生掣肘，以上公务员法规定显然会在规范层面对司法机关及司法官领域的相关制度产生广泛影响。

其一，对司法官的选任产生直接影响。根据公务员法第45条第3款的规定："确定初任法官、初任检察官的任职人选，可以面向社会，从通过国家统一司法考试取得资格的人员中公开选拔"，国家可以直接从司法考试合格人员中选拔初任法官、初任检察官，而不要求初任法官、初任检察官必须通过公务员考试。但是，由于目前我国司法考试的性质为资格性考试，通过上述考试的人员获得的仅是从事法律职业的准入资格。这使得公务员法所确立的上述制度可操作性不强，导致我国法官的选拔任命与一般公务员没有本质的差别。

其二，对上下级法院之关系产生影响。按照相关法律的规定，我国上下级法院之间的关系是一种监督与被监督的关系，监督的内容主要在于审判过程中的法律适用是否存在瑕疵。但基于我国公务员法对司法领域的辐射效力以及法官法较强管理特性的立法现状，监督在实际运作过程中实际上很难做到不干涉法院、法官的审判工作。而且，从一种激励机制的角度来说，下级人民法院也会主动以请示、报告等方式报请上级人民法院，而上级人民法院通常也会提出一些意见。

三、中国公务员法的主要内容

在我国，公务员长期以来并不存在相对完整的职级、职等、职系等方面的划分。由此产生的问题是，未首先在总体上对职务予以归类划分使得职务和级别的设置很难满足不同职位性质和特点的需求。就此而言，公务员法进行了相对较为科学的职能分类，并在此基础上创设了相应的录用与退出机制。以上制度也对司法官的相关管理制度等产生十分明显的影响。

（一）公务员的录用机制

根据公务员类型的不同，公务员的录用又可以分为中央公务员的录用和地方公务员的录用两种类型。在主管机关方面，中央机关及其直属机构公务员的录用，由中央公务员主管部门负责组织。地方各级机关公务员的录用，由省级公务员主管部门负责组织，必要时省级公务员主管部门可以授权设区的市级公务员主管部门组织。公务员的录用必须在规定的编制限额内，并有相应的职位空缺。其具体程序如下：（1）发布招考公告。招考公告应当载明招考的职位、名额、报考资格条件、报考需要提交的申请材料以及其他报考须知事项；资格审核。（2）招录机关根据报考资格条件对报考申请进行审查。报考者提交的申请材料应当真实、准确。（3）考试。考试包括笔试和面试两部分，考试内容根据公务员应当具备的基本能力和不同职位类别分别设置。（4）资格复核和体检。招录机关根据考试成绩确定考察人选，并对其进行报考资格复审、考察和体检。体检的项目和标准根据职位要求确定。具体办法由中央公务员主管部门会同国务院卫生行政部门规定。（5）公示。由招录机关根据考试成绩、考察情况和体检结果，提出拟录用人员名单，并予以公示；公示期满，中央一级招录机关将拟录用人员名单报中央公务员主管部门备案；地方各级招录机关将拟录用人员名单报省级或者设区的市级公务员主管部门审批。（6）任职。新录用的公务员试用期为1年。试用期满合格的，予以任职；不合格的，取消录用。

（二）公务员的退出机制

公务员退出，意即公务员从公务员队伍中退出，从而失去公务员身份或者辞去特定职务的情形。根据公务员法的规定，公务员的退出机制主要包括辞职、辞退和退休三种机制。

其 ，辞职机制。辞职机制是公务员基于某种原因辞去其所任职务，并经所在机关同意后解除其职务的制度；根据职务是否领导职务，辞职具体又可分为辞去公职和辞去领导职务两种类型。辞去公职即依法解除与所在机关的全部职务关系，并从公务员队伍中彻底退出。在具体程序上，公务员辞去公职应当向任免机关提出书面申请。任免机关应当自接到申请之日起30内予以审批。其中对领导成员辞去公职的申请，应当自接到申请之日起90日内予以审批。① 如果具有以下情形，公务员不得辞去公职：未满国家规定的最低服务年限的；在涉及国家秘密等特殊职位任职、或离开上述职位未满国家规定的脱密期限的；重要公务尚未处理完毕、且须由本人继续处理的；正在接受审计、纪律审查，或者涉嫌犯罪，司法程序尚未终结的；法律、行政法规规定的其他不得辞去公职的情形。② 辞去领导职务即不再担任所任领导职务，而不是从公务员队伍中退出。根据公务员法的规定，公务员辞去领导职务的情形主要包括：因工作变动依照法律规定需要辞去现任职务的；因个人或者其他原因，自愿辞去领导职务；因工作严重失误、失职造成重大损失或者恶劣社会影响的，或者对重大事故负有领导责任的引咎辞去领导职务；对于应当引咎辞职或者因其他原因

① 现行公务员法第80条。

② 现行公务员法第81条。

不再适合担任现任领导职务，本人不提出辞职的，有权机关应当责令其辞去领导职务。①

其二，辞退机制。辞退机制是有权机关依法单方面解除公务员职务的行为，辞退公务员，应根据管理权限决定。而且，辞退决定应当以书面形式通知被辞退的公务员。根据公务员法规定，公务员如符合下列情形之一的，予以辞退：在年度考核中，连续 2 年被确定为不称职的；不胜任现职工作，又不接受其他安排的；因所在机关调整、撤销、合并或者缩减编制员额需要调整工作，本人拒绝合理安排的；不履行公务员义务，不遵守公务员纪律，经教育仍无转变，不适合继续在机关工作，又不宜给予开除处分的；旷工或者因公外出、请假期满无正当理由逾期不归连续超过 15 天，或者 1 年内累计超过 30 天的。②应当指出的是，根据公务员法的规定，如具有以下情形不得辞退公务员：因公致残，被确认丧失或者部分丧失工作能力的；患病或者负伤，在规定的医疗期内的；女性公务员在孕期、产假、哺乳期内的；法律、行政法规规定的其他不得辞退的情形。③

其三，退休机制。退休机制即依据法律的规定，公务员因年老或因公、因病致残完全丧失劳动能力或部分丧失劳动能力而退出工作岗位的制度。公务员达到国家规定的退休年龄或者完全丧失工作能力的，应当退休。④ 而公务员工作年限满 30 年、距国家规定的退休年龄不足 5 年，且工作年限满 20 年，或者符合国家规定的可以提前退休的其他情形，经本人自愿提出申请，由任免机关批准，可以提前退休。⑤ 公务员退休后，享受国家规定的退休金和其他待遇，国家为其生活和健康提供必要的服务和帮助，鼓励发挥个人专长，参与社会发展。⑥

① 现行公务员法第 82 条。
② 现行公务员法第 83 条。
③ 现行公务员法第 84 条。
④ 现行公务员法第 87 条。
⑤ 现行公务员法第 88 条。
⑥ 现行公务员法第 89 条。

第四章　司法程序法

程序法定原则是现代法治国家的一项基本原则。在司法领域，由于司法所具有的“不告不理”特性，相应的司法程序是启动司法权、开始相关司法活动的逻辑起点。同时，司法权作为公权力之一种，其运行规则内容中绝大多数属于司法程序。此外，基于司法在保障人权方面的屏障作用，司法程序法的具体构造内容理应涵盖司法人权的相关内容。由此，构建良善的司法程序法实际上是现代法治国家应予重点关注的命题之一。

第一节　司法程序法基本理论

从程序的维度来看，司法程序的开启使得司法权运行主体主导或参与的各种司法过程得以展开，并且各种围绕司法程序而安排的事实和法律辩论能够以一种相对和平、自由的方式进行。有鉴于此，尽管各种司法活动参与主体并不必然就实质正义达成全面共识，但至少可以经由程序共识形成相关决定并赋之以正当性。① 然而，如若司法活动是遵循违背程序法定原则的司法程序，比如大量法外程序而展开，则大量司法权运行失范乃至“冤假错案”的出现会具有高度盖然性。② 有鉴于此，从程序法维度对司法程序予以立法构造，应成为保障司法公正的重要规范任务。

---

① 参见季卫东：《法律程序的形式性与实质性——以对程序理论的批判和批判理论的程序化为线索》，载《北京大学学报》（哲学社会科学版）2006 年第 1 期。

② 参见王永杰：《程序异化的法社会学考察论纲——以刑事冤案和刑事司法程序为视角》（上篇），载《政治与法律》2007 年第 3 期。

一、司法程序的内涵与价值

（一）司法程序的概念

某种程度上，厘清司法程序的概念是我们把握其内涵的前提："概念是反映某一类事务、现象所包含的范围，同时也反映其本质或特征的思维形式。"①就此而言，厘清司法程序概念的过程，同时也是我们对其范围乃至本质、特征予以把握的过程。在其最一般意义上，程序是指按照时间先后或依次安排的工作步骤，或者事情进行的先后次序。② 故而，程序是包括多种含义的，可以是顺序、手续、步骤，也可以是过程或方式。在法学领域，程序是依照一定的步骤、次序作出决定的过程。法律程序具体是指人们进行法律行为所必须遵循或履行的法定时间和空间的步骤或方式，它是对人们行为的限制，是实现实体权利和义务的合法方式和必要条件。整体上讲，法律程序的内涵非常丰富。根据法律程序规范的主体和领域不同，可以把法律程序划分为选举程序、立法程序、行政程序、司法程序几种主要类型在内的公法领域的法律程序，以及缔约程序、仲裁程序、有关公司和社团的程序等类型的私法领域的法律程序。由于司法程序存在典型的两造对抗、第三方中立的三角形构造，而且较为完整地包括着从起诉、审判、证据、上诉到执行等各具逻辑顺序、相互联系、相对独立的各个阶段的划分，司法程序可以说是在诸多法律程序中最具有典型意义的法律程序。

至于司法，我国学术界一直存在不同看法。较为广义的观点认为，司法是解决纠纷的各种活动。据此，司法是多样化的，不仅为法官和法院所独有，一些并非法院的国家机关，甚至某些并非国家性质的社会组织也具有一定的司法性功能。在此意义上，"司法权是一种特殊的权力，它是介于国家权力和社会权力之间的权力"。③ 较为狭义的观点认为，司法是根据案件事实，将法律规范适用于具体案件并作出权威裁决的活动。因此，司法仅限于法院的裁判活动，司法权是"指法院和法官依法享有的审理和裁决案件，并作出有拘束力

① 张绵厘编：《实用逻辑教程》，中国人民大学出版社 1993 年版，第 12 页。

② 《辞海》，上海辞书出版社 1980 年版，第 1752 页。

③ 参见黄竹胜：《司法权新探》，广西师范大学出版社 2003 年版，第 4 页。

的判决的权力”。① 还有学者从过程论的观点将司法集中于诉讼，主张“法的适用，通常是指国家机关根据法定职权和法定程序，具体应用法律处理案件的专门活动”。② 从此角度来说，司法可以界定为国家专门机关出于处理民事、刑事、行政等诉讼案件的目的，适用法律作出裁判以及保障或监督国家法律实施的活动。考虑到我国的司法现实，司法具体是指国家的专门机关依据法定的职权和程序处理诉讼案件的活动。③

概言之，司法程序是指各种规范司法权运行主体所进行的各种司法权运行行为及相关活动的程序，其概念存在广义与狭义之分。广义的司法程序是指国家专门机关以及诉讼参与人进行诉讼所应遵循的步骤、方式以及原则、规则、制度等，比如刑事司法程序包括从立案、侦查、起诉、审判到执行刑事诉讼活动中所采用的具体的步骤、方式、方法以及原则、规则、制度等。在此意义上，司法程序实际上就是通常所说的诉讼程序。狭义的司法程序则是指国家专门机关审理及参与审理各类案件的程序。④ 司法程序的界定角度不同，对其所包含内容的把握也不尽相同。

（二）司法程序的内涵

无论是广义还是狭义角度的司法程序，在现代国家都具体表现为各种各样的法律制度。属于上述法律制度之列的可以是某些程式，也可以是相应的原则、规则或具体制度。在司法过程中，司法程序主要表征为大量的程式要求，比如法官着法袍主持庭审，法官在庭审中使用法槌，合议庭法官到庭后需其他人全体起立等。尽管以上程序安排从表面上看较为形式主义，但它们对于维护司法权威和法律尊严来说却具有相当重要的价值。当然，司法程序并不等同于单纯的程式。除了大量的程式外，司法程序还具体包括那些在诉讼过程中相关程序参与者和实施者所应遵循的原则、规则、制度如无罪推定原则、回避制度、不得强迫自证其罪、公开审判、双方当事人或控辩双方平等对抗制度等。

更为重要的是，无论是何种形式的司法程序，其都必须依照法定规则进

---

① 参见［英］戴维·米勒：《布莱克维尔政治学百科全书》，邓正来译，中国政法大学出版社 1992 年版，第 6 页。

② 参见沈宗灵：《法理学》，高等教育出版社 2004 年版，第 549 页。

③ 参见张光杰主编：《法理学导论》，复旦大学出版社 2006 年版，第 119 页。

④ 参见江必新、程琥：《司法程序的基本范畴研究》，载《法律适用》2012 年第 5 期。

行。换言之，司法所遵循的程序必须是法定程序。① 其间的原因在于，司法程序涉及国家权力和个人权利，如若对国家权力的运行不加以控制和防范，则较易侵害个人权利。而且，司法作为保障社会正义的最后屏障，其对公民权利的侵犯所造成的损失更为严重。从法律的角度来说，司法权的运行和个人权利的行使都应依照法定程序进行。这里的依照法定程序进行，不仅是指要严格遵循形式上的程序手续，更强调要符合寓于程序之中的实质性要求和精神。② 出于维护司法程序的严肃性、法定性和统一性的考虑，现代各国一般都要通过专门的法律规范对司法权的运行和司法过程中个人权利的行使设定相关程序规范，以上程序规范是为司法程序法。实践中，司法程序主要借由程序法予以明文规定。在程序法与实体法的关系方面，实体法是规定实质权利和义务或者权力与责任的法律，而程序法则是规定权利和义务或者权力和责任实施程序的法律。③ 具体而言，程序法的对象不是人们的权利和义务，而是那些用以证实、申明乃至强制实现上述权利和义务的具体手段。因此，有关司法程序的法律内容是广泛、多元的，比如，仅审判领域的司法程序就涵盖法院的管辖范围、诉讼的提起和审理、证据、上诉、判决的执行、代理和法律援助、诉讼费用、证据的交付和登记乃至行政请求和非讼请求的程序等。④

之所以强调司法程序要依照法定规则进行，最为关键的原因还在于司法程序本身以防止司法权和诉讼权利滥用为其旨归。究其本质而言，司法权如同其他国家权力一样存在被滥用的危险。司法程序同其他法律程序如立法程序、行政程序、决策程序一样都是国家为了规范司法权、立法权、行政权、决策权或者其他权力运行所规定的程序，其要旨在于国家客观上需要对上述权力予以规范和控制，以防止这些权力在运行过程中被滥用。正因为如此，世界各国大多借助严密而完备的司法程序，“对司法权加以限制，防止其被滥用，保证案件的公平公正处理”。⑤ 同样重要的是，司法程序一方面为程序参加者提供了一

① 参见陈光中等：《中国司法制度的基础理论研究》，经济科学出版社 2010 年版，第 10 页。

② 参见宋英辉、李忠诚主编：《刑事程序法功能研究》，中国人民公安大学出版社 2004 年版，第 6 页。

③ 参见张光杰主编：《法理学导论》，复旦大学出版社 2006 年版，第 17 页。

④ 参见［英］戴维·M. 沃克：《牛津法律大辞典》，邓正来等译，光明日报出版社 1988 年版，第 17 页。

⑤ 陈光中等：《中国司法制度的基础理论研究》，经济科学出版社 2010 年版，第 10 页。

种充分陈述意见的机会和机制，为其行使个人权利提供便利，另一方面也对程序参加者滥用权利进行制裁提供了法律依据。因此，构成司法程序三方主体的活动被法定程序所规制，可以最大程度地避免因诉讼本身导致新的社会冲突和社会秩序的破坏。①

（三）司法程序的价值

在司法过程中，司法程序作为调整人与人之间关系的规范体系，具有独特的价值，“满意的规则来自于完善的立法程序，而满意的判决则来自于完善的司法程序”。② 借由司法程序，司法过程中的司法权运行主体、当事人乃至民意可以理性、合法地表达自身的司法意见，以共同推动司法的公平、公正。

司法程序之所以具有价值，首先在于司法程序的自然存在，且该司法程序自身具备了某些客观属性。就司法程序自身而言，其具有价值的根据即在于司法程序具有某种属性，而以上属性由于能够满足人的某种需要因而具有相应的价值。当然，司法程序所具有的客观属性并不等于其价值本身。之所以如此，是因为其客观属性只有与人的需要发生关系时才能够产生社会价值问题。司法程序作为司法机关解决纠纷所应遵循的步骤、顺序、方式，其自然固有、由其性能和特殊的制度、机制、规范等反映出来的，能够满足社会和个人司法需求的价值是司法程序的自然价值。司法程序之所以具有实现社会价值的能力，就在于司法程序具有特殊的自然价值。③ 在自然价值和社会价值的关系方面，司法程序的社会价值居于司法程序价值的主导地位，而司法程序的自然价值居于司法程序价值的从属地位。因此，司法程序的自然价值是实现司法程序的社会价值的基础，司法程序的自然价值要服务于司法程序的社会价值。

此外，作为一种制度安排的司法程序是在社会系统中运行的。在司法过程中，司法权运行主体实际上是国家与社会之间的一种媒介，在法律的应然和实然之间维持一种良性互动，“司法不仅是应然性‘法秩序’实然化的基本途径，也是理想性‘法秩序’应对现实挑战的强力捍卫者”，④ 而司法权运行主

---

① 参见宋英辉、李忠诚主编：《刑事程序法功能研究》，中国人民公安大学出版社2004年版，第6页。

② 贾敬华：《司法程序的对话内涵》，载《科学经济社会》2008年第3期。

③ 参见江必新、程琥：《司法程序的基本范畴研究》，载《法律适用》2012年第5期。

④ 江国华：《常识与理性（二）：法官角色再审思》，载《政法论丛》2011年第3期。

体维持以上互动的制度载体是为司法程序。此外，司法的以上社会控制任务也导致其除了要发挥其自身的自然价值之外，还应当实现其服务、保障和实现的社会价值。具体来说，司法程序的社会价值既是人们通过司法程序所要达到的目的，如秩序、自由、效益、正义等，同时也是人类社会通过各种手段和活动所要追求的目标。比较而言，此类目标并非司法程序的自然价值，而只是司法程序作为社会调整手段之一所追求的社会价值。司法程序的自然价值是其自身的价值，司法程序的社会价值是其追求的目标，二者之间是有区别的。司法程序的社会价值固然很多，但其中与司法程序存在主要关联的主要在于公正、效益和秩序价值。某种程度上，当事人之所以选择司法程序，其重要原因即在于司法程序能够保障和实现公正。倘若司法程序不能体现和维护公正，司法过程中充斥各种各样的司法权运行失范行为，则当事人显然会理性地放弃司法程序。

二、司法程序法的基本原则

司法程序法作为所有设定司法程序法律规范的集合，理应贯彻、遵循一些基本原则。理论上，这些基本原则应当是符合司法规律、有助于保障人权以实现司法公平、公正的基本原则。西方发达国家如美国、英国、日本、俄罗斯等诸多国家都在其宪法中对程序公正的要素予以规定。根据著名宪法学者亨利·范·马尔赛文先生对世界上 142 部现代成文宪法的统计分析，高达 88% 的宪法都规定了辩护权、质证权等有关程序公正的权利。① 除此以外，大量国际人权法对程序公正此类基本人权同样予以规定。1945 年《联合国宪章》的诞生，庄严宣告“重申基本人权、人格尊严与价值”，从而为随后出台的系列人权公约对程序公正的重视创造了条件。1948 年联合国发布的《世界人权公约》第 3 条、第 5 条、第 9 条、第 10 条和第 11 条对有关生命权、人身自由权的保障以及无罪推定、公开审判等有关程序公正的权利作出了规定。随后联合国于 1966 年通过了《公民权利和政治权利国际公约》，该公约第 9 条和第 14 条集中系统地规定了被追诉人在刑事诉讼中享有的一系列基本的程序性权利，从而在国际社会确立了刑事诉讼中程序公正的基本标准。此外，当今世界三大区域性国际人权公约，即《欧洲人权公约》、《美洲人权公约》、《非洲人权与民族权宪章》均对任何人享有的程序公正作出了规定。我国在国际人权领域也参

① 参见［荷］亨利·范·马尔赛文：《成文宪法的比较研究》，陈云生译，华夏出版社 1987 年版，第 144 页。

与了大量工作。1981 年，我国当选为联合国人权委员会成员国，2006 年，我国当选为联合国人权理事会成员国。此外，在国际人权立法层面，我国“参加了 24 个国际人权公约，认真履行保护人权的国家义务，为国际人权事业的发展作出了巨大的贡献。”① 纵览上述国际性法律规范和相关国家的国内法律规范，相关司法程序法都共同遵循正当原则、中立原则、公开原则、终局原则等基本原则。

（一）正当原则

司法权之运行是实现社会正义的事业，但正义的实现要以法律程序的运作此类看得见的方式作出。实践中，人们之所以对法律程序产生敬畏感，更多的时候是因为它是正当程序，它代表着一种程序正义。正当程序不仅仅是一个抽象的原则性概念，更是一个具有较强规约力的规则性概念。在现实层面，程序本身就是一种规则。在美国宪政实践中，美国联邦宪法及权利法案规定了被追诉人所享有的一系列程序性权利，美国联邦宪法第 14 条修正案明确规定了正当法律程序在各州的适用。②

因此，正当程序实际上也为司法权运行主体提供一种规约机制，要求司法权运行过程必须遵循一些基本法则。首先，司法权运行主体应当平等对待当事人。基于正当程序的要求，听取双方当事人意见是一个裁决作出的先在条件，司法权运行主体无视、忽视任何一方当事人意见的行为都可能会构成司法权运行失范。就当事人而言，其平等地行使诉讼权利有利于保障其在诉讼中的平等地位，同时也是为达成诉讼的对抗性所必需的。司法权运行主体在相应的司法活动中应当为双方当事人提供平等的机会、便利和手段，同等关注他们的应诉意见和证明材料，并在裁决时予以公平考虑。③ 其次，司法权运行主体应当秉持中立立场，居于纠纷两造之外。中立立场意味着司法权运行主体应当与案件以及双方当事人保持同等距离，以一种超然和客观的态度处理其与案件和双方当事人的关系。这就要求法官不仅同争议的事实和利益没有任何意义上的关联

---

① 参见宋方青、傅振中：《论国际人权立法的中国化——以民主权为中心》，载《现代法学》2009 年第 5 期。

② 参见陈光中等：《中国司法制度的基础理论研究》，经济科学出版社 2010 年版，第 396 页。

③ 参见陈瑞华：《刑事审判原理论》，北京大学出版社 1997 年版，第 66 页。

性，而且要求法官不得对任何一方当事人存有支持或反对的偏见。① 再次，司法权运行主体应当充分保障当事人的诉讼权利。对于当事人而言，其参与活动的目的是保护其实体权利，但以上目的的达成必须借助启动和参加司法程序才能够实现。故而，保证当事人顺利地行使诉讼权利，充分地表达其在司法过程中的意见和主张，不仅是司法人权的客观需要，更是司法公权的程序性义务。②

（二）中立原则

中立原则之要义首先在于裁判者不能由参与诉讼的双方主体或者与案件存在直接、间接利害关系的人来担任，其次还在于裁判者应当对诉讼双方不偏不倚，保持同等距离。从司法人权的角度来说，无论是《世界人权宣言》，还是《公民权利和政治权利国际公约》均规定，由一个独立而“无偏倚”的法庭进行公正与公开的审判是所有人都应享有的一项权利。

当然，在其实现方面，中立原则还需要诸多制度予以保障。首先，中立原则应以司法独立为基础。实际上，司法权运行主体必须客观、独立地运作司法权，是人类社会人权保护行动及其认识的必然结果。③ 历史上，人类社会在反省20世纪初所发生的两次世界大战的基础上，于1945年由中国、法国、前苏联和美国等50多个国家发起成立了联合国，从而使得人权问题开始成为需要世界各国人民为之奋斗的重大问题。在随后的具体实践中，联合国推动制定了《世界人权宣言》、《司法独立最低标准》、《司法独立世界宣言》、《关于司法机关独立的基本原则》、《〈关于司法独立的基本原则〉的有效执行程序)》、《关于检察官作用的准则》等国际法律规范。以上国际法律规范不仅在推动司法独立等司法权基本制度方面发挥了重要的作用，而且也在司法官选任、具体准则领域提供诸多准用性规则。其次，中立原则还需要科学的回避制度予以辅助。在司法实践中，回避制度要求裁判者同案涉争议以及当事人及其代理人、辩护人不存在利害关系。其隐含的意义在于，如果法官裁决的是有关自己的案件，则显然违背“任何人不做自己案件法官”的法治原则，缺失基本的公正。

---

① 参见肖建国：《程序公正的理念及其实现》，载《法学研究》1999年第3期。

② 有学者认为，司法权不能简单地等同于司法权力，除了司法权力外，还可能包括司法权威和司法权能等。除了司法公权，还包括司法人权。参见廖奕：《过程与均衡：司法本质的中国语境》，载《法学评论》2009年第1期。

③ 谭世贵主编：《中国司法原理》，高等教育出版社2004年版，第159～160页。

再次，中立原则需要防止预断制度予以保障。防止预断制度要求裁判者不能单方面地接触任何一方当事人、听取其意见，在正式的开庭审判之前不能单方面地查阅一方当事人的证据和材料。复次，中立原则还需要裁判者拥有良好的职业道德和职业伦理。良好的职业道德和职业伦理要求裁判者不应存在性别、种族、民族、年龄、职业、疾病等歧视或偏向的良好职业伦理。尽管裁判者同时作为生活在社会生活中的个人，不可避免地会存在一些个人的价值取向和喜、恨、爱等个人情感，但是作为裁判者的个人在司法活动中就应该尽可能地抛开一些个人因素。

（三）公开原则

司法程序领域贯彻公开原则，主要是指程序公开。诉讼程序中的程序公开，主要是指审判公开，其价值在于“使或许是社会唯一制约手段的舆论能够约束暴力和私欲”。① 就其公开的对象而言，审判公开包括向当事人公开和向社会公开。向当事人公开，要求法院必须事先通知当事人开庭的时间、地点，并在当事人参与的情况下进行诉讼；向社会公开，即允许公众旁听，允许新闻媒体报道。就公开的内容而言，由于现代社会的审判公开不限于庭审公开，还包括司法信息的公开，② 故而公开的司法信息内容包括诉讼活动、证据材料和判决理由的公开。无论司法公开的内容指向如何，其最为核心的价值在于它能够将法律领域和社会领域连接起来，③ 使得司法信息在纠纷两造和司法权运行主体之间碰撞、交流，从而为司法裁判的可接受性锻造坚固的程序博弈基础。

（四）终局原则

终局原则又称司法最终裁决原则，主要适用于民事领域，具体包括两个方面的含义：首先，由法院主管那些国家其他机关、社会团体无法解决的民事纠纷，以审判的方式予以解决；其次，如果一个纠纷涉及多个法律关系，其中一

---

① ［意］贝卡利亚：《论犯罪与刑罚》，黄风译，中国大百科全书出版社 1993 年版，第 20 页。

② 参见高一飞、李维佳：《审判公开的限度——以未成年人刑事审判为例》，载《法律科学》2013 年第 2 期。

③ 参见钱弘道、姜斌：《司法公开的价值重估——建立司法公开与司法权力的关系模型》，载《政法论丛》2013 年第 4 期。

个或多个属于法院主管，则该纠纷全部归法院主管，以审判的方式予以解决。① 对于整个司法制度而言，民事领域的以上司法最终裁决特性同样具有重要的价值。民事诉讼在各种纠纷解决机制中之所以具有不可替代而又举足轻重的地位，最重要的原因之一正在于其判决的最终性和权威性。在此意义上，司法判决不仅仅约束纠纷两造的当事人，而且也对法院之外的其他国家机关、社会组织和个人产生刚性的约束力。考虑到司法在整体上保障公民权利和国家权力方面的效用，司法最终裁决原则实际上可以适用于民事之外的其他领域，由法院“对刑事、民事、行政等法律关系享有最终审查、最终判断、最终裁判的权力”。②

换言之，司法最终裁决应当成为法律运行过程的核心原则，其不仅解决民事领域的权利冲突，而且处理广泛公共领域内的权力冲突。在任何社会，权力主体之间的冲突都是不可避免的，在我国，“各政府部门争夺立法权、管辖权，以及法院与人大、行政部门之间的权力冲突已不是什么新闻。即便是在一种理想的良性运转的政府架构中，冲突也是一种正常的制度运行中的损耗”。③ 明确司法最终裁决机制，有助于我们厘清科学、合理的他律式司法权规约方式与干涉乃至替代司法权之间的区别。同时，它也能够为司法权有效地制约其他国家权力及社会力量，从而在国家与社会的良性互动中实现自身的价值提供相关法律机制。从司法理论层面来看，基于终局原则，生效判决是具有既判力的，而以上既判力的直接约束对象就是作出判决的法院自身以及诉讼诉讼当事人。

三、我国司法程序法的构造

按照所解决纠纷和冲突性质的不同，当代文明国家的诉讼类型一般分为民事诉讼、刑事诉讼和行政诉讼三类。以上三类诉讼尽管目的不同，程序各异，但其基本形态大体相同，即由诉讼双方和裁决者依照法定的程序共同解决纠纷和冲突。就整体上的司法过程来看，诉讼的启动、运行和终止都取决于上述三方在诉讼中的地位及它们之间的相互关系。司法程序从其过程性和交涉性角度

① 参见常怡：《民事诉讼法学》，中国政法大学出版社 1999 年版，第 93 页。

② 参见张晓茹：《浅议司法最终解决原则》，载《河南大学学报》（社会科学版）2000 年第 2 期。

③ 王晨光：《浅论法院的依法独立审判权和人大对法院的监督权——宪法框架内的权力冲突及其调整机制》，载《司法改革论评》2002 年第 1 期。

来说，可以将其构成要素概括为主体要素、行为要素、关系要素、制度要素、环境要素五部分内容。① 我国司法程序法的主体部分是为民事诉讼、刑事诉讼和行政诉讼，在司法程序的以上五大部分构成要素方面，我国的三大诉讼法呈现出与国际司法法律规范、原理逐渐接轨，同时又保有较强中国特色社会主义法律制度的景象。

（一）民事诉讼的构造

民事诉讼构造的基本内容主要是法院与当事人在诉讼中以诉讼为载体的诉讼权利义务配置关系。就其内部构造而言，上述权利义务各配置关系可以剖析为纵向和横向两个向度：纵向的权利义务配置关系表现为法院审判权与当事人诉权的构造关系；而横向的配置关系则是当事人之间诉讼地位的构造关系。②两种配置关系中，又以纵向构造关系更能反映诉讼构造的本质内涵。

整体上，调整民事诉讼构造最重要的原则有二：辩论原则和处分原则。③辩论原则是确保当事人充分行使其辩论权的基础。司法过程中，辩论的基本内容主要包括：其一，直接决定法律效果发生或消灭的必要事实必须在当事人辩论中出现，没有在当事人辩论中出现的事实不能作为判决的基础和依据。换言之，法院不能以当事人未曾主张的事实作为判决的基础。其二，法院应当以当事人之间没有争议的事实作为判决的事实依据。就此而言，法院事实上直接受到当事人诉讼行为的拘束。其三，法院对证据的调查仅限于当事人双方在辩论中所提出来的事实。即使法院可以依职权主动调查收集证据，也只能限定在当事人主张的范围之内。对于当事人没有在言词辩论中主张的事实，即便法院通过职权调查已得到验证，依然不能作为裁判的基础。④

以上述辩论原则观照我国民事诉讼领域，可以发现现行民事诉讼法所确立的辩论原则与其含义并非完全一致。在大陆法系国家语境下，我们可以说辩论原则是各国民事诉讼的基本原则。该原则决定了大陆法系各国民事诉讼的基本

---

① 参见江必新、程琥：《司法程序的基本范畴研究》，载《法律适用》2012 年第 5 期。

② 参见唐力：《民事诉讼构造研究——以当事人与法院作用分担为中心》，法律出版社 2006 年版，第 6 页。

③ 参见陈光中等：《中国司法制度的基础理论问题研究》，经济科学出版社 2010 年版，第 515 页。

④ 参见张卫平：《诉讼架构与程式——民事诉讼的法理分析》，清华大学出版社 2000 年版，第 154 ~ 155 页。

结构，但在我国司法语境下，民事诉讼中的辩论原则却并非如其在其他国家那样是可以决定裁判的基本方法。① 以证据为例，我国民事诉讼中法院所掌握的事实并不限于当事人所提出的事实，即便当事人未主张，但相关事实由法院所掌握便同样可以作为裁判的依据。某种意义上，辩论原则既是当事人参与司法的重要方式，也是查清事实的重要途径。② 循此逻辑，未经当事人辩论、且未必是当事人主张范围内的证据显然与辩论原则的精神相悖。

与辩论原则调整当事人之间的关系不同，处分原则调整的是法院和当事人之间的关系。依照我国民事诉讼法的有关规定及一般民事诉讼法理，处分原则的内容具体包括：其一，享有处分权的主体是当事人；其二，处分权行使的范围包括对实体权利的处分以及对诉讼权利的处分；其三，当事人行使处分权必须依法进行；其四，诉讼只能因当事人行使起诉权而开始，因当事人自主的撤诉行为而结束，"不告不理"原则就是处分原则的重要体现；其五，诉讼请求的范围由当事人自行决定，当事人没有提出的事项法院不能对其作出裁判，即由当事人决定审判对象。③ 从司法实务的角度来说，处分原则使得当事人不仅可以在诉讼中处分自己的实体性权利，还可以处分自己的程序性权利，充分尊重了当事人意思自治原则，同时也尊重了当事人在诉讼中的主体性地位。此外，对于法官而言，处分原则事实上也是一种制约，它是保证法官在诉讼中应有中立性和公正性的重要权利内容。正因为如此，处分原则才作为调整民事诉讼结构的基本原则为世界各国所普遍确认。

（二）刑事诉讼的构造

与民事诉讼一样，刑事诉讼的构造实质上也是将刑事诉讼程序作为一个整体进行理解。在此角度上，刑事诉讼构造是由一定诉讼目的所决定，借由相关司法法律规范以及刑事诉讼法等确立的刑事诉讼的基本方式，以及控诉人、辩护人、裁判者三方法律地位及相互关系。④ 考诸世界各国的刑事诉讼构造，可以发现其主要包括弹劾式诉讼构造、纠问式诉讼构造、职权主义诉讼构造、当

① 参见张卫平：《诉讼架构与程式——民事诉讼的法理分析》，清华大学出版社 2000 年版，第 157 页。

② 参见江国华：《常识与理性：中国审判模式的可能向度》，载《中南民族大学学报》（人文社会科学版）2012 年第 2 期。

③ 参见唐力：《民事诉讼构造研究——以当事人与法院作用分担为中心》，法律出版社 2006 年版，第 127 ~ 128 页。

④ 参见宋英辉：《刑事诉讼原理》，法律出版社 2007 年版，第 218 页。

事人主义诉讼构造、混合式诉讼构造五种类型。① 在以上五种刑事诉讼构造中，混合式诉讼构造由于将当事人主义和职权主义诉讼构造的优势予以综合，同时又能兼顾惩罚犯罪与保障人权两种刑事目的，成为迄今存在的一种相对更为合理、科学的诉讼构造。

某种程度上，无论是我国的刑事诉讼制度史，还是西方刑事诉讼模式的演化历程都显示：刑事诉讼的具体抉择与国家权力结构、法律文化等密不可分。② 正因为如此，某种刑事诉讼构造的优劣并不意味着其在我国刑事诉讼领域付诸实施，就会相应地带来正面抑或负面的影响。我国刑事诉讼构造的调整或者改革，应当立基于我国在此领域的现状审慎设计予以进行。

在我国刑事诉讼领域，纵向结构的调整涉及侦诉关系和诉审关系两方面。在纵向构造方面，集中体现诉审关系的司法程序问题主要表现为庭前审查和法院中立问题。在庭审审查方面，我国刑事诉讼强调人民法院对人民检察院提起公诉的案件依法进行审查，有权决定是否开庭。在具体审查方面，要求人民检察院提起公诉的起诉书有明确的指控犯罪事实且附有证据目录、证人名单和主要证据复印件或照片。2012 年修订后的刑事诉讼法对庭前审查制度予以改革，仅仅强调起诉书需有明确的指控犯罪事实。实际上，国际领域对庭前审查制度的规定与做法不尽一致，但整体的趋势是弱化这一制度，实践中大多强调庭前审查的程序性审查、而非实体性审查的特性。在此方面，我国刑事诉讼法修改的内容与国际领域发展的趋势也是一致的。在法院中立方面，由于我国司法法律规范及刑事诉讼法规定的是三机关“分工负责、相互配合、相互制约”的原则。对此，2012 年修订后的刑事诉讼法未予修改，仍然规定：“人民法院、人民检察院和公安机关进行刑事诉讼，应当分工负责，互相配合，互相制约，以保证准确有效地执行法律。”

某种程度上，我国刑事诉讼构造的横向结构存在控辩关系的不平衡问题。基于现行司法法律规范和刑事诉讼法，检察机关属于法律监督机关，这直接对刑事诉讼结构产生三个方面的负面影响：（1）克减法院在审判阶段的权威。法院作为居中裁判者居于两造之上，理应具有权威性。将作为法律监督者的检察机关置于对法院审判活动予以监督的地位，无疑会克减法院的权威性，并对司法终局裁决原则形成冲击。（2）检察机关的法律监督职能有悖控辩平等原

① 参见崔瑾：《刑事诉讼构造研究》，吉林大学 2008 届硕士论文，第 20 页。

② 参见陈光中等：《中国司法制度的基础理论研究》，经济科学出版社 2010 年版，第 483 ~ 495 页。

则。控辩平等原则在其内容上包括两个方面：其一是平等武装。其二是平等保护。平等武装主要是从立法角度落实控辩平等原则，其具体价值取向在于实质性平等。而平等保护则主要是从司法角度兑现控辩平等原则，其具体价值取向存于形式上的平等。无论是平等武装还是平等保护，控辩平等原则的要义在于实现控辩双方在法律地位和诉讼地位层面的平等。① （3）检察机关集追诉职能和法律监督职能于一身，会导致承担不同职能的同一主体在履行职能时的心理冲突，这很难保证检察机关在履行法律监督职能时能保持监督者的中立特性。有鉴于此，改变刑事诉讼控辩关系不平衡的现状，如同我们所进行的审判模式改革一样，② 也应当避免择其一端的片面举措，而应予以衡平考量。

（三）行政诉讼的构造

行政诉讼构造，是指在行政诉讼过程中，原告、被告、法院三方各自法律地位及其相互间的关系。现代行政诉讼根据程序主导性的归属这一标准，将行政诉讼的构造区分为当事人主义和职权主义两种。③ 当事人主义模式下，诉讼的主导权存于当事人之手。在主导诉讼方面，当事人拥有起诉权、应诉权、撤诉权从而启动、推进和终止程序，同时，当事人还可以对诉讼标的予以设定和变更，因此能够在实体上决定案件审理的对象、并且承担举证责任以决定证据调查的范围。与当事人主义不同，职权主义模式下诉讼的主导权在法官。尽管行政诉讼须由当事人提起，但法官实际上是诉讼进程及其发展的主导者。此外，法院可依照自身职权主动查明案件事实，可以主动收集和调查证据，而且，前述调查的范围不受当事人声明和主张的限制。④

就我国行政诉讼的构造而言，主要的法律规范包括 1990 年 10 月 1 日正式施行的行政诉讼法以及相关司法解释如《最高人民法院关于执行〈中华人民共和国行政诉讼法〉若干问题的解释》、《最高人民法院关于行政诉讼证据若

---

① 参见谢佑平、江涌：《从治罪到维权：我国刑事诉讼构造之重构》，载《江海学刊》2007 年第 3 期。

② 在我国审判模式改革领域，尽管我们移植或者效仿了当事人主义的若干有益制度，但传统时期存在的职权主义仍然在相当程度上主导着社会的司法需求和受其制约的司法哲学。考虑到上述因素，构设衡平主义审判模式，应为符合我国司法现实的理性选择。参见江国华：《常识与理性：中国审判模式的可能向度》，载《中南民族大学学报》（人文社会科学版）2012 年第 2 期。

③ 参见蔡志方：《行政救济法新论》，元照出版公司 2001 年版，第 265 ~ 266 页。

④ 参见翁岳生：《行政法》，元照出版公司 2002 年版，第 401 页。

干问题的规定》以及最高人民法院在2007年3月发布的《关于进一步发挥诉讼调解在构建社会主义和谐社会中积极作用的若干意见》等。伴随以上法律规范而发生的，是我国行政诉讼构造方面的转型、变革。在行政诉讼法实施初期，我国行政诉讼因过多借鉴民事诉讼而带有浓厚的职权主义色彩，法官在诉讼中发挥较为积极的主导作用。随着此后相关司法解释等司法法律规范的出台，行政诉讼构造方面当事人主义的因素有所增强，但职权主义依然在我国行政诉讼中占有主导地位。

在长期的司法实践中，我国行政诉讼构造确实存在一些有待完善之处。因应司法改革的现实需要，有学者一度认为我们应当借鉴民事诉讼引入当事人主义诉讼构造，以便革除职权主义所固有的弊端。但行政诉讼与民事诉讼不同，行政诉讼法律关系之中存在两种公权力——行政权与司法权，① 且具体案件中行政权的行使者与行政诉讼案件的原告在实体法律关系中还存在不平等的法律地位，客观上不能完全照搬民事诉讼领域的改革经验。有鉴于此，我国行政诉讼构造的未来发展，仍应当以职权主义为主导因素，适当地借鉴、吸收当事人主义的有益内核。

第二节　法院行使职权的程序

在司法语境下，诉讼等公力救济的运行要求事先设定权利义务的实体法律相对更完善，纠纷解决的程序性设计更公正、严谨。否则，其具体运行效果往往会大打折扣，甚至影响人们对诉讼的信赖乃至对法律的信仰。② 对于法院而言，其在各种司法进程中的职权运行行为同样应当在遵循各种法定程序的前提下实现。

一、立案程序

就当事人而言，立案程序决定着其能否启动诉讼程序，因此具有极为重要的价值。但由于根据有关司法法律规范的规定，当事人的起诉要符合特定的法定要件，而是否符合以上特定要件的裁判者又是法院，立案与否的决定因素有

---

① 邓刚宏：《行政诉讼依诉请择判原则之局限性——依行政行为效力择判原则的可行性分析》，载《法学》2008年第9期。

② 参见吴展：《我国行政诉讼调解制度之构建：合法性视角的分析》，载《东吴法学》2012年秋季卷。

时候又会掺杂许多复杂的考量因素。同时，作为审判程序的一个前置环节，立案程序同样应当存在特定的规则。从其渊源来说，以上规则来自三大诉讼法以及《最高人民法院关于人民法院立案工作的暂行规定》、《最高人民法院关于规范再审立案程序的若干意见（试行)》等。

（一）民商事案件立案审查程序

在我国民事诉讼领域，法院奉行的是不告不理原则。无人起诉，人民法院不能够依照自身职权主动地启动审判程序。在诉讼程序的启动方面，只有认为自己享有的或者依法属于自己管理支配的民事权益受到侵害、或者与他人发生民事权益纠纷的公民、法人或其他组织，才有权依照民事诉讼法的规定向人民法院提起民事诉讼。形式上，决定是否启动民商事诉讼程序的权利属于公民、法人或其他组织。但是，一旦启动民商事诉讼程序之后，对诉讼程序的发展起主导作用的主体则为法院。根据我国现行民事诉讼法的规定，法院应对公民、法人或其他组织的起诉予以实体审查。概括而言，审查的内容包括四个方面：(1）原告是与本案有直接利害关系的公民、法人和其他组织；（2）有明确的被告；（3）有具体的诉讼请求和事实理由；（4）属于人民法院受理民事诉讼范围和受诉人民法院管辖。①

从其内容来看，第一个方面的审查内容涉及原告资格。根据民事诉讼法第119条第1项的规定，只要公民、法人或者其他组织主观上认为其合法的民事权益受到侵害，有相关材料证明其与案件存在利害关系，就拥有以原告身份提起诉讼的资格。至于提起诉讼的公民、法人或其他组织的合法权益是否客观上真正受到侵犯，则不属于立案审查的范围。但在司法实务领域，法院在立案时除依据民事诉讼法第119条的规定对起诉状所载事项进行形式审查外，事实上还要根据民事诉讼法第121条的规定对起诉书的诸多内容进行实质审查。② 由此导致的问题在于，立案程序的审查由于涵盖形式和实体两个层面而使得立案庭发挥立案与审判的双重功能，混淆了起诉要件和诉讼要件，从而提高了起诉

① 2012年修订民事诉讼法第119条。

② 2012年修订的民事诉讼法第121条规定："起诉状应当记明下列事项：（一）原告的姓名、性别、年龄、民族、职业、工作单位、住所、联系方式，法人或者其他组织的名称、住所和法定代表人或者主要负责人的姓名、职务、联系方式；（二）被告的姓名、性别、工作单位、住所等信息，法人或者其他组织的名称、住所等信息；（三）诉讼请求和所根据的事实与理由；（四）证据和证据来源，证人姓名和住所。"

的门槛。此外，更为紧要的是，法院在实质审查以上内容的基础上，对于那些不符合要求、尤其是不符合实质条件要求的起诉，将依照《最高人民法院关于适用〈中华人民共和国民事诉讼法〉若干问题的意见》第139条①的规定裁定不予受理。② 实际上，我国民事诉讼领域存在的上述立案制度与国际上相同领域的发展潮流存在不一致的地方。在此领域，世界各国大多采用形式审查的模式，甚至那些过去采用实质审查模式的国家也已逐步转向形式审查。③

第二个方面的审查内容涉及被告资格的立案审查问题。从民事诉讼的角度来说，诉乃原告希冀法院就两造之间的纠纷作出裁判，如被告不明，则法院无从判决，④ 但就立案环节而言，有明确的被告和正确、适格的被告存在区别。根据民事诉讼法第119条的规定，起诉要求“有明确的被告”。单纯从法律条文来看，民事诉讼法在立案审查环节仅要求起诉时被告明确、具体，同时符合其他起诉条件时就应当立案受理。由此，被告是否正确、是否适格，实际上不应当属于立案审查的范围。换言之，“适格被告”不是人民法院立案审查的范围。当事人起诉时有“明确的被告”，并符合其他起诉条件，当事人的诉权就已成立，不应当予以剥夺。

第三个方面的审查内容涉及针对诉讼请求及事实理由的审查。民事诉讼法第119条第3项规定，起诉应当“有具体的诉讼请求和事实理由”。根据民事诉讼的一般原理，诉讼请求在起诉过程中具有重要的作用。如果诉讼请求不明确，则在诉讼的进行过程中可能会产生两方面的负面效果：其一，对方当事人无从获知防御的对象范围进行诉讼对抗；其二，法院可能逾越当事人主张事实的范围进行突袭裁判。为了避免以上负面效果的出现，诉讼请求在具体诉中应当予以明确。从民事诉讼法赋予人民法院的审查职责看，立案审查阶段应当对当事人的诉讼请求予以明确。但根据民事诉讼法的立法精神，“具体的诉讼请求”并非仅仅意指当事人有具体的要求，而是诉讼请求必须具体化。换言之，诉讼请求的内涵、外延应当具体、明确，不允许其模棱两可、含混不清。而

① 《最高人民法院关于适用〈中华人民共和国民事诉讼法〉若干问题的意见》第139条规定：“起诉不符合受理条件的，人民法院应当裁定不予受理。立案后发现起诉不符合受理条件的，裁定驳回起诉。不予受理的裁定书由负责审查立案的审判员、书记员署名；驳回起诉的裁定书由负责审理该案的审判员、书记员署名。”

② 参见李海英：《论我国民事诉讼立案审查制度》，中国政法大学2011届硕士论文，第13页。

③ 参见周成泓：《论民事诉讼中的摸索证明》，载《法律科学》2008年第4期。

④ 参见段文波：《论民事一审之立案程序》，载《法学评论》2012年第5期。

且，在事实理由方面应作宽泛理解。其间的原因在于：此处的事实理由仅意指案件发生的基本事实根据；证明合法权益受到侵犯的事实理由在具体层面可以是当事人提供的直接证据，也可以是能够证明案件事实的间接证据。基于此，当事人如能够提供证据证明其权益受到侵害确实发生，人民法院就应当依法立案予以受理。至于其所受侵害权益是否合法、是否实际受到侵害等问题，应当经由具体的审判予以实质审查，不应当成为立案环节的审查范畴。

第四个方面的审查内容涉及受案范围和管辖的审查问题。根据民事诉讼法第124条的规定，人民法院应当审查、甄别起诉是否属于受案范围，并分别处理。如果所诉事由属于行政诉讼受案范围，则告知原告提起行政诉讼；如果诉讼双方当事人业已达成书面仲裁协议申请仲裁，则应告知原告向仲裁机构申请仲裁；如果依照法律规定，系争争议应由其他机关处理，则告知原告向有关机关申请争议；如果系判决、裁定、调解书业已生效的案件，除人民法院准许撤诉的裁定之外，则应告知提起诉讼的原告申请再审；如果系判决不准离婚及调解和好的离婚案件，或者判决、调解维持收养关系的案件，没有新情况、新理由，原告在6个月内又起诉，则不应受理。同时，对于所在法院没有管辖权的案件，应当告知原告向有管辖权的人民法院提起诉讼。如原告坚持起诉，则应裁定不予受理。法院经审查发现系立案之后发现所在法院没有管辖权的，则应当将该案件移送至有管辖权的人民法院。①

综上，我国民商事诉讼的起诉条件实质上是较为严苛的。对于民商事案件的当事人而言，严苛的起诉条件意味着其裁判请求权可能会受到损害。其间的原因在于，如民商事诉讼程序尚未正式启动，相关负责立案审查的法官仅凭一些相对粗浅的材料，就能够对“诉讼请求的事实理由”、“证据的真实充分”、“当事人适格”等实体问题予以裁断，如果上述裁断负面显然会影响理应进行的更为权威的司法程序的进行。同时，由于我国民商事案件立案审查制度之中，法院在实际层面是借由书面审查予以完成的，当事人在立案审查环节实际上无法经由相关法定程序参与该审查。由此造成的后果是，即便负责立案审查的法官实质上损害当事人的裁判请求权，其也无法在法律制度层面对其予以抗辩乃至反制。有鉴于此，确立立案庭的登记立案制度，将实质性诉讼要件以及裁判要件经听证程序和当事人辩论后统一作出是否驳回起诉的裁定，同时保留

---

①《最高人民法院关于适用〈中华人民共和国民事诉讼法〉若干问题的意见》第141条。

审判庭以驳回起诉方式作为受理不当之例外补救的权限，① 应当成为我国民事诉讼立案制度发展的可能向度。

（二）刑事案件立案审查

根据我国刑事诉讼法的规定，刑事案件立案的具体条件是“认为有犯罪事实需要追究刑事责任”。② 从上述法条的意思来看，这里的“认为有犯罪事实需要追究刑事责任”包括两个方面的条件：其一是事实条件，其二是法定条件。事实条件是有犯罪事实发生且有证据可以证明，法定条件是依法应追究刑事责任。尽管单纯从刑事案件立案的具体条件来看，相对简单，但由于我国刑事诉讼还存在多元化的立案主体和追诉程序安排，刑事案件立案在其实践中实际上也是较为复杂的一个环节。根据现行刑事诉讼法的规定，除法律另有规定外，由公安机关负责侦查刑事案件。对于贪污贿赂犯罪，国家工作人员的渎职犯罪，国家机关工作人员利用职权实施的非法拘禁、刑讯逼供、报复陷害、非法搜查的侵犯公民人身权利的犯罪以及侵犯公民民主权利的犯罪，则由人民检察院立案侦查。对于国家机关工作人员利用职权实施的其他重大的犯罪案件，需要由人民检察院直接受理的时候，经省级以上人民检察院决定，可以由人民检察院立案侦查。自诉案件，由人民法院直接受理。③ 由以上法条可知，刑事案件的立案主体包括公安机关和人民检察院，刑事案件又区分为公诉和自诉追诉程序。④ 此外，有关案件的侦查权限还存在不同的配置。整体上，刑事案件的立案程序呈现为较为复杂的图景。

就其内在功能而言，刑事诉讼立案程序对不同性质案件可以发挥两个层次的功能⑤：其一是过滤功能。这一功能借助立案程序对刑事案件与非刑事案件

---

① 傅郁林：《中国民事诉讼立案程序的功能与结构》，载《法学家》2011 年第 1 期。

② 2012 年修订的刑事诉讼法第 110 条规定：“人民法院、人民检察院或者公安机关对于报案、控告、举报和自首的材料，应当按照管辖范围，迅速进行审查，认为有犯罪事实需要追究刑事责任的时候，应当立案；认为没有犯罪事实，或者犯罪事实显著轻微，不需要追究刑事责任的时候，不予立案，并且将不立案的原因通知控告人。控告人如果不服，可以申请复议。”

③ 2012 年修订刑事诉讼法第 18 条。

④ 对于自诉案件，被害人有权向人民法院直接起诉。如被害人死亡或丧失行为能力，则其法定代理人、近亲属有权向人民法院起诉。人民法院应当依法受理。参见 2012 年修订刑事诉讼法第 112 条。

⑤ 董来阳：《论我国刑事诉讼立案程序》，广东商学院 2011 届硕士论文，第 6 页。

作出不同的处理决定得以实现。对刑事案件进行立案侦查以追究行为人的刑事责任，对非刑事案件则可以通过调解或行政处罚等非刑事诉讼程序予以解决。其二是分流功能。根据我国刑事法律规范的规定，刑事案件立案存在不同的立案主体和不同的追诉程序。通过立案程序，可以使得不同的案件能够依法适用相应的司法程序予以立案。现行刑事诉讼法第110条设定了刑事案件的立案条件，即“有犯罪事实需要追究刑事责任”。在立案审查环节，作为立案事实条件的“有犯罪事实”包括两个要素：其一，在刑事诉讼中，立案时首先要划清罪与非罪的界限。即需要立案予以追究刑事责任的行为必须是依照刑法规定构成犯罪的行为。其二，必须证实犯罪事实确实发生。即必须掌握特定的证据能够证明犯罪事实实际发生，而非主观想象甚或猜测。作为立案法定条件的“需要追究刑事责任”，则是指行为人的行为业已构成犯罪，且依照刑事法律的相关规定应予处罚。①

（三）行政诉讼案件立案审查

与民事诉讼、刑事诉讼类似，行政诉讼领域的立案审查主要审查起诉是否符合受理条件。根据2014年修订的行政诉讼法第49条的规定，起诉应当符合以下条件：原告适格、被告明确、诉讼请求及事实根据具体、属于人民法院的受理及管辖范围。

这里，立案审查领域的原告适格是指起诉的身份条件，即具备何种条件的行政相对人才能提起行政诉讼。② 要满足上述条件，需具备两个条件：其一，原告必须拥有行政相对人的法律地位。具体而言，原告必须是行政管理法律关系中与行政主体相对应的另一方当事人。③ 当然，鉴于具体行政行为的影响方式不同，行政相对人既包括受到具体行政行为直接影响的对象，也包括利益受到具体行政行为间接影响的公民、法人或其他组织。其二，原告应是认为其合法权益受到具体行政行为侵害的人。这一条件可以理解为一种主观性条件，即只要行政相对人主观上认为其合法权益受到具体行政行为的侵害即可提起行政诉讼，至于上述侵害是否客观上发生则不需要原告予以证明。此外，在特定情

---

① 参见陈光中、徐静村主编：《刑事诉讼法学》，中国政法大学出版社2002年版，第218页。

② 参见姜明安：《行政法与行政诉讼法》，法律出版社2006年版，第398页。

③ 参见姜明安主编：《行政法与行政诉讼法》（第五版），北京大学出版社、高等教育出版社2011年版，第137页。

形下，原告资格也可以转移。①

有明确的被告是指行政诉讼原告提起行政诉讼时所指向的被告是确定的机关或组织。仅从新行政诉讼法第 49 条第 1 款第 2 项的规定来看，这一条件仅要求原告在提起行政诉讼时当明确列明被告。但根据《最高人民法院关于执行〈中华人民共和国行政诉讼法〉若干问题的解释》第 23 条的规定，行政诉讼立案审查环节所遵循的标准不仅仅是“明确被告”，而且是“适格被告”。实践中，如果原告所起诉的被告不适格，人民法院应当告知原告变更被告。如原告不同意变更，则由人民法院裁定驳回起诉。同时，对于那些应当追加被告而原告不同意追加的，则人民法院应当通知其以第三人的身份参加诉讼。

诉讼请求和事实根据的要求有二：其一是当事人提起行政诉讼时必须提出了具体的诉讼请求。即必须提出包含撤销行政许可、变更行政处罚等具体内容的诉讼请求；② 其二是当事人必须有证据佐证以上诉讼请求。亦即当事人提起行政诉讼时还需提出能够支持其诉讼请求的事实根据。应当注意的是，这里的事实根据可以是直接证据，也可以是间接证据，只要原告提供的证据能够证明具体行政行为确实存在，人民法院就应当依法受理，至于具体行政行为的内容是否合法、合理，应当经人民法院通过审理由被告举证。③

是否属于人民法院受案范围和受诉人民法院管辖是提起行政诉讼要求的客观条件。其具体要求有二：其一，原告所提起的行政诉讼应当在人民法院受理案件的范围之内。比较民事诉讼和刑事诉讼而言，我国行政诉讼案件的受案范围仍然较为狭窄。正因为如此，相关法律规范较为复杂，④ 原告所提起诉讼的案件应当是符合以上法律规范规定的案件。其二，原告所提起诉讼涉及案件应当属于人民法院管辖。根据现行行政诉讼法律规范，人民法院在行政案件方面

---

① 2014 年修订的行政诉讼法第 25 条规定：“有权提起诉讼的公民死亡，其近亲属可以提起诉讼。有权提起诉讼的法人或者其他组织终止，承受其权利的法人或者其他组织可以提起诉讼。”

② 诉讼请求是决定诉的种类的根据。我国行政诉讼的种类目前包括确认之诉、撤销之诉、变更之诉、赔偿之诉、履行之诉五类。参见姜明安主编：《行政法与行政诉讼法》(第五版)，北京大学出版社、高等教育出版社 2011 年版，第 483 页。

③ 参见曹巍、解志勇、张翠然：《行政诉讼立案基础理论研究》，载《法律适用》2008 年第 6 期。

④ 在行政诉讼受案范围方面，新行政诉讼法第 2 条、第 12 条、第 13 条以及《最高人民法院关于执行〈中华人民共和国行政诉讼法〉若干问题的解释》第 1 条第 1 款、第 2 款作出了详细规定。

存在复杂的地域管辖和级别管辖规定。根据上述规定，原告只能向有管辖权的法院提起诉讼。

综合来看，以上法定起诉条件中，能够给原告起诉带来较大障碍的无疑是对行政诉讼受案范围的制度设定。在立法层面，确定行政诉讼受案范围的方式有三：列举式、概括式和折中式。我国采用的是折中式，即先作肯定性的概括规定，此后再作否定性的具体排除。① 但此种方式对于行政诉讼立案带来的问题是，一些未被肯定列举又不属于否定列举范围的行政行为实际上会进入实务处理层面的“灰色地带”。这在结果上使得本来由于起诉条件严苛而产生的立案难问题更加严峻。

三、审判程序

对于司法而言，审判程序的功能是多元的。一方面，它能够为各种司法活动主体提供一种参加或参与司法活动的具体程式这样一种物质载体；另一方面，审判程序能够借助其自身的依法推进，使得相关司法活动主体能够凭借自身的亲自参与而依法作出裁判，或者接受判决所裁决的内容。正因为审判程序的以上多元功能，美国学者迈克尔·贝勒斯才主张：“一般而言，事务越合理，就越易理解。因此，查明真相、得出判决的程序愈合理，则理性的当事人愈赞成审理结果。”②

（一）民事诉讼审判程序

我国现行的民事审判模式实际上呈现出极强的职权主义色彩。整体上，职权主义的主要目的在于实施法律，注重的是实体公正，本质是社会治理，一般存在于大陆法系如法、德③和前苏联等国家。在职权主义审判模式下，法官始终处于诉讼活动的主导地位，当事人或辩护人及检察机关处于辅助的地位。通常来讲，以上诉讼活动主体之间的关系安排被认为是国家“父爱主义”的产物，有助于达致诉讼事实和客观事实的统一：从法官的角度来说，作为整个诉

---

① 参见姜明安主编：《行政法与行政诉讼法》（第五版），北京大学出版社、高等教育出版社 2011 年版，第 418 页。

② ［美］迈克尔·D. 贝勒斯：《法律的原则——一个规范的分析》，张文显、宋金娜等译，中国大百科全书出版社 1996 年版，第 36 页。

③ 也有一些学者认为德国民事诉讼具有较强的当事人主义特性。参见韩波：《民事诉讼模式论——争鸣与选择》，载《当代法学》2009 年第 5 期。

讼过程的主导者，法官能够不受当事人及律师的过分影响以便把握整体诉讼活动的走向；从当事人的角度来看，由于在拥有强大职权的法官面前处于弱势地位，其作用及相关诉权实际上处于一种弱化的地位而极易受到侵犯乃至剥夺。① 在我国，民事诉讼领域具有强职权主义的特征，主要表现为：在法官与当事人之间的诉讼关系方面，法官凭借其主导和支配地位成为诉讼的指挥者和控制者。法官可以依职权主动收集证据、调查案件事实，有权对当事人的一切处分行为进行调查和干预。与法官的强势地位相对应的是，当事人在诉讼中完全处于消极被动地位。

（二）刑事诉讼审判程序

依照我国刑事诉讼法的规定，我国刑事诉讼审判模式也属于强职权主义。其具体表现有二：其一，检察机关将起诉书和案件移送到法院后，法院在开庭审判前就享有预先审查起诉材料和证据的权力。依照现行刑事诉讼法的规定，无论是公诉，还是自诉案件，人民法院都应当先对起诉书中指控的犯罪事实、证据目录、证人名单和主要证据复印件或照片进行审查。经审查，"有明确的指控犯罪事实的"公诉案件，或"犯罪事实清楚，有足够证据证明的"自诉案件，得决定开庭审判。此外，我国法官在开庭审理前还可以开展调查研究和收集证据的活动。其二，法官在开庭审理过程中始终处于绝对的主导地位，审问被告人，询问证人、鉴定人、翻译人员，出示物证、书证等调查和举证全部都由法官来主导。而作为公诉人的人民检察院基本上不举证来论证公诉主张，在庭审中处于消极地位。实际上，依照现行刑事诉讼法第 184 条的规定，"人民法院审判公诉案件，人民检察院应当派员出席法庭支持公诉……"这一内容也从一个侧面显示了这一点。

（三）行政诉讼审判程序

对于我国行政审判的现状，我们可以从立法和司法实践两个层面进行考察。从立法层面来看，我国现行行政诉讼法对行政审判模式的规定并不系统。比较刑事诉讼和民事诉讼而言，我国行政诉讼法特别强调当事人尤其是被告的

① 参见江国华：《常识与理性：中国审判模式的可能向度》，载《中南民族大学学报》（人文社会科学版）2012 年第 2 期。

举证责任,① 而对原告的举证责任则规定不多。此外，行政诉讼法也未将法官置于一种彻底的“消极仲裁者”地位，而是赋予其一定职权。同时，从实践的角度来看，我国的行政审判同样带有较强的职权主义色彩。这主要体现在：其一，证据领域的主导性。根据现行行政诉讼法的规定，人民法院有权要求当事人提供或者补充证据。人民法院有权向有关行政机关以及其他组织、公民调取证据。② 至于要求当事人提供或者补充证据，以及人民法院调查证据的范围以及相关标准，并不存在显明的规则。据此，法官拥有主动、积极地开展收集、调查证据的权力，并且这种活动可以不受原告、被告双方诉讼主张和举证的限制。其二，法官的庭前审查权限过大。在行政审判活动过程中，原告拥有行政诉权。对于原告而言，行政诉权不仅是一项提起行政诉讼的权利，而且还是一种基于某种特定事项与事实状态并超越其本身而进行诉讼的权利，亦是一种通过行政审判程序而使权利受损害者获得司法补救的权利。在其内容方面，行政诉权包括享有程序控制权、各种诉讼行为实施权、处分权、要求审判机关纠正错误裁判和强制实现生效法律文书所确认的实体权利的申请权等具体权利。③ 由于法官的庭前审查权限过大，其可能基于原被告是否适格、具体诉讼请求、受案范围及法院管辖等因素决定原告行政诉权能否实现。其三，法官在庭审中职权过于强大。一方面，法官在具体审判过程中都发挥重要的主导、组织、指挥功能。另一方面，人民法院在具体判决方面，可以作出维持、撤销、履行、变更判决等多种判决方式，且判决的内容可以超越原告的诉讼请求。

（四）未来审判模式的发展向度

在我国，随着经济体制的深刻变革，整体上的社会结构产生巨大变动、利益格局得以重新调整，社会逐渐步入转型时期。在此背景下，传统的社会纠纷解决模式因社会矛盾迭起而渐趋势微，司法开始成为人们表达诉求和维护自身利益的主要途径。正是基于以上背景，我国职权主义审判方式由于导致法院不堪重负而开始不断探索变革的可能路径。但是，近年来导入当事人主义审判模式的弊端由于相关制度不健全等原因也在不断凸显。比如，1996 年刑事诉讼

① 2014 年修订的行政诉讼法第 34 条第 1 款规定：“被告对作出的行政行为负有举证责任，应当提供作出该行政行为的证据和所依据的规范性文件。”

② 2014 年修订的行政诉讼法第 40 条。

③ 参见邓刚宏：《我国行政诉讼诉判关系的新认识》，载《中国法学》2012 年第 5 期。

法确立了“抗辩制”庭审方式，但却因为缺少相关保障制度的跟进而导致法官权力被弱化的同时检察官却成了事实上的诉讼过程主导者。事实上，不独刑事诉讼，以上现象在其他诉讼领域也广泛存在。原最高人民法院院长肖扬在第七次全国民事审判工作会议上就曾指出：“在当今民事诉讼领域，过于强调职权主义诉讼模式不仅使法官不堪重负，而且影响审判机关的中立形象，而过于强调当事人主义诉讼模式，也容易出现诉讼迟延和诉讼成本增加以致实体不公等缺陷。”①

直面以上现实困境，对职权主义和当事人主义两者持其一端显然失之偏颇。在此情形下，衡平主义审判模式应为当下我国司法领域的理性选择。在司法领域，衡平主义审判模式的特性是在事实探明、程序选择以及法律适用等诉讼过程中，实现权利/权力与义务的分配在当事人和法院之间衡平、当事人之间衡平以及整体诉讼过程中衡平，以促进纠纷的解决和法律的实施。衡平主义审判模式注重法官和当事人或检察官在诉讼过程中的平衡性，权力/权利配置的均衡性，诉讼构造整体上呈正三角形，注重三个层面的衡平：② 其一，事实探明的衡平。事实的探明是审判的基础，也是保障判决公正的最关键工作。基于当下的诉讼构造，当事人或检察机关应该在此过程中享有充分的自主性。同时，司法应当秉持被动和中立特性，一般程序应经当事人申请启动。此外，应当严格限制法院的依职权调查制度，通过使法官转换角色和功能进一步强化当事人或检察机关的举证责任。③ 如此变革的目标是要进一步保障当事人享有充分的程序参与权和事实最终决定权，并以此为基础完善法院对案件事实的释明。④ 其二，程序选择的衡平。尽管目前我国诉讼法确立了辩论原则和处分原则，但如前所述，两者的适用均存在一定的问题。一方面，前者并不具有约束力，也没有实在的法律效力。实际上，辩论原则既是当事人参与司法的重要方式，也是查清事实的重要途径，急需得到有效的法律保障。另一方面，后者由于没有制度化的保障，当事人处分自己权利时常常受到法院职权的不当干预。有鉴于此，在三大诉讼法中应当适当扩大相关诉讼参加人或参与人程序选择方

---

① 肖扬：《建设公正高效权威的民事审判制度 为构建社会主义和谐社会提供有力司法保障——在第七次全国民事审判工作会议上的讲话》，载《法制日报》2007 年 1 月 5 日。

② 参见江国华：《常识与理性：中国审判模式的可能向度》，载《中南民族大学学报》（人文社会科学版）2012 年第 2 期。

③ 王利明：《司法改革研究》，法律出版社 2000 年版，第 303 页。

④ 案件事实释明是指法院应当督促双方当事人将案件事实陈述完整，以达到澄明的目的，主要包括诉讼请求的释明、有关事实主张的释明和有关诉讼证据的释明。

面的制度空间。毕竟，“审判方式改革的目标不仅要追求程序的公正，而且还要追求程序的效率”。① 程序正义除了自身的价值外，还有作为追求实体正义的手段的价值，在不违背程序正义的基本原则的前提下，应当允许当事人拥有为追求实体正义的最大化去进行程序选择的权利。其三，法律适用的衡平。传统上，法律适用是法官的独占权，当事人无权进行判断。这里所指的法律适用也并非意指法律适用权和当事人分享，而主要指涉在程序层面保障当事人的程序参与权。对于法院而言，法律适用的衡平要求其在诉讼过程中认真考虑当事人的意见或者检察机关的建议，这有助于规范法官的自由裁量权。除此以外，刑事诉讼中特定范围案件的刑事和解，给予被告人和被害人一定的实体处分权，也是未来改革刑事诉讼构造的一种考量方向。②

三、判决执行程序

判决的执行，是指有权机关依法对生效判决所确定的实体和程序事项，根据自身职权或者应当事人、案外人的申请予以实现的过程。在此过程中，生效判决的性质不同，相应的执行程序也存在差别。在我国，判决执行程序主要见于三大诉讼法。③ 根据上述法律规范，不同性质的判决适用不同的具体执行程序，其间不同的执行机关在执行领域也存在交叉或配合之处。

（一）民事判决执行程序

在我国，民事判决执行所涉及的裁判文书包括发生法律效力的民事判决、裁定，刑事判决、裁定中的财产部分、人民法院制作的调解书，以及法律规定由人民法院执行的其他法律文书。具体的执行工作由人民法院中的执行员负责，执行员在判决执行程序中担负重要职责。如果采取强制执行措施，执行员应当出示证件。执行完毕后，执行员应当将执行情况制作笔录，由在场的有关人员签名或者盖章。在组织方面，人民法院可根据需要设立执行机构。此外，如当事人在执行过程中自行达成和解协议，执行员应当将协议内容记入笔录，

① 王利明：《司法改革研究》，法律出版社2000年版，第303页。

② 参见邓楚开：《轻微犯罪刑事和解制度的实践运作——浙江省检察机关刑事和解改革实证分析》，载《法治研究》2011年第6期。

③ 除法院作出的判决、裁定等法律文书之外，仲裁裁决、经公证的以给付为内容并载明债务人愿意接受强制执行承诺的债权文书、人民调解协议等也适用人民法院的判决执行程序。参见《中华人民共和国仲裁法》第62～64条、《中华人民共和国公证法》第37条、《中华人民共和国人民调解法》第33条。

由双方当事人签名或者盖章。如果申请执行人因受欺诈、胁迫与被执行人达成和解协议，或者当事人不履行和解协议的，人民法院可以根据当事人的申请，恢复对原生效法律文书的执行。

在民事领域，一方当事人申请执行判决、裁定、调解书或者其他应当由人民法院执行的法律文书的前提是，上述裁判业已生效且对方当事人拒绝履行。当然，具体裁判文书不同，当事人申请执行的机关、方式也略有差异。如果当事人所欲申请执行的是生效民事判决、裁定，则对方当事人拒绝履行，当事人可以向人民法院申请执行，审判员也可以移送执行员予以执行。如果是生效调解书和其他应当由人民法院执行的法律文书，如一方拒绝履行，对方当事人可以向人民法院申请执行。如果是依法设立的仲裁机构作出的生效裁决，一方当事人不履行，对方当事人可以向有管辖权的人民法院申请执行。受申请的人民法院应当执行。此时，被申请人如对执行申请提出异议，经人民法院合议庭审查，也可能裁定不予执行以上裁决。如果是一方当事人不履行公证机关依法赋予强制执行效力的债权文书，对方当事人可以向有管辖权的人民法院申请执行，受申请的人民法院应当执行。此时，如果以上公证债权文书确有错误，则人民法院应裁定不予执行，并将裁定书送达双方当事人和公证机关。实践中，有权当事人应当在有效期间内提出执行申请,① 执行员接到申请执行书或者移交执行书，应当向被执行人发出执行通知，并可以立即采取强制执行措施。

由于判决执行所针对的被执行人及其财产多有不同，执行员及所属执行机构所采取的措施及相关程序各有差异。具体来说，判决具体指向的被执行人可以是公民个人，也可以是有关单位，具体财产可以是动产，也可以是不动产，因此而要求的相应执行措施及其程序也因此不同。概括而言，负责执行的人民法院有权采取查询、扣押、冻结、划拨、变价、提取等各种措施。在保障措施方面，人民法院对不予配合执行工作，以及拒绝履行生效裁判确定义务的被执行人，可以采取罚款、拘留，通知履行、支付迟延履行金、强制执行、对其采取或者通知有关单位协助采取限制出境，在征信系统记录、通过媒体公布不履行义务信息以及法律规定等措施。② 无论何种措施，由于大多涉及被执行人的具体财产或权利，判决执行工作都应遵循严谨的程序。以查封扣押财产为例，如果是针对公民而采取，人民法院应当通知被执行人或者他的成年家属到场；

① 申请执行的时效为 2 年，以上时效的中止、中断适用法律有关诉讼时效中止、中断的规定。参见现行民事诉讼法第 239 条。

② 参见现行民事诉讼法第 241 条、第 251 条、第 252 条、第 253 条。

如果是针对法人或者其他组织而采取，则人民法院应当通知其法定代表人或者主要负责人到场。拒不到场的，不影响执行。被执行人是公民的，其工作单位或者财产所在地的基层组织应当派人参加。同时，对被查封、扣押的财产，执行员必须造具清单，由在场人签名或者盖章后，交被执行人一份。被执行人是公民的，也可以交他的成年家属一份。①

（二）刑事判决执行程序

在我国，刑事判决、裁定中的财产部分适用民事诉讼法予以执行，除此之外的裁判法律文书均适用刑事法律规范予以执行。实践中，刑事判决执行的前提是相关判决、裁定业已生效，具体是指已过法定期限没有上诉、抗诉的判决和裁定、终审的判决和裁定、最高人民法院核准的死刑的判决和高级人民法院核准的死刑缓期二年执行的判决三种情形。② 一般而言，相应的人民法院应将生效判决、裁定，交由公安机关、监狱或其他执行机关执行。

死刑由于涉及对生命的剥夺，其具体执行程序更为复杂、严谨。根据现行刑事诉讼法的规定，无论是最高人民法院判处还是核准的死刑立即执行案件，均应由最高人民法院院长签发执行死刑的命令，③ 交下级人民法院负责执行。下级人民法院接到最高人民法院执行死刑的命令后，应当在 7 日以内交付执行。如发现存在不适合立即执行的法定情形，下级人民法院应当立即停止执行，并立即报告最高人民法院，由最高人民法院作出裁定。④ 此外，人民法院应在交付执行死刑前，通知同级人民检察院派员临场监督，指挥执行的审判人员，对罪犯应当验明正身，讯问有无遗言、信札，然后交付执行人员执行死刑。在执行前，如果发现可能有错误，应当暂停执行，报请最高人民法院裁定。执行死刑后，在场书记员应当写成笔录。交付执行的人民法院应当将执行死刑情况报告最高人民法院。执行死刑后，交付执行的人民法院应当通知罪犯家属。⑤ 对于被判处死刑缓期二年执行的罪犯，在死刑缓期执行期间如果没有故意犯罪，则死刑缓期执行期满应当予以减刑。具体程序上由执行机关提出书面意见，报请高级人民法院裁定。反之，如果故意犯罪经查证属实，则应当执

---

① 参见现行民事诉讼法第 245 条。

② 参见现行刑事诉讼法第 248 条。

③ 参见现行刑事诉讼法第 250 条第 1 款。

④ 参见现行刑事诉讼法第 251 条。

⑤ 参见现行刑事诉讼法第 252 条。

行死刑，由高级人民法院报请最高人民法院核准。①

死刑立即执行以外的刑罚，具体法律文书由交付执行的人民法院在判决生效后10日以内送达公安机关、监狱或者其他执行机关。刑罚种类不同，或者实际需要执行的刑期不同，具体执行刑罚的机关也可能存在差别。对被判处死刑缓期二年执行、无期徒刑、有期徒刑的罪犯，由公安机关依法将该罪犯送交监狱执行刑罚。对被判处有期徒刑的罪犯，在被交付执行刑罚前，剩余刑期在3个月以下的，由看守所代为执行。对被判处拘役的罪犯，由公安机关执行。对未成年犯应当在未成年犯管教所执行刑罚。执行机关应当将罪犯及时收押，并且通知罪犯家属。判处有期徒刑、拘役的罪犯，执行期满，应当由执行机关发给释放证明书。② 在判决实际执行过程中，如涉及暂予监外执行、减刑、假释，也应当遵循刑事诉讼法律规范予以办理。③

（三）行政判决执行程序

行政诉讼的一方是公民、法人或其他组织，另一方是行政机关。行政判决，是指人民法院代表国家，对被诉具体行政行为是否合法，作出的具有法律约束力的判决，以及对被诉具体行政行为的效力作出的权威性处理。对此，行政诉讼的当事各方应当予以尊重。对已经生效的判决、裁定，如果行政判决所确定的应当履行义务的一方拒绝履行，另一方都拥有必要的反制措施：如果是公民、法人或者其他组织拒绝履行判决、裁定，行政机关可以向第一审人民法院申请强制执行，或者依法强制执行。如果是行政机关拒绝履行判决、裁定，则第一审人民法院可以采取以下措施：①对应当归还的罚款或者应当给付的赔偿金，通知银行从该行政机关的账户内划拨；②在规定期限内不执行的，期满之日起，对该行政机关负责人按日处50元至100元的罚款；③向该行政机关的上一级行政机关或者监察、人事机关提出司法建议。接受司法建议的机关，根据有关规定进行处理，并将处理情况告知人民法院；④拒不执行判决、裁定，情节严重构成犯罪的，依法追究主管人员和直接责任人员的刑事责任；⑤

① 参见现行刑事诉讼法第250条第2款。

② 参见现行刑事诉讼法第253条。

③ 以交付执行为界，暂予监外执行可以分为交付执行前的暂予监外执行和交付执行后的暂予监外执行两种情形。两种暂予监外执行的决定主体不同：交付执行前的暂予监外执行由交付执行的人民法院决定；交付执行后的暂予监外执行则由监狱或者看守所提出书面意见，报省级以上监狱管理机关或者设区的市一级以上公安机关批准。参见现行刑事诉讼法第254条第5款。

将行政机关拒绝履行的情况予以公告。①

第三节　检察院行使职权的程序

在我国，尽管人民检察院的规范属性可以定位为“法律监督机关”，但其行使职权的内容却相当丰富，不仅涵盖自侦案件的侦查、立案监督、侦查监督、刑事公诉、审判监督，而且包括执行监督。就人民检察院行使以上职权的程序而言，其规范渊源多样且非常庞杂。

一、检察院自侦案件侦查程序

刑事侦查是世界各国刑事诉讼领域的一个非常重要的诉讼阶段，“侦查职能既与起诉职能、审判职能相分离，又与其相并列”。② 在许多国家，侦查都处于启动刑事诉讼之后的第一个诉讼阶段，同时也是任何公诉案件被告被提起公诉、接受审判所必经的诉讼阶段。犯罪分子能否被提起公诉、审判机关能否对其作出正确判决所需要的根据，都需要在侦查阶段予以查明或获得。正因为侦查对于刑事诉讼的重要价值，世界各国刑事诉讼法律以及其他法律，才将侦查阶段作为一个独立的诉讼阶段确立下来，并且确定了侦查主体的种类、履行侦查职能的手段、职权和程序等。侦查的价值在于其有效进行有助于准确、及时地查明纳入刑事诉讼的案件事实，弄清犯罪嫌疑人是否实施了犯罪行为，实施了何种犯罪行为，是否属于法律规定应当追究其刑事责任的情形等一系列直接决定着刑法能否得到正确实施的问题。

对于检察机关而言，其在刑事案件侦查阶段的重要职能之一就是对其受理的刑事案件直接进行侦查以便查明案件真相和收集证明犯罪事实的证据。从刑事诉讼的角度而言，上述侦查是起诉的必要前提。在检察机关直接侦查刑事案件的范围方面，一般与检察机关启动刑事诉讼的刑事案件范围大致相同。主要分为以下两类③：其一，在独采国家追诉主义原则的国家，检察机关对一切刑事案件均拥有侦查的权力。其二，在既采国家追诉主义原则又采私人追诉主义

---

① 参见现行行政诉讼法第96条。

② 参见陈光中等：《中国司法制度的基础理论问题研究》，经济科学出版社2010年版，第241页。

③ 参见黄素萍、杨德志编著：《司法机关组织法》，中国政法大学出版社2006年版，第264页。

原则的国家，通常由刑事诉讼法对检察机关进行侦查的刑事案件的种类作出明确规定。我国属于后一类型的国家。

从司法程序法的角度来说，检察机关履行侦查职能的过程也是一种重要的司法活动，也应当遵循基本的法定程序。换言之，检察机关在侦查阶段为查明案件真相、收集到足以证明案件事实的确实、充分的证据，以及查获犯罪嫌疑人所进行的各项法定诉讼活动，都应当遵循严谨、客观的法定程序。当然，侦查活动的内容不同，其所遵循的程序也不尽相同。概括而言，各国检察机关在刑事诉讼中的侦查活动包括两类：一是决定采用或执行强制措施；二是依法实行侦查行为收集各种证据，以便准确、及时地对犯罪嫌疑人或者被告人作出正确处理结论。在第一种活动中，我国检察机关有批准逮捕的权力。依照我国现行刑事诉讼法的规定，各级人民检察院依照法定立案管辖的规定，在直接受理刑事案件的侦查过程中，有权决定对犯罪嫌疑人决定采用逮捕等强制措施。① 但无论决定采用何种强制措施，必须符合法定条件和程序的要求。同时，人民检察院负有对公安机关提请批准逮捕的案件进行审查并决定是否批准逮捕的职能，对于符合逮捕条件的作出批准逮捕的决定并立即交公安机关执行。对于不批准逮捕的，人民检察院应当说明理由。对于需要补充侦查的，应当及时通知公安机关补充侦查。② 为了保证人民检察院正确履行这一职能，法律还规定公安机关认为不批准逮捕决定有错误时，有权提请人民检察院进行复议。复议意见不被接受时，还可以向上一级人民检察院提出复核。③

二、立案监督程序

作为刑事诉讼监督领域及其重要组成部分之一的刑事诉讼监督，与侦查监督、审判监督和执行监督共同构成我国当下刑事诉讼的法律监督体系。④ 从其源起来看，对刑事案件立案实施监督是1997年修订刑事诉讼法的立法创制。依照司法程序法的基本原理，刑事立案监督理应依照法定程序进行。刑事立案监督的程序是指人民检察院对享有立案权的立案主体的立案活动进行法律监督时所必须遵循的顺序、步骤、时间等。根据我国现行刑事诉讼法，人民检察院

---

① 参见现行刑事诉讼法第163条、第165条。

② 参见现行刑事诉讼法第88条。

③ 参见现行刑事诉讼法第90条。

④ 李男：《论刑事立案监督工作机制研究》，华东政法大学2012届硕士论文，第3页。

刑事诉讼规则等法律规范，我国刑事立案监督的程序具体包括：

1. 立案监督案件的受理。实务中，立案监督的线索首先可以来源于被害人的申诉。对于被害人认为应当立案而未立案侦查的案件，被害人可以向人民检察院提起，① 人民检察院受理被害人提出的案件，可以要求被害人提供有关案件的证明材料，并进行必要调查。其次，立案监督的线索还可以来源于报案人、控告人、举报人的反映。② 再次，立案监督的线索也可以是由人民检察院自行发现。人民检察院如发现犯罪事实或者犯罪嫌疑人，应当按照其与公安机关的管辖范围划分予以立案侦查。③ 人民检察院在审查批捕、审查起诉以及其他业务工作中，发现公安机关应当立案侦查的案件而不予立案侦查的，应当对不予立案的行为进行审查。④

2. 要求公安机关说明不立案理由。人民检察院发现公安机关应当立案侦查的案件而不立案侦查，经审查认为符合立案条件，应当要求公安机关说明不立案理由。⑤ 对于被害人认为公安机关应当立案侦查的案件而不立案，向人民检察院提出的，人民检察院在进行审查和必要调查的同时，应当要求公安机关说明不立案理由。⑥ 值得注意的是，无论是人民检察院自身发现公安机关应当立案侦查的案件而不予立案侦查，还是被害人认为公安机关应当立案侦查的案件而不立案侦查向人民检察院提出，人民检察院如果经审查属实的话都应当要求公安机关说明不立案的理由。这意味着，在此两种情形下，要求公安机关说明不立案理由是人民检察院的法定义务。在履行以上法定义务的程序方面，人民检察院应当制作说明不立案理由通知书或者要求说明立案理由通知书，及时送达公安机关。同时，人民检察院应当告知公安机关在收到要求说明不立案理由通知书或者要求说明立案理由通知书 7 日以内，书面说明不立案或者立案的情况依据和理由，连同有关证据材料回复人民检察院。⑦

3. 通知公安机关立案侦查。人民检察院经审查，如果认为公安机关的不立案理由不能成立，应当通知公安机关立案侦查。⑧ 这里的不立案理由不能成

① 参见现行刑事诉讼法第 108 条。
② 参见现行刑事诉讼法第 108 条、第 109 条。
③ 参见现行刑事诉讼法第 107 条。
④ 2012 年修订人民检察院刑事诉讼规则第 553 条第 2 款。
⑤ 2012 年修订人民检察院刑事诉讼规则第 555 条第 1 款。
⑥ 参见现行刑事诉讼法第 111 条。
⑦ 2012 年修订人民检察院刑事诉讼规则第 557 条。
⑧ 参见现行刑事诉讼法第 111 条。

立，是指犯罪嫌疑人的行为因触犯我国刑法已构成犯罪，并且不具备法律规定的不追究刑事责任的情形。① 在不立案理由的认定方面，由侦查监督部门实施，通知公安机关立案侦查的决定应经检察长或检察委员会讨论决定。② 此外，公安机关在收到通知立案书后超过15日不予立案或者不提出复议、复核的，人民检察院应当发出纠正违法通知书予以纠正。如公安机关仍不纠正，则报上一级人民检察院协商同级公安机关处理。③

4. 审查决定直接立案侦查。根据我国刑事诉讼法第18条第2款的规定，人民检察院对于属于公安机关管辖的国家机关工作人员利用职权实施的重大犯罪案件，需要由人民检察院直接受理的，经省级以上人民检察院决定，可以直接立案侦查。④ 但在具体程序上，以上情形需要满足人民检察院通知公安机关立案而其不立案这一情形，再经省级以上人民检察院决定，才可以直接立案侦查。⑤ 之所以作此程序方面的细化，其目的在于表明人民检察院的以上权限并非替代、包揽公安机关的侦查权，而是借助以上权限的行使加强立案监督，维护国家法律的统一、正确实施的体现。

三、侦查监督程序

侦查监督，是指人民检察院作为国家专门的法律监督机关，依法对侦查机关刑事侦查活动的合法性进行的监察和督促。我国现行宪法和有关法律业已确认，检察机关是国家的法律监督机关，刑事诉讼中的侦查监督是检察机关的一项重要职能。本质上，对侦查活动进行监督是为了防止侦查机关滥用职权，保证侦查的合法性与准确性的重要法律程序。在规范层面，规定或涉及刑事侦查监督职权的刑事诉讼法及其他司法法律规范包括现行刑事诉讼法第111条、刑事诉讼法第115条、刑事诉讼法第128条，人民检察院刑事诉讼规则第564条

① 参见现行刑事诉讼法第15条。

② 2012年修订人民检察院刑事诉讼规则第558条第1款。

③ 2012年修订人民检察院刑事诉讼规则第560条第2款。

④ 2012年修订的刑事诉讼法第18条规定："刑事案件的侦查由公安机关进行，法律另有规定的除外。贪污贿赂犯罪，国家工作人员的渎职犯罪，国家机关工作人员利用职权实施的非法拘禁、刑讯逼供、报复陷害、非法搜查的侵犯公民人身权利的犯罪以及侵犯公民民主权利的犯罪，由人民检察院立案侦查。对于国家机关工作人员利用职权实施的其他重大的犯罪案件，需要由人民检察院直接受理的时候，经省级以上人民检察院决定，可以由人民检察院立案侦查。自诉案件，由人民法院直接受理。"

⑤ 2012年修订人民检察院刑事诉讼规则第565条。

至第575条，最高人民检察院、公安部关于刑事立案监督有关问题的规定（试行）第8条等。概括以上法条，可以发现刑事侦查监督主要涉及对以下违法行为的监督：对犯罪嫌疑人刑讯逼供、诱供的；对被害人、证人以体罚、威胁、诱骗等非法手段收集证据的；伪造、隐匿、销毁、调换或者私自涂改证据的；徇私舞弊，放纵、包庇犯罪分子的；故意制造冤、假、错案的；在侦查活动中利用职务之便谋取非法利益的；在侦查活动中不应当撤案而撤案的；贪污、挪用、调换所扣押、冻结的款物及孳息的；违反刑事诉讼法关于决定、执行、变更、撤销强制措施规定的；违反羁押和办案期限规定的；在侦查中有其他违反刑事诉讼法有关规定的行为的。

综合以上法律规定，结合实务界和理论界的认识可以发现，当下的刑事侦查体系存在着监督不同步、手段缺乏、效力不足等缺陷。① 尽管随着刑事诉讼法、人民检察院刑事诉讼规则的修改，以上缺陷获得了规范层面的纠正，但现行规定仍存在以下缺陷：缺陷之一在于侦查监督的范围和体系不明确，检察机关监督范围有限。根据刑事诉讼法的规定，检察机关拥有拘传、取保候审、监视居住、拘留、逮捕五种法定强制措施。以上五种强制措施中，除了检察机关对逮捕有批准决定权之外，公安机关可以自行决定其余四项强制措施。此外，检查、勘验、搜查、扣押等专门调查措施尚未纳入强制措施范畴。究其本质而言，上述专门调查措施都属于刑事诉讼过程中，追诉方对犯罪嫌疑人人身或与案件有关的物所采取的一种强制处分行为，其直接目的在于搜集、获取犯罪证据。② 无论是对犯罪嫌疑人人身还是对与案件有关的物，具体的刑事侦查行为都会对公民、法人或其他组织的自由、隐私、财产等实体权利带来负面影响。其中，由于搜查、扣押措施在具体操作层面具有较强的突击性质，被搜查、扣押对象会突击性地受到国家公权力的影响。对此，尽管现行人民检察院刑事诉讼规则将以上强制措施纳入侦查监督的范围之内，③ 但由于在合法、违法的认定等方面尚存在缺失，人民检察院以上侦查领域的监督实效仍然有待提高。缺陷之二在于检察机关引导、监督侦查的权力未予明确，由此导致侦查缺少程序保障和引导重点。法律未明确赋予检察机关引导、监督公安机关侦查的权力产生的后果在于，公安机关在刑事侦查程序方面拥有完全的自主权，检察机关无法对上述侦查过程予以监督：一方面，公安机关对于一般刑事犯罪享有程序启

① 参见徐美君：《侦查权的司法审查制度研究》，载《法学论坛》2008年第5期。

② 参见岳捍惟：《刑事程序人权的宪法保障》，法律出版社2010年版，第81页。

③ 2012年修订人民检察院刑事诉讼规则第565条。

动权即立案权。对此类犯罪是否立案并展开侦查，完全由公安机关自主决定，检察机关在此领域无权予以指挥、命令；另一方面，侦查活动结束后，公安机关还有权通过“移送审查起诉”、“撤销案件”等方式终结侦查程序。① 缺陷之三在于侦查监督的方式滞后、被动。目前的侦查监督方式主要是事后监督。对于公安机关移送审查批捕的案件，我国刑事诉讼法规定：侦查机关在规定的期限内应当将执行逮捕或不予逮捕情况告知检察机关侦查监督部门，变更逮捕措施应当告知检察机关的侦查监督部门。② 此外，对于公安机关执行人民检察院批准或者不批准逮捕决定的情况，以及释放被逮捕的犯罪嫌疑人或者变更逮捕措施的情况，如人民检察院发现存在违法情形，也应当通知纠正。③ 但在司法实践中，有时公安机关的告知义务履行情况并不规范，人民检察院有时处于无从知晓的状态。尤其是对一些不应当立案而立案，后作撤案、治安处理的案件更是无从监督。此外，由于侦查、批捕、起诉阶段分别独立，检察机关往往只有在行使审查批捕权、审查起诉权时才通过书面审查侦查机关移送的案卷材料或群众反映，从而发现侦查人员在侦查活动中的违法情况，但在实践中侦查活动中的违法情况很少反映在案卷材料中，人民检察院往往很难发现侦查人员是否刑讯逼供、诱供、非法收集证据等违法行为。在对公安机关变更逮捕措施或者释放被逮捕的犯罪嫌疑人的监督方面，由于表现为一种事后监督，实际上也发挥不了提前预防的作用。缺陷之四在于侦查监督的纠错机制还不完善。尽管我国现行刑事诉讼法律规范对侦查监督部门的通知立案、追捕漏犯作了一些规定，但在立案监督、追捕遗漏人犯的程序范围等领域依然没有明确界定。对于侦查机关接到应当立案通知、逮捕决定、不捕决定后仍不执行的，现有法律规范未赋予检察机关侦查监督部门实体处置权。尤其是对不应当立案而侦查机关立案侦查并拘留嫌疑人、对有重大影响的案件侦查机关只立案而不组织力量进行侦破的，检察机关往往无法可依。

四、公诉程序

公诉程序是刑事诉讼领域重要的诉讼程序。作为行使追诉权的国家专门机

① 参见万毅：《论侦查程序处分权与侦查监督体制转型》，载《法学》2008 年第 4 期。

② 根据现行刑事诉讼法第 88 条的规定，对于批准逮捕的决定，公安机关应当立即执行，并且将执行情况及时通知人民检察院。

③ 人民检察院刑事诉讼规则第 568 条。

关，人民检察院代表国家追诉犯罪、履行法律监督职能从而代表国家行使国家追诉权。就其概念而言，刑事诉讼中的公诉程序指人民检察院对公安机关等侦查机关和部门侦查终结、移送起诉的案件予以全面审查，对应当追究刑事责任的犯罪嫌疑人提交人民法院进行审判的一项诉讼活动。① 从刑事诉讼的整体来看，公诉是审判程序之前的必经程序，可谓我国刑事诉讼的关键性程序。根据我国现行刑事诉讼法律规范的规定，公诉权由检察院独占行使，具体由以下五项子权能构成：②

其一是提起公诉权。现代世界各国大多实行国家追诉主义，提起公诉权是检察机关的首要权能。在我国，根据刑事诉讼法第 167 条、第 172 条的规定，提起公诉是人民检察院的独占权能。③ 经审查，人民检察院认为犯罪嫌疑人的犯罪事实已经查清，证据确实、充分，依法应当追究刑事责任的，应当作出起诉决定，按照审判管辖的规定，向人民法院提起公诉，并将案卷材料、证据移送人民法院。④

其二是不起诉权。所谓不起诉权，是指检察机关对案件进行审查后，认为不具备起诉条件或者不宜提起公诉时，作出不将案件移交法院予以审判而终止诉讼的权力。根据我国现行刑事诉讼法的规定，人民检察院的不起诉权又可分为法定不起诉权和酌定不起诉权。法定不起诉权适用于犯罪嫌疑人没有犯罪事实，或者具有现行刑事诉讼法第 15 条规定情形之一的案件。符合以上条件的，人民检察院应当作出不起诉决定。⑤ 酌定不起诉权适用于犯罪情节轻微、依照刑法规定不需要判处刑罚或者免除刑罚的情形。符合以上条件的，人民检察院可以作出不起诉决定。⑥ 此外，针对未成年人犯罪，酌定不起诉权还演化为一种附条件不起诉权，即对于未成年人涉嫌刑法分则第四章、第五章、第六章规定的犯罪，可能判处 1 年有期徒刑以下刑罚，符合起诉条件但有悔罪表现的，人民检察院可以作出附条件不起诉的决定。⑦

---

①　参见龙宗智、杨建广：《刑事诉讼法》，高等教育出版社 2007 年版，第 302 页。

②　参见陈光中等：《中国司法制度的基础理论问题研究》，经济科学出版社 2010 年版，第 211 ~ 212 页。

③　参见现行刑事诉讼法第 167 条。

④　参见现行刑事诉讼法第 172 条。2012 年修订人民检察院刑事诉讼规则第 390 条。

⑤　参见现行刑事诉讼法第 173 条第 1 款。

⑥　参见现行刑事诉讼法第 173 条第 2 款。

⑦　参见现行刑事诉讼法第 271 条第 1 款。2012 年修订人民检察院刑事诉讼规则第 492 条。

其三是支持公诉权。世界各国检察机关在其权限配置方面，大多拥有在刑事案件审理程序中出庭支持公诉的职权。① 这里的支持公诉权，具体是指公诉机关提起公诉后，通过指派人员参加法庭审理，在法庭调查和法庭辩论环节提出证据证明自己的控诉主张，从而说服法官接受自己的诉讼主张的追诉权力和职责。根据我国现行刑事诉讼法的规定,② 人民法院审判公诉案件，无论是一般程序还是简易程序，人民检察院都应当派员出席法庭支持公诉。③

其四是变更、追加、补充起诉权。所谓变更、追加、补充起诉权，是指人民检察院在提起公诉后，因特定情形对所提起之诉予以变更、追加或补充的权力。对于此项权力，我国现行刑事诉讼法对变更起诉权并未直接规定，但最高人民法院、尤其是最高人民检察院的相关司法解释作出了较为详细的规定。④

其五是抗诉权。所谓抗诉权，是指检察机关发现或者认为法院的判决、裁定确有错误，从而提请审判机关依法重新审理并予以纠正的权力。根据抗诉所针对判决的不同，抗诉通常又可分为对一审未生效裁判的抗诉和对生效裁判的抗诉。⑤ 针对一审未生效裁判的抗诉，地方各级人民检察院可以主动向其上一级人民法院提出,⑥ 也可应被害人及其法定代理人的请求而提起。⑦ 在已生效裁判的抗诉方面，最高人民检察院对各级人民法院已经发生法律效力的判决和裁定，上级人民检察院对下级人民法院已经发生法律效力的判决和裁定，有权按照审判监督程序向同级人民法院提出抗诉。⑧

综合来看，检察院所拥有的公诉权能相当丰富、且拥有较大的自由裁量权。为了保障人民检察院提起公诉权的正确行使，相关刑事法律规范从立法层面创设了诸多制度。现行刑事诉讼法通过 10 个条文，对人民检察院审查案件时必须查明的内容、审查程序、审查期限、补充侦查、起诉或不起诉决定等方

① 参见陈业宏、唐鸣：《中外司法制度比较》，商务印书馆 2004 年版，第 119 页。

② 参见现行刑事诉讼法第 184 条、第 210 条。

③ 2012 年修订人民检察院刑事诉讼规则第 426 条、第 468 条。

④ 比如 2012 年修订人民检察院刑事诉讼规则第 455 条、第 458 条、第 460 条、第 461 条等。

⑤ 参见陈光中、徐静村主编：《刑事诉讼法学》，中国政法大学出版社 1999 年版，第 376 页。

⑥ 参见现行刑事诉讼法第 217 条。

⑦ 参见现行刑事诉讼法第 218 条。

⑧ 参见现行刑事诉讼法第 243 条第 3 款。

面内容作出了详细的规定。① 加之刑事诉讼法司法解释等法律规范，这在形式上使得刑事公诉程序整体上更加完善、细致。但从司法实务层面来看，由于刑事诉讼立法的不完善、程序理念落后等因素，刑事公诉权的行使依然存在不同程度的被滥用现象。

五、审判监督程序

从检察机关的角度来说，审判监督既是一种职能，又是一种权力。在上述权力的行使方面，检察机关要遵循既定的再审法律程序。由于审判监督程序是事后监督的司法补救措施，具有依法纠错的功能，审判监督程序又可以说是一种特殊的救济程序，"一般来说，从一个国家刑事再审程序的设置上，可以看出这个国家刑事诉讼制度的基本特征"。② 对于刑事审判监督程序，我国通过刑事诉讼法及相关法律、司法解释、规范性文件进行了详细规定。在刑事诉讼法层面，其通过第 241 条至第 247 条对刑事审判监督程序的启动主体、启动要件、再审主体、审理期限等作出了详细规定。在司法审判领域，最高人民法院所颁布的大量司法解释中也大多包含刑事审判监督程序的内容，甚至有些司法解释专门针对刑事审判监督程序而颁布，③ 最高人民检察院自身发布的人民检察院刑事诉讼规则也涵盖审判监督程序方面的内容。④ 应当说，单纯从立法层面来看，围绕刑事审判监督程序而形成的法律规范不可谓不多。

但从司法实践来看，刑事审判监督程序的运行却是出现弊端比较多的一个领域。⑤ 其一，审判监督程序的频繁启动使得司法判决的既判力受到克减，从而引致严重的司法信任危机。根据既判力理论，"有合法管辖权的法院就案件作出终局判决后，在原当事人间不得就同一事项、同一诉讼标的、同一请求再次提起诉讼。法院作出的发生法律效力的判决是最终的决定"。⑥ 但以上述理论观照我国刑事诉讼领域可以发现，由于刑事诉讼法律规范对申诉和申请再审

---

① 参见现行刑事诉讼法第 167～177 条。

② 陈瑞华：《刑事诉讼的前沿问题》，中国人民大学出版社 2000 年版，第 480 页。

③ 典型的如 1998 年颁布的《人民检察院复查刑事申诉案件规定》、2001 年颁布的《关于刑事抗诉工作的若干意见》等。

④ 2012 年修订人民检察院刑事诉讼规则第 14 章第 3 节。

⑤ 某种程度上，刑事审判监督与民事、行政审判监督所面临的境遇类似，受到学术和实务界的广泛诟病。参见虞政平：《我国再审制度的渊源、弊端及完善建议》，载《政法论坛》2003 年第 2 期。

⑥ 薛波主编：《元照英美法律词典》，法律出版社 2003 年版，第 1189 页。

时限和次数规定均不清晰，实践中曾出现一定数量的当事人长期申诉或者以同一理由、同一请求事项重复申诉，结果导致申诉案件久拖不决。就其结果而言，这使得一项生效裁判几乎可以不受任何时间和次数限制而被引发再审，这无疑会对终审裁判的稳定性和权威性产生负面影响。其二，审判监督程序的启动在一定程度上影响了当事人的诉权。从形式法律的角度来说，发起再审的根本理由是“司法错误”。但是，司法错误并非一般意义上的错误，即使存在一般意义上的司法错误也不一定构成发起再审的充足理由。在刑事诉讼法上，由于当事人缺少程序启动的主体资格，无论申诉还是申请再审都不是完整意义上的诉权。① 实践中，申诉和申请再审唯有通过人民法院或人民检察院的职权行为即决定再审或抗诉，才可能启动审判监督程序。因此，从启动刑事审判监督程序整个行为来看，无论是人民法院的决定再审，还是人民检察院的决定抗诉，实质上均处分了当事人的诉权。其三，刑事再审裁判效力的不确定性实质上减损司法认定及裁判的权威性。依照我国现行刑事法律规范的规定，刑事审判监督案件在再审审级乃至再审次数方面不存在具体的法律限制。这使得任何层级的人民法院及相当层级的人民检察院②都有权审查处理当事人提起的申诉，同时有权决定是否启动再审。从司法审判的角度来说，人民法院和人民检察院可以借助上述制度设置对已经一次或数次审判且裁判生效的案件再次再审。如此毫无节制的再审制度，显然会严重制约审判效率、损害司法权威，其实质上是在保障当事人实体权利的名义下侵害了当事人的诉讼权利和实体权利。

有鉴于此，对刑事审判监督程序应当聚焦再审的条件和范围、再审案件的审理程序予以改革。其一是将当事人的申诉和申请再审的权利依照诉权的模式重新定位，合理设计当事人提起再审的形式要件和实质要件。与此相对应的是，应当进一步规范法院受理和审查再审之诉是否成立以及决定是否再审的规则。如此改革的要义在于将当事人的申诉权利转化为再审诉权，从而能够更加平等地保护当事人依法行使申诉权。其二是改革刑事再审案件的运作程序。在此方面，尤为重要的是应当改变由原审法院再审本院审理的案件这一制度设置。比较原审法院而言，上级法院对下级法院具有天然的监督优势，有利于及

① 杨建广、王学成：《刑事再审程序改革研究》，载《河北法学》2007 年第 8 期。

② 现行刑事诉讼法第 243 条第 3 款规定：“最高人民检察院对各级人民法院已经发生法律效力的判决和裁定，上级人民检察院对下级人民法院已经发生法律效力的判决和裁定，如果发现确有错误，有权按照审判监督程序向同级人民法院提出抗诉。”

时纠正错案，充分地保护当事人的诉讼权利和实体权利，也能满足当事人的诉讼心理要求。因此，由上级法院进行再审可以减少当事人的对抗心理。此外，由于再审程序是一种特殊的救济程序，是真正的“终审”，是当事人行使诉讼权利的最后机会，应当选拔实践经验丰富、法学理论功底深厚的法官审理再审案件，以最大限度地实现程序公正和实体公正，体现司法权威。当然，改革还可以涵盖更多具体内容，但无论设置何种完美的程序，其终极目标应当是着眼于解决生效刑事裁判的既判力和个别正义之间的价值冲突问题。① 当下的刑事审判监督之所以出现以上问题，根源在于未对上述价值冲突问题深入考量。事实上，刑事裁判的既判力所表征的刑事司法秩序和个别正义所代表的刑事司法公正都是刑事诉讼的根本要求。如果在司法实践中持其一端，显然会使得上述问题丛生而无从解决。

六、执行监督程序

执行检察监督，是指检察机关依照法律规定对生效裁判执行情况是否合法进行的监督。根据具体判决的不同，执行检察监督又可以分为民事执行监督、刑事执行监督和行政执行监督三种。就其法律渊源而言，执行检察监督的直接渊源是三大诉讼法。具体而言，民事执行监督来源于2012年修订的民事诉讼法第14条。根据该条的规定，人民检察院有权对民事诉讼实行法律监督；② 刑事执行的监督来源于2012年修订的刑事诉讼法第265条。根据该条的规定，人民检察院有权对执行机关执行刑罚的全部活动是否合法实行监督。而且，如果在监督过程中发现存在违法情形，人民检察院还应当通知执行机关予以纠正；③ 行政诉讼的监督来源于2014年修订的行政诉讼法第11条。根据该条的规定，人民检察院有权对行政诉讼实行法律监督。比较三大诉讼法而言，刑事诉讼的执行检察监督相对更加完善。以下，特以刑事诉讼为例，对人民检察院的执行监督程序作一分析。

2012年修订的刑事诉讼法对刑罚的执行以及随之而来的执行监督进行了大幅修改。从修改情况来看，新增及修改的内容非常广泛。2012年修订刑事

---

① 杨建广、王学成：《刑事再审程序改革研究》，载《河北法学》2007年第8期。

② 比较原《民事诉讼法》而言，2012年修订的《民事诉讼法》将人民检察院实行法律监督的对象从民事审判变更为民事诉讼，无疑将民事判决的执行这一民事诉讼的最后一个环节的活动纳入其监督范围，从而使得人民检察院在此方面的监督获得了合法性。

③ 在刑事诉讼方面，本条的内容在2012年修订刑事诉讼法时未作变动。

诉讼法第四编执行的条文从第248条至第265条，共18个条文。[①] 从数量上看，具体条文仅增加了一条，但由于一些条文具体条款增加了内容，该部分整体上的修改内容还是十分丰富的。[②] 概括而言，以上修改内容包括：其一，创设了新的执行方式。根据2012年修订的刑事诉讼法第258条的规定，对于判处特定刑罚（管制、宣告缓刑、假释或者暂予监外执行）的罪犯，依法实行社区矫正，具体由社区矫正机构负责执行。从法律制度衔接的角度来说，以上修改内容契合此前形成的《刑法修正案（八）》。其二，进一步具体化刑罚执行的程序。在生效法律文书的送达时间方面，明确应当由交付执行的人民法院在判决生效之后10日内将相关法律文书送达公安机关、监狱或者其他执行机关。[③] 在被判处剥夺政治权利的罪犯执行期满后的告知方式及对象方面，明确应当由执行机关在执行期满后书面通知本人及其所在单位、居住地基层组织。[④] 在暂予监外执行的对象方面，本次修订有所扩大，涵盖了被判处无期徒刑的罪犯中处于怀孕或者正在哺乳自己婴儿的妇女。[⑤]

与执行程序的修改相对应，2012年修订的刑事诉讼法也对人民检察院的执行监督程序作出了修改。概括而言，修改的内容包括：其一，对人民检察院执行监督的合法性再次予以强调。从刑事诉讼法的角度来说，人民检察院对刑事诉讼活动实行法律监督是一项重要的法律原则。在2012年修订的刑事诉讼法中，其第265条又对这一重要原则再次予以强调。除此以外，本次修订还明确，人民检察院在执行监督过程中，如发现存在违法的情形，还应当通知执行机关予以纠正。[⑥] 从执行监督的角度来说，以上修改使得人民检察院在保障执行监督的效果方面，获得了必要、有效的执行监督方式。其二，对人民检察院执行监督的具体方式进一步丰富。概括刑事诉讼法的修订内容，人民检察院对刑罚执行实行法律监督可以采取的方式包括：一是根据刑罚执行的内容、环

---

① 1996年刑事诉讼法在其第四编“执行”部分共计17个条文（第208条至第224条）。

② 比如，2012年修订的刑事诉讼法第254条第5款、第257条第2款、第3款等，都增加了一些内容。

③ 2012年修订的刑事诉讼法第258条第1款。

④ 2012年修订的刑事诉讼法第259条。

⑤ 2012年修订的刑事诉讼法第254条第2款。

⑥ 2012年修订的刑事诉讼法第265条规定：“人民检察院对执行机关执行刑罚的活动是否合法实行监督。如果发现有违法的情况，应当通知执行机关纠正。”

节、违法性质及情节，有权采取提出书面意见①、提出纠正意见②、发出纠正违法通知书③等形式对执行机关产生间接或直接的约束力；二是有权依法查办刑罚执行过程中执行人员利用职权所实施的玩忽职守、徇私舞弊、滥用职权等犯罪案件；三是针对不符合监外执行条件而违规办理监外执行而产生的受贿犯罪以及其他犯罪，有权依法追究刑事责任。

① 如2012年修订的刑事诉讼法第255条、第256条、第262条。
② 参见2012年修订刑事诉讼法第263条。
③ 参见2012年修订刑事诉讼法第265条。

第五章　司法解释法

司法权运行的过程，同时也是适用法律规范的过程。在此过程中，司法官查明事实，以法律规范予以判别，必然涉及对法律规范的理解、说明与澄清。在具体适用法律过程中，司法机关"对法律规范的内容和含义所作的解答和说明，或者是对法律规范的定义及所使用的概念、术语、定义的进一步说明"，就是本章所指的司法解释。① 因此，司法解释对于司法权的正确、顺畅运行而言，具有重要的价值。大多数国家的宪法和法律对司法解释均从不同角度或层面给予了充分认可和规范，司法解释的宪法地位、功能、具体程序已为各国司法实践所证实。

第一节　司法解释基本理论

从法律实现的角度来说，司法解释是能够保障法律正确适用的重要方式，是行使司法权不可或缺的手段。在我国，司法解释权是司法权的重要组成部分，其在法律体系中亦具有十分重要的地位。20 世纪 80 年代以来，随着司法解释在我国的空前发展，其重要地位和作用已经在法官审理和裁判案件中不断凸显。而且，比较普通法系国家法官不得脱离具体案件对法律进行抽象解释，以及大陆法系国家的司法解释而言，司法解释在我国的重要性在于，大多数司法解释并非是在具体应用法律时，而是在缺失具体案件和具体对象的情形下，直接对某一法律或相关条文所作的系统、全面的解释。就司法实务而言，目前我国最高人民法院的规范解释发挥着与法律同等重要的作用，是我国法院和法官审理案件的直接依据，② 因而是司法裁判的重要规范来源。故此，从发挥司法解释在当下我国重要功能的角度出发，探讨其运行的基本规则具有十分重要的实践意义。

---

① 《中国大百科全书·法学卷》，中国大百科全书出版社 1984 年版，第 537 页。

② 陈春龙：《中国司法解释的地位与功能》，载《中国法学》2003 年第 1 期

一、司法解释的法律渊源

司法解释权是基于司法权而产生的一种权力，依附于司法权而存在。因此，作为“规定国家政体的规则”的宪法尽管未对司法解释权予以详细规定，但对于司法权及行使司法权主体的地位则存在详细规定，“在大多数西方国家，司法解释就是法官对制定法的解释”。① 正因为如此，任何一个国家无不对法院的地位和权力（司法权）予以明确规定，司法权的运行规则同样适用于上述大多数国家。

然而，由于司法权的范围存在不一致，前述情形并不适用于我国。根据现行宪法第 123 条的规定，“中华人民共和国人民法院是国家的审判机关。”现行宪法第 126 条规定，“人民法院依照法律规定独立行使审判权，不受行政机关、社会团体和个人的干涉。”总体上，以上宪法规范明确了我国审判权的权力归属及其运作方式。但审判权仅是我国司法权的一部分，其能否涵盖司法解释权至少在规范层面并不明确。

除了现行宪法之外，与司法解释存在较直接关系的法律规范莫过于 1979 年人民法院组织法第 33 条。② 该条款明确了我国最高人民法院有权进行司法解释，其进行司法解释的具体范围主要是针对审判过程中如何应用法律、法令的问题。历史上，1981 年第五届全国人民代表大会常务委员会通过的《关于加强法律解释工作的决议》则对法律解释、司法解释、行政解释的范围进行了一定程度的区分。在此区分之下，司法解释由最高人民法院和最高人民检察院共享，主要解释审判工作或检察工作中具体应用法律、法令的问题。如果最高人民法院和最高人民检察院解释存在原则分歧，则报请全国人大常委会解释或决定。③ 此外，2006 年第十届全国人民代表大会常务委员会通过的《各级人民代表大会常务委员会监督法》第 31、32、33 条对司法解释运行层面的监督问题作出了规定。

二、司法解释的地位

某种程度上，即使是再完备的法律也难以避免“法律漏洞”现象。在法

---

① 董皞：《司法解释论》，中国政法大学出版社 1999 年版，第 11 页。

② 1979 年《人民法院组织法》第 33 条规定：“最高人民法院对于在审判过程中如何具体应用法律、法令的问题，进行解释。”2006 年修订后的《人民法院组织法》对该条款予以保留。

③ 1981 年《关于加强法律解释工作的决议》第 2 条。

律存在漏洞的情况下，司法解释能够发挥填补漏洞的功能。实际上，由于法律规则乃是对复杂的社会现象进行归纳、总结而作出的一般的、抽象的规定，人们对规则的含义常常有可能从不同的角度进行理解。而每一个法官在将抽象的规则运用于具体案件的时候，都要对法律规则的内涵及适用的范围根据自身的理解作出判断，而此种判断实际上就是一种对法律的解释。此外，成文法本身并非完美无缺，总会存在这样或那样的漏洞，因此，法律解释对任何法律的适用都是必不可少的。尤其是在司法过程中，更需要对法律规范作出明确的解释，从而正确地适用法律和公正地裁判案件。

在我国，社会主义法律体系业已初步建立。但从司法解释的角度来说，不仅是在今天社会主义法律体系初步确立的情形下，而且是在今后立法相对健全的情形下依然需要司法解释。其原因在于，司法解释拥有立法乃至立法解释不可取代的重要地位：

其一，司法解释是法院正确适用法律的规范来源。某种程度上，成文法固有的抽象性和一般适用性决定了，法律只有通过解释才能够得以适用。某种程度上，法律所调整的社会关系是发展的。面对纷繁复杂的客观事物，任何完备的法律都不可能将社会经济生活、政治生活完全囊括。具有相对稳定性的法律直面千变万化的客观事物，往往显得捉襟见肘。由于受到立法技术等的影响，现有法律规则有许多不明确、不具体的地方，很多规定甚至由于过于笼统、抽象，或者模棱两可、弹性过大而难以得到准确适用。① 在此方面，司法解释具有更强的操作性，为法院正确适用法律提供了保障。根据最高人民法院 1997 年制定的《关于司法解释工作的若干规定》的规定②，最高人民法院以“解释”的方式对如何应用某一法律或对某一类案件、某一类问题如何适用法律作出解释，会对相应的审判领域产生直接的影响。如 2004 年 5 月 1 日开始实施的《最高人民法院关于审理人身损害赔偿案件适用法律若干问题的解释》就在具体的司法审判领域发挥着极其重要的作用。在该解释出台前，由于《民法通则》及其补充规定只是对人身损害进行了原则性的规定，并未规定损害赔偿的具体标准和范围等诸多细节，这导致人民法院在审理该类案件时由于

① 参见吴展：《晚近 WTO 法的发展与我国海关立法之因应》，载《国际商务研究》2011 年第 2 期。

② 2007 年 4 月 1 日最高人民法院《关于司法解释工作的规定》施行，1997 年《关于司法解释工作的若干规定》同时废止。

无法确定统一的尺度和标准往往无所适从。在该解释出台后，大量有关人身损害赔偿的案件依照该司法解释予以审理，从而及时、公正地裁决人身损害赔偿案件，使得当事人的合法权益得到有力的保护。就此而言，司法解释与其所解释法律之间在法律效力层面是相同的。

其二，司法解释是保障司法公正的重要制度。立法的疏漏，以及规则的过于原则和抽象所带来的负面后果在于，它在给法官适用法律造成了障碍的同时，也为法官留下了过大的自由裁量空间。凭借以上裁量空间以及各种法外因素对法官的影响加重，司法法律规范对法官的约束力减弱，判决的公正性因此更难以保障。法官对规则的适用享有极大的自由裁量权，无疑会增加作出不公裁判的可能性。直面以上状况，较为可行的应对方法是加强司法解释，使得法律规则具体、明确，法律漏洞也能够得以弥补。以《最高人民法院公报》选登的部分裁判文书为例，2006年至2008年，《最高人民法院公报》选登的77份裁判文书中，总共38份援引了最高人民法院的司法解释。① 在此路径下，司法解释一定程度上对法院的裁判活动予以拘束，能够严格限制法官过大的自由裁量权、保障公正裁判，从而实现法的确定性价值。

其三，司法解释是法律不断发展的重要途径。作为调节社会关系的规则，法律规范在保持稳定的基础上也需要因应社会的变化而不断完善。在此方面，司法解释也是一国法律发展的重要途径：一方面，社会的发展会对法律规则的完善提出要求，而提出要求通常是通过相应的司法诉讼活动来完成的，这为社会需要和司法解释之间的互动提供了可能性。同时，法律规则也只有借助司法活动适用于具体个案才能使其所应具有的价值得以验证。因此，如果法律规则与社会发展的实际需要脱节，而立法又不可能及时修改，则需要灵活的司法解释来弥补法律的缺陷。另一方面，司法解释的运用为法律规则的制定提供了可靠的实证经验。司法解释以法律的适用经验为基础，从行之有效的司法解释中所形成的法律规则，必然能够在司法适用中得到有效适用。就此而言，如果我们将法律的立、改、废比作法律发展与完善过程中的质变的话，那么司法解释就是这种质变前的量的累积。②

---

① 参见刘晓宏：《最高人民法院司法解释权力、程序、文件研究》，吉林大学2012届博士论文，第2页。

② 董皞：《司法解释论》，中国政法大学出版社1999年版，第24~26页。

三、司法解释的功能

某种程度上，司法解释的形成并不是法律文本的一种自然生长过程。① 换言之，居于司法审判机制中的法律文本应用转化过程，并非自然而然地生成、衍化、结晶出司法解释。对于作为法律文本的一种延伸表达方式的司法解释而言，解释者的解释动机、价值偏好、重点预设、方法选择和表述特点等，在很大程度上决定了一个司法解释以何种特定的内容出现。在司法解释的形成机制中，同一法律文本因为解释者的主体条件和主观选择的不同，可以衍生出不同的司法解释内容。同时，置于整个法治图景之中，司法解释者之所以能动地创设出具体的司法解释，是由于其可以发挥独特的功能。

其一是阐明法律含义的功能。在立法过程中，任何法律的制定都会对法律规范的可操作性予以关注，但即使是那些法律条文具体、明确的法律规范实施于社会领域，依然会因为过于抽象、笼统或者弹性过大而难以得到准确适用。有鉴于此，司法解释借助于对立法意图的理解和案件事实的法律分析，从所适用法律条文中厘清法律的本来含义，从而会使得所适用的法律条文更具体、明白。

其二是发展法律的功能。面对千变万化的社会时，相对稳定的法律常显得捉襟见肘而遭遇尴尬。法律的以上尴尬境地，根源于被徐国栋先生在其《民法基本原则解释》一书中称之为成文法的局限性，具体表现为不合目的性、不周延性、模糊性、滞后性。② 本质上，成文法的这些局限性是其先天不足，必须经过后天的矫正和弥补，而后天矫正和弥补的方式就是司法解释。在此方面，司法解释的功能主要表现为司法解释具有立法功能、替代法律的功能乃至扩展与补充法律的功能。某种程度上，我国目前的司法解释具有立法效能，即最高人民法院可以通过制定属于立法性质的规范，以便在审判实践中予以适用，③ 这是我国司法解释的重要特征。同时，司法解释不会直接引用法律规定，因此司法解释必然与法律规定不同。如果同一法律问题既存在法律，又有司法解释时，法官往往会直接适用司法解释，而不适用法律。如果说司法解释

---

① 陈甦：《司法解释的建构理念分析——以商事司法解释为例》，载《法学研究》2012 年第 2 期。

② 徐国栋：《民法基本原则解释》，中国政法大学出版社 1992 年版，第 137 ~ 143 页。

③ 林峰、王书成：《司法式立法及制度反思——以〈劳动合同法〉等法律的实施为分析样本》，载《法学》2012 年第 3 期。

的规定与法律规定一致时，适用问题实质上不存在冲突。但司法解释与法律规定不一致时，此时适用司法解释无疑是在替代法律。此外，立法者立法技术的落后反映在法律上会产生法律滞后或盲目超前、法制不协调、法律有缺陷等问题。通过司法解释的扩展与补充功能，有助于增强法律的稳定性，同时又能够使得更多的社会关系得到法律的调整与规范。

在美国司法历史上，1905 年发生的洛克纳诉纽约州案就充分说明了美国联邦最高法院所作司法解释的重要功能，它在宪法规范的稳定性和社会的变动不居之间发挥了较好的调适功能。1897 年，美国纽约州通过了一部劳动法，其中第 115 节第 8 条对面包房工人的劳动时间作出了具体规定，禁止雇主雇佣面包房工人每天工作超过 10 小时以及每周超过 60 小时。就该部法律的积极作用而言，其显然有利于维护工人的身体健康，且有利于工人获得公平合理的待遇。然而，坚持绝对自由主义经济的人士却反对该法律，认为这是政府对市场经济的不正当干预。由于该法颁布之后对小面包房业主影响最大，他们中的洛克纳由于要求工人每周工作 60 小时以上而被指控违反了该法被州政府罚款 50 美元。洛克纳首先在州法院起诉，败诉后又上诉到联邦最高法院。洛克纳认为，纽约州所制定的限制面包房工人劳动时间的法律违反了宪法第 14 修正案中“正当法律程序条款”所保障的“契约自由”。在具体判决方面，联邦最高法院以 5∶4 的微弱多数勉强通过了判决，认为纽约州的法律必然干涉雇主和雇员之间有关工时的权利，制定和企业有关合同的普遍权利是受联邦宪法第 14 修正案保护的个人自由的一部分。但是，持异议意见的法官霍姆斯表达了他对“正当程序条款”的深刻理解。在霍姆斯看来，法律应当是流动的、并非一成不变，因此，应当推动法律因应变化了的社会现实和条件。尽管霍姆斯的见解并未成为当时的主流观点被最高法院所采纳，但在 1937 年后却被联邦最高法院采纳并广为推广。霍姆斯以上见解的变迁过程，充分说明了司法解释发展法律的具体功能。

其三是实现法律的功能。某种程度上，承认法官在一定范围内的法律解释权或补充立法权是实现法律目的的需要，“法官在法无明文规定时填补法律漏洞，或者在法律规定不明确或相冲突以及在旧法落后于社会现实时，根据社会正义、衡平理念、法律原则等进行创造性解释或创制新判例，其裁决早已超出某一具体案件的范畴”。① 只不过，这里一个担忧在于：承认法律漏洞和法官可以补漏，是否会形成司法权介入立法权的规模化运作并取代立法机关的立法

① 参见左卫民：《法院制度功能之比较》，载《现代法学》2001 年第 1 期。

职能。有效地回应上述担忧，客观上需要对法官“造法”施加一定的限制，即允许其在什么情况下怎样去填补法律漏洞。同时，司法机关所造之法，不得与法律的基本原则相抵触，立法机关还可以通过立法废止、修改司法机关所造之法。

其四是统一法律适用的功能。在我国现有法律解释体系中，除行政解释外，司法解释在其数量上要远远多于人大所进行的法律解释。数量庞大的司法解释成为各级法院的裁判依据，从而推进了法律的统一适用。根据最高人民法院《关于司法解释工作的规定》，司法解释与有关法律规定一并作为人民法院判决或者裁定的依据时，应当在司法文书中援引。并且，援引司法解释作为判决或者裁定的依据，应当先引用适用的法律条款，再引用适用的司法解释条款。① 以上规则安排一方面解决了司法解释与所解释法律之间可能存在的规则不确定性问题，又对具体法律适用领域的规则作出了统一安排，使得相应的法律规范能够最大程度地统一适用。

如前所述，我国司法解释与大多数西方国家不同的是，其并非法官个人在裁判中就法律适用所作的解释。此外，我国司法解释历来承担着弥补法律规定不足和使法律的原则性规定具体化的任务。因此，我国的司法解释与国外的重要区别在于，它主要不是针对具体案件中适用法律问题而由法官所作的解释，而往往是就某一类法律的适用或某一类案件所适用的法律，而由最高人民法院或最高人民检察院所作的解释。在具体运作过程中，它不是通过具体判决而确定，而是直接由最高人民法院或最高人民检察院以文件的形式发布的。正因为如此，我国司法解释具有十分突出的抽象性和一般性的特点。置于司法实践的语境当中，以上抽象性和一般性较强的司法解释因此产生了解释主体混乱、解释内容立法化、解释行为缺少规范等问题。②

解决以上问题需要我们针对司法解释进行诸多改革，如推进司法解释的规范化、完善司法权运行的良好机制建设等，但最根本的还是从司法权的本质出发厘清立法和司法的关系，使立法的归立法，司法的归司法。从司法权的内部构成来看，其可以被分解为司法解释权、司法审判权、司法监督权与司法调解

---

① 最高人民法院《关于司法解释工作的规定》第 27 条。

② 王晓路：《论我国的司法解释现状及完善建议》，吉林大学 2010 届硕士论文，第 10～15 页。

权四项子权力。① 在以上四项子权力方面，由于后三项子权力的运行很多时候都涉及具体个案，比较而言司法解释权由于其解释对象通常为抽象的法律规范而与人大的法律实施监督权限存在更为密切的联系。就人大法律监督权的运行而言，尽管相关法律规定了执法检查的监督方式，但由于执法检查的内容、方式和具体程序尚不明晰，执法检查在具体实践层面尚未发挥出应有的影响力。与此相对应的是，司法解释及司法权运行领域的诸多规范性文件，作为司法权运行主体适用法律过程中对法律规范理解的集中提炼，应当成为人大法律实施监督权的重要对象。此外，借鉴最高人民法院最近推出的案例指导制度，也能够弥补司法解释的不足，并配合司法解释发挥其应有作用。② 同时，司法解释今后的发展方向如向个案聚焦，比如针对最高人民法院亲自审判案件所涉及法律适用问题，抑或地方各级人民法院要求最高人民法院就法律适用作出答复和解释的案件等，可能会发挥类似案例指导制度甚至超越该制度的实际效用。

第二节　司法解释的主体与程序

无论是何种法系的国家，司法解释都是以法律适用为基础而形成的解释。在此意义上，司法解释具有较强的法律适用特性，客观上要求较强的法律理解水平和司法经验。正因为如此，司法解释由何种机关或个体作出也是一个重要的司法问题。此外，由于司法解释尽管在许多国家比如我国不是立法，但其在具体司法实践中又担负极为重要的作用，司法解释的生成过程客观上也需要遵循严格的法律程序。

一、司法解释的主体

司法解释的主体问题，亦即由谁来进行法律解释并使抽象的法律与具体的案件相适应的问题。对于司法解释而言，司法解释主体具有重要地位，“司法解释是司法解释主体的活动，这种活动是司法解释主体主观意识见之于客观内容的东西，解释对象和解释内容是客观的，但它是由具有主观能动性的解释者——人——所理解和表达，解释者的主观意识必然贯穿解释活动的全过程，

---

① 参见周叶中：《司法行为模式论——以行为理论为视角》，载《河南财经政法大学学报》2012 年第 1 期。

② 王利明：《我国案例指导制度若干问题研究》，载《法学》2012 年第 1 期。

解释者的主观意识也必然会渗透到解释对象中去并在解释内容中得到反映。"①

但是，在有关司法解释主体的具体规定方面，我国与西方国家存在显著不同。② 在普通法系国家，法官享有对所审案件的法律解释权，这实际上是法官固有的一项权力，"虽然在普通法系中立法的作用得到普遍承认，而且也有大量的成文法规存在，但是，对我们来说，普通法是由法官创造和建立起来的。并且我们一直认为，立法仅起一种辅助的作用。"③ 在大陆法系国家，法官尽管只能严格依照成文法的规定来审理案件，无法对法律内容予以解释。但是，"毫无疑问，———规则是地道的法官创造物，但是要法官承认他在司法活动中起到了完全创造性的作用，却是难上加难。———法官不喜欢让人感到自己是在创造法律规则。当然，实践中他们的确是在创造；法官的职能不是也不可能是机械的适用确定的规则。但是法官却千方百计的要让人感觉到他们是在适用某项制定法"。④ 换言之，比较普通法系国家的法官而言，大陆法系国家的法官只能在规范层面上解释法律，而不能超出立法原意，更不能创制法律。

在我国，根据1981年6月10日全国人大常委会颁布的《关于加强法律解释工作的决议》，"凡属于法院审判过程中具体应用法律、法令的问题，由最高人民法院进行解释。凡属于检察院检察工作中具体应用法律、法令的问题，由最高人民检察院进行解释"。据此，我国司法解释的主体是最高人民法院和最高人民检察院。司法解释主体的必要性、重要性存于三个方面：其一，司法解释的主体是司法解释运作的必要条件。就法律本身而言，其只不过是一种抽象的符号，不可能自己自动适用于具体的案件。同时，法律也不可能对自己作出解释，事实也无法主动与法律结合。⑤ 其二，司法解释主体是司法解释运作的核心条件。从司法解释过程来看，其具体运作表现为司法解释主体进行的各种有意识活动，而不是像机器一样在进行相关的机械性操作。一定程度上，司法解释的主体决定了司法解释的运作方式和目的，亦即公平、正义的法律理念能否在个案中得以体现。由是，司法解释主体就成为核心要素，司法解释主体所发挥的功能无法忽视。⑥ 在司法解释运作过程中，司法解释主体的法律认

---

① 董皞：《司法解释论》，中国政法大学出版社1999年版，第203页。

② 参见庄广彦：《论司法解释的主体》，载《科技信息》2010年第33期。

③ [美] 约翰·亨利·梅利曼：《大陆法系》，法律出版社2004年版，第34页。

④ [德] K. 茨威格特、H. 克茨：《比较法总论》，潘汉典等译，贵州人民出版社1992年版，第233页。

⑤ 董皞：《司法解释论》，中国政法大学出版社1999年版，第203页。

⑥ 董皞：《司法解释论》，中国政法大学出版社1999年版，第203页。

知、价值取向、社会阅历、政治立场等主观因素都将极大地影响到司法解释运作的效果。其三，司法解释的主体是司法解释运作的发展条件。法律存在自身的局限性。在以上众多局限性当中，滞后性是其主要表现。面对漏洞百出的法律，司法解释主体不可能坐等立法者来完善而拒绝对案件作出裁判。在此情形下，司法解释主体必须从法律的原则、精神出发去发展、完善法律以使之适用于具体个案。

综上所述，从司法解释主体重要性的角度来看，应当确定准确、适当的司法解释主体。唯有如此，司法解释权才能够正确行使，司法所代表的公平正义才能够得以实现。但在我国，有关司法解释主体的认识实际上存在不同的认知，① 观点的区别在于司法解释主体的数量以及法官是否有权进行司法解释。如果仅从法律规范来看，我国的司法解释可以说是以最高人民法院和最高人民检察院作为法定解释主体，非司法机关不具有司法解释权，处于下级序列的司法机关即地方法院和地方检察院也非正当主体。由此产生的问题在于，由于宪法所规定的审判机关和检察机关的职能存在差别，二者在行使司法解释权时对同一问题可能因理解不同而作出不同的解释，从而在法律适用方面产生冲突而影响法制统一。而且，由于最高人民法院和最高人民检察院各自发布的司法解释均只在本系统内有约束力，在审理案件时，人民法院对于检察机关发布的司法解释往往拥有较强的裁量余地。上状况无疑会造成法律适用上的不统一乃至混乱。② 从司法权运行的角度来看，以上混乱及无序状况应得到有效的规制。

二、司法解释的程序

在司法解释主体由法院承担的判例法国家，司法解释程序与审判程序同步，司法解释只是审判案件的附属产品，因此不存在独立的司法解释程序问题。由于我国的司法解释带有较强的司法式立法的特点，且存在诸多问题，司法解释程序实际上成为一个十分重要的问题。但从司法解释的实践来看，直到1997年之前，还没有关于司法解释程序的规定，且在具体实践当中也不存在一套相对固定的操作办法。③ 规范缺失所造成的问题在于，它使得司法解释因程序上的不明晰而陷入一种操作中的混乱：比如有些司法解释是经过最高人民

① 罗娟：《我国司法解释问题研究——以最高人民法院的司法解释为研究对象》，北方工业大学2007届硕士论文，第6页。

② 参见李新华：《论司法解释权》，湖南师范大学2009届硕士论文，第41页。

③ 董皞：《司法解释论》，中国政法大学出版社1999年版，第221页。

法院审判委员会讨论通过，有些则是由最高人民法院的有关业务部门如研究室、经济庭或民庭单位作出的。统一、明晰的司法解释程序为实践所客观需要。

（一）司法解释程序的规范变迁

从规范变迁的角度来说，1997 年 6 月 23 日制发的最高人民法院《关于司法解释工作的若干规定》（以下简称《若干规定》）是第一次对司法解释程序问题予以明确规定。概括而言，司法解释程序包括立项、起草、审核、通过、发布、补充、修改或废止六个程序。立项环节由最高人民法院各审判业务庭、室，根据审判工作中应用法律的问题提出意见，经研究室协调之后分别报请分管副院长批准。最高人民法院审判委员会如认为需要作出司法解释，可由有关审判业务庭、室直接立项；起草环节由最高人民法院各审判业务庭、室负责；审核是将经论证、修改的司法解释草案送研究室协调提出意见后，由起草部门报请分管副院长审核；通过必须经审判委员会讨论后才可能产生；发布应以最高人民法院公告的形式在《人民法院报》上公开发布，并下发各高级人民法院或地方各级人民法院、专门人民法院；补充、修改或废止由原起草司法解释的审判业务庭、室提出具体意见，依照司法解释的制作程序予以办理。

2007 年 3 月，最高人民法院审判委员会讨论通过的《关于司法解释工作的规定》，在其内容上取代了 1997 年的《若干规定》以及以前发布的一些零散规定。该规定从司法解释制度面临的实际情况出发，重点解决司法解释的程序不规范和监督机制不严密的问题，成为我国当下司法解释工作的基本依据。综合 2007 年《关于司法解释工作的规定》来看，其主要贡献在于：其一，明确了司法解释制度的基本问题。此处的基本问题包括解释对象为人民法院在审判工作中具体应用法律的问题，司法解释应当符合法律和有关立法精神并结合审判工作实际需要，司法解释应当经审判委员会讨论通过，司法解释具有法律效力等。其二，将司法解释的形式分为“解释”、“规定”、“批复”和“决定”四种，分别适用于不同的情形。其三，司法解释的立项来源包括最高人民法院审判委员会提出制定司法解释的要求，最高人民法院各审判业务部门提出制定司法解释的建议，各高级人民法院提出制定司法解释的建议或者对法律应用问题的请示，全国人大代表和全国政协委员提出制定司法解释的议案和提案；有关国家机关、社会团体或者其他组织以及公民提出制定司法解释的建议等。

（二）司法解释的生成程序

司法解释应当根据法律和有关立法精神，结合审判工作的实际需要制定。经最高人民法院发布的司法解释具有法律效力。在司法解释的形式方面，可以采用“解释”、“规定”、“批复”、“决定”四种类型。① 每种类型的司法解释分别针对不同情形：“解释”是指在审判工作中如何具体应用某一法律或者对某一类问题如何应用法律规定的司法解释；“规定”是指根据立法精神对审判工作中需要制定的规范、意见等司法解释；“批复”是指针对高级人民法院、解放军军事法院就审判工作中具体应用法律问题的请示制定的司法解释；“决定”则适用于修改或者废止司法解释。当然，每种类型的司法解释，其所涉及的相关主体不同，具体解释程序也存在差异。

1. 立项

所有司法解释都应当立项。在立项的来源方面，其可以来自最高人民法院审判委员会的要求，最高人民法院各审判业务部门的建议，高级人民法院、解放军军事法院提出制定司法解释的建议或者对法律应用问题的请示，全国人大代表、全国政协委员提出制定司法解释的议案、提案，有关国家机关、社会团体或者其他组织以及公民提出制定司法解释的建议，或者最高人民法院认为需要制定司法解释的其他情形。如果是基层人民法院和中级人民法院认为需要制定司法解释的，则应当层报高级人民法院，由高级人民法院审查决定是否向最高人民法院提出制定司法解释的建议或者对法律应用问题进行请示。② 审查决定是否立项的主体是研究室，如果是司法解释的通过主体即最高人民法院审判委员会要求制定司法解释，则由研究室直接予以立项，其他来源的司法解释立项则由研究室审查是否予以立项。对于最高人民法院各审判业务部门拟制定“解释”、“规定”类司法解释的，应当于每年年底前提出下一年度的立项建议送研究室。研究室收到立项建议后进行汇总，并以此为基础草拟司法解释年度立项计划，经分管院领导审批后提交审判委员会讨论决定。如因特殊情况，需要增加或者调整司法解释立项的，有关部门提出建议，由研究室报分管院领导审批后报常务副院长或者院长决定。如系最高人民法院各审判业务部门拟对高级人民法院、解放军军事法院的请示制定批复的，应当及时提出立项建议，送研究室审查立项。司法解释立项计划应当包括以下内容：立项来源，立项的必

① 2007 年最高人民法院《关于司法解释工作的规定》第 6 条。

② 2007 年最高人民法院《关于司法解释工作的规定》第 10 条。

要性，需要解释的主要事项，司法解释起草计划，承办部门以及其他必要事项。司法解释应当按照审判委员会讨论通过的立项计划完成。未能按照立项计划完成的，起草部门应当及时写出书面说明，由研究室报分管院领导审批后提交审判委员会决定是否继续立项。

2. 起草与报送

在司法解释的起草方面，具体工作由最高人民法院各审判业务部门负责。如系涉及不同审判业务部门职能范围的综合性司法解释，由最高人民法院研究室负责起草或者组织、协调相关部门起草。① 起草司法解释，应当深入调查研究，认真总结审判实践经验，广泛征求意见。如系涉及人民群众切身利益或者重大疑难问题的司法解释，经分管院领导审批后报常务副院长或者院长决定，可以向社会公开征求意见。在形成司法解释送审稿后，应当将其送交全国人民代表大会相关专门委员会或者全国人民代表大会常务委员会相关工作部门征求意见。此外，司法解释送审稿在提交审判委员会讨论前，起草部门应当将送审稿及其说明送研究室审核。司法解释送审稿及其说明应当包括：立项计划、调研情况报告、征求意见情况、分管副院长对是否送审的审查意见、主要争议问题和相关法律、法规、司法解释以及其他相关材料。研究室在审核司法解释送审稿方面，主要审核以下内容：② 是否符合宪法、法律规定；是否超出司法解释权限；是否与相关司法解释重复、冲突；是否按照规定程序进行；提交的材料是否符合要求；是否充分、客观反映有关方面的主要意见；主要争议问题与解决方案是否明确；其他应当审核的内容。在具体期限方面，研究室应当在1个月内提出审核意见。如果研究室认为司法解释送审稿需要进一步修改、论证或者协调的，应当会同起草部门进行修改、论证或者协调。③ 研究室对司法解释送审稿审核形成草案后，由起草部门报分管院领导和常务副院长审批后提交审判委员会讨论。

3. 讨论

最高人民法院审判委员会应当在司法解释草案报送之次日起3个月内进行讨论。逾期未讨论的，审判委员会办公室可以报常务副院长批准延长。④ 讨论

① 2007年最高人民法院《关于司法解释工作的规定》第16条。
② 2007年最高人民法院《关于司法解释工作的规定》第20条。
③ 2007年最高人民法院《关于司法解释工作的规定》第21条。
④ 2007年最高人民法院《关于司法解释工作的规定》第23条。

的结果可以是通过、原则通过或者决定进一步论证、暂缓讨论或撤销立项。① 如司法解释草案经审判委员会讨论通过，则由院长或者常务副院长签发。司法解释草案经审判委员会讨论原则通过的，则由起草部门会同研究室根据审判委员会讨论决定进行修改，报分管副院长审核后，由院长或者常务副院长签发。如果审判委员会讨论认为制定司法解释的条件尚不成熟，则可以决定进一步论证、暂缓讨论或撤销立项。

4. 发布、施行与备案

司法解释以最高人民法院公告形式发布，并应当在《最高人民法院公报》和《人民法院报》刊登。在生效时间方面，除另有规定的之外，司法解释自公告发布之日起施行。司法解释应当自发布之日起30日内报全国人民代表大会常务委员会备案。备案报送工作由办公厅负责，其他相关工作由研究室负责。② 在司法解释的适用方面，如人民法院将施行后的司法解释作为裁判依据，则应当在司法文书中援引。如果人民法院同时引用法律和司法解释作为裁判依据，则应当先援引法律，后援引司法解释。③ 最高人民法院对地方各级人民法院和专门人民法院在审判工作中适用司法解释的情况进行监督。上级人民法院对下级人民法院在审判工作中适用司法解释的情况进行监督。

（三）司法解释的监督程序

对于人民法院而言，上下级之间的监督与被监督关系自然涵盖司法解释的运作情况。人民法院之外的主体要监督司法解释，其具体法律依据主要体现为《各级人民代表大会常务委员会监督法》。在内容上，《各级人民代表大会常务委员会监督法》共有两个条文直接涉及对最高人民法院司法解释进行监督的问题。该法第32条规定，国务院、中央军事委员会和省、自治区、直辖市的人民代表大会常务委员会认为最高人民法院、最高人民检察院作出的具体应用法律的解释同法律规定相抵触的，最高人民法院、最高人民检察院之间认为对方作出的具体应用法律的解释同法律规定相抵触的，可以向全国人民代表大会常务委员会书面提出进行审查的要求，由常务委员会工作机构送有关专门委员会进行审查、提出意见。如果是前述规定以外的其他国家机关和社会团体、企业事业组织以及公民认为最高人民法院、最高人民检察院作出的具体应用法律

---

① 2007年最高人民法院《关于司法解释工作的规定》第24条。

② 2007年最高人民法院《关于司法解释工作的规定》第26条。

③ 2007年最高人民法院《关于司法解释工作的规定》第27条。

的解释同法律规定相抵触的，可以向全国人民代表大会常务委员会书面提出进行审查的建议，由常务委员会工作机构进行研究，必要时，送有关专门委员会进行审查、提出意见。该法第33条规定，全国人民代表大会法律委员会和有关专门委员会经审查认为最高人民法院或者最高人民检察院作出的具体应用法律的解释同法律规定相抵触，而最高人民法院或者最高人民检察院不予修改或者废止的，可以提出要求最高人民法院或者最高人民检察院予以修改、废止的议案，或者提出由全国人民代表大会常务委员会作出法律解释的议案，由委员长会议决定提请常务委员会审议。

第三节 司法解释的方法

究其本质而言，司法解释是具有一定主观性的认识活动。司法解释主体对法律规则的理解以及其所具有的司法经验各有差异，对同一部法律或同一个法律条文的阐释也存在差别。如此，选择何种方法解释法律，不同方法下的司法解释之间的关系如何处理。凡此种种，都应通过相应法律制度予以解决。

一、司法解释方法之类型

对于司法解释的具体方法，法学理论界多有论述。德国法学家萨维尼首倡文理、论理、体系和历史四种解释方法。我国学者主张，解释方法分为文意解释和论理解释，论理解释可分为体系解释、法意解释、扩张解释、限缩解释、当然解释、目的解释和合宪性解释。① 概括而言，司法解释方法主要包括：

其一，文意解释。文意解释是指依照法律条文用语的字面意义以及通常的使用方式，而不考虑立法者意图、社会功能、道德价值等因素的解释方法。其特点在于：司法解释主体在解释法律条文时不用考虑其他相关联的因素。如此解释的优点在于，它能够保证严格按照法律条文的词义或语法结构来说明其含义。文意解释作为一种最为基础的解释方法，“是法官探寻意义的出发点，同时也划定出其解释活动的界限”。② 在解释方法的具体应用方面，文意解释能够有效地防止对法律条文作扩大解释。比如，我国现行刑法第232条规定，故意杀人的，处死刑、无期徒刑或者10年以上有期徒刑；情节较轻的，处3年以上10年以下有期徒刑。依照文意解释方法，这里的“杀人”就特指非法地

---

① 梁彗星：《民法解释学》，中国政法大学出版社1995年版，第214页。

② 参见陈爱娥：《法学方法论》，商务印书馆2003年版，第200页。

剥夺他人生命的行为，而不包括那些基于正当防卫等合法剥夺他人生命的情形。

其二，论理解释。论理解释又称目的解释，是指综合考量法律制定的原因、理由或沿革等与法律有关的事物，从而对法律作出超越文字含义的解释。根据具体解释方法的不同，论理解释又可分为体系解释、法意解释、扩张解释、限缩解释、当然解释等。实际上，在司法解释领域，论理解释的应用极为广泛。之所以如此，是因为“相对于法律解释方法的选择和确定，对法律解释目的的考虑具有前置性——法律解释方法的基本含义之一就是达到解释目的的可行路径，因此，当我们面对一个法律文本考虑如何解释法律或以什么方法解释法律时，我们首先应该问自己为什么要解释法律，解释法律的目的是什么”?①

其三，历史解释。历史解释又称法意解释，是指借助对立法相关历史资料的研究，从而探寻出立法者当时立法意图的解释。在具体应用方面，历史解释“力图从法律规定发生时的上下文中确定规范要求的内容和规范目的。它涉及在规范产生时发挥共同作用的各种情况和影响因素。”② 由于历史解释对立法者意图的关注，其价值往往在法律制定初期较为明显，但随着法律实施的逐步推进，其自身的说服力也逐渐消退。

其四，比较法解释。比较法解释，是指引用其他法律的规定或者其他国家或地区的立法例及判例学说作为一项参考因素，提炼出体现在其中的共同法律精神，以便阐释被解释者条文意义与内容的解释。以我国刑事法律为例，《关于惩治贪污罪贿赂罪的补充规定》第3条第1款规定：“挪用救灾、抢险、防汛、优抚、救济款物归个人使用的，从重处罚。”由上述条文的具体内容可知，刑法第185条③中所含“挪用”仅指涉挪为集体他用，而不包括挪为个人所用。

二、司法解释方法之位阶

无论是将司法解释理解为一种个体主义主导还是集体主义主导的司法权运

① 张志铭：《法律解释的操作分析》，中国政法大学出版社1998年版，第96页。

② ［德］魏德士：《法理学》，丁晓春等译，法律出版社2005年版，第331页。

③ 现行刑法第185条规定：“商业银行、证券交易所、期货交易所、证券公司、期货经纪公司、保险公司或者其他金融机构的工作人员利用职务上的便利，挪用本单位或者客户资金的，依照本法第二百七十二条的规定定罪处罚。”

行行为，其都是一种具有较高司法技艺属性、同时存在高度司法裁量权运作的领域，因此，不同的司法解释方法之间就必然存在一个适用方面的位阶高低问题。一般而言，司法解释领域选择司法解释方法的位阶次序应当是文意解释—论理解释—合宪性解释。

首先，文意解释应当是司法解释的首选方法。文意解释的要旨在于，司法解释过程中应当把追求文意当成法律解释的起点和终点。由于立法是立法者汇聚社会公众意志的民主过程，① 法律条文的字面含义具有被社会公众共同认可的性质，也就可以推定其含义为立法者所认可。其原因在于：立法者是社会公众的代表，其意志本身就代表了社会公众的意志，立法者通过法律条文的文字将法律规则制定出来，对于这种法律条文的文字含义，公众共同认可的含义当然也就是立法者所认可的含义。法律文本是立法者意志的载体，是立法者意志的体现，是司法解释主体和立法者进行意思交流的媒介。在上述交流过程中，如果涉及不同的解释方法，则文意解释应当是首先应予考虑使用的方法。② 只有在具有排除文意解释的理由时，才可以放弃文意解释。文意解释具有优先性，即只要法律措辞的语义清晰明白，且这种语义不会产生荒谬结果，就应当优先按照其语义进行解释。③ 此种司法解释方法下，司法解释者的思维方式是根据法律对法律条款和事实的法律意义予以说明。应当说明的是，文意解释不等于完全依照文字的字面含义予以解释，而是指在探讨文字处于法治语境下应当是什么意义。因此，法律解释不能超越其可能的文意，否则就会使得其超越法律解释的范畴，而进入到另一种意义的造法活动之中。④

其次，论理解释应当是司法解释的辅助方法。某种程度上，司法权之运行是法律解释的艺术，司法权运行过程中的各种司法行为都不应当逾越宪法、法律之边界，偏离司法权运行应有之技艺理性。⑤ 在诸种司法解释方法中，文意解释尽管能够较好地体现立法原意，但在司法权的具体运行中并不具有普遍有效性，因此而具有一些天然的缺陷，⑥ 从而不得不适用论理解释方法。实践

---

① 参见吴展：《论立法民主的程序保障——以地方立法为视角》，载《南昌大学学报》（社会科学版）2012 年第 2 期。

② 参见梁慧星：《民法解释学》，中国政法大学出版社 1995 年版，第 428 ~ 429 页。

③ 孔祥俊：《法律解释方法与判解研究》，人民法院出版社 2004 年版，第 325 页。

④ 王泽鉴：《法律思维与民法方法》，中国政法大学出版社 2001 年版，第 220 页。

⑤ 参见吴展：《司法权规约体系研究》，武汉大学 2012 届博士论文，第 12 页。

⑥ 参见孙晋琪、蒋涛：《论刑法司法解释方法》，载《江苏警官学院学报》2009 年第 4 期。

中，上述缺陷有可能表现为词语的字面含义具有多种，但在适用规范时无法依照字面的所有含义予以解释，从而必须作出某种限缩。同时，缺陷还可能表现为某些词语的字面含义相当确定，但如果依照这样的字面含义解释适用，却极有可能出现违背立法者原意的结果。在此情形下，仍然需要借助论理解释方法对法律条文作超出字面含义的扩张解释。以我国刑法的法律条文为例，携带凶器进行抢夺的应转化为抢劫罪。依照严格的文意解释，此处的“凶器”应当理解为一种行凶器具，比如行为人抢夺时携带的刀具、棍棒等。假如行为人携带含有 SARS 病毒的注射器抢夺，依照严格的字面含义，就不能被认定为携带凶器进行抢夺的行为。因此，尽管从文意解释出发，以上解释结论不存在问题，但上述结论内容显然有悖立法者的真实意图。① 此时，就有必要借助论理解释。

再次，合宪性解释应当成为司法解释的最终方法。当然，将合宪性解释置于诸种司法解释方法之最后顺位，并不意味着合宪性解释不重要，而是指合宪性解释作为依照宪法和其他位阶较高的法律解释位阶较低的法律的一种解释方法，可以筛选和检验依照其他司法解释方法所得出结论的正确性。以刑法领域的司法解释为例，合宪性解释的运用意味着：由于超越可能文意范围的解释违反了宪法所确立的法治原则，所有解释结论均不得超越刑法用语可能文意的范围；除此以外，即使是那些处于刑法用语可能文意范围之内的解释结论，如与宪法基本精神相背离，也是不合宪的司法解释。对于不合宪的解释结论，不应当予以适用。鉴于宪法保障公民基本权利的特性，在对涉及宪法中所规定的言论、集会、结社等公民基本权利的刑事法律规范予以解释时，尤其需要审慎地考量，避免因为某一较低层次的规范目的而不当限制公民依照宪法享有的基本权利。

第四节 司法解释的效力

在我国，有关司法解释的效力问题，包括现行宪法、立法法在内的法律规范对其规定并不明确。尽管最高人民法院 1997 年发布的《关于司法解释工作的若干规定》和 2007 年发布的《关于司法解释工作的规定》对此问题有所提及，但仅仅是作宽泛性规定，即“最高人民法院的司法解释，具有法律效

① 参见张明楷：《刑法分则的解释原理》，中国人民大学出版社 2004 年版，第 16～34 页。

力”。同样，最高人民检察院 2006 年发布的《最高人民检察院司法解释工作规定》对此也是仅作宽泛规定。① 司法实践中，规范方面的缺陷导致司法解释的具体法律效力问题容易产生对其位阶的混淆认识，当然也会对司法领域的法律适用问题产生阻滞。

一、司法解释与法律本身之关系

某种程度上，司法解释效力的规范缺失问题主要涉及它的效力位阶问题。毕竟，司法权的运行，必然涉及不同法律规范之间的选择适用问题。由于上述问题涉及复杂的技艺理性之应用，尤其需要厘清法律规范之间的位阶这一攸关法律适用准确与否的基础问题。在我国，如前所述，司法解释主体自身制定的司法解释运行规则对此问题缺少清晰的界定，② 在其他法律规范方面，只有《各级人民代表大会常务委员会监督法》对司法解释与其他法律规范之间的冲突问题如何解决作出了相对具体的规定。从相关规定可以看出，司法解释的法律效力要低于法律，处于和行政解释同一位阶的法律地位。

其一，司法解释的法律效力低于法律。司法解释作为具体应用法律的解释，其自身效力的生成应以不逾越法律为逻辑前提。对于这一点，立法机关制定的《各级人民代表大会常务委员会监督法》和司法解释主体如最高人民法院都予以明确。根据《各级人民代表大会常务委员会监督法》的规定，无论是最高人民法院，还是最高人民检察院，其就审判工作、检察工作中所作具体应用法律的解释，都不能和法律规定相抵触。③ 同时，在具体援引方面，人民法院可以援引司法解释，但如果同时存在法律和司法解释，则应先援引法律、后援引司法解释。④ 在检察领域，人民检察院也可以在起诉书、抗诉书等法律文书中引用司法解释。⑤

---

① 2006 年最高人民检察院发布的《最高人民检察院司法解释工作规定》第 5 条规定：“最高人民检察院制定并发布的司法解释具有法律效力。人民检察院在起诉书、抗诉书等法律文书中，可以引用司法解释的规定。”

② 如最高人民法院 1997 年发布的《关于司法解释的若干规定》和 2007 年最高人民法院《关于司法解释工作的规定》均宽泛地规定最高人民法院发布的司法解释，具有法律效力。最高人民检察院 2006 年发布的《最高人民检察院司法解释工作规定》也作出类似规定。

③ 《各级人民代表大会常务委员会监督法》第 31 条、第 32 条、第 33 条。

④ 2007 年最高人民法院《关于司法解释工作的规定》第 27 条。

⑤ 2006 年《最高人民检察院司法解释工作规定》第 5 条。

其二，司法解释的法律效力和国务院作出的行政解释相同。在我国法律解释体系中，司法解释的法律效力低于立法解释，与国务院作出的行政解释相同。立法解释权由全国人大常委会专属行使，① 司法解释主体和行政解释主体当中的国务院仅拥有提请立法解释的建议权。② 此外，根据 1981 年第五届全国人民代表大会常委会制定的《关于加强法律解释工作的决议》，如不属于法律、法令条文本身需要进一步明确界限或作补充规定的情形，则属于法律、法令如何具体应用的情形，应通过司法解释或行政解释予以解决。③ 考虑到司法解释主体和国务院在我国国家权力体系中的宪法地位相同，且司法解释和国务院所作行政解释在我国法律解释体系中适用于不同的情形，二者应当具有同等的法律效力。

其三，司法解释应当与行政法规的法律地位相同。在司法实务中，人民法院审判案件应当适用行政法规具有明确的法律依据，④ 援引司法解释却仅拥有司法解释层面的法律规范。此外，行政法规在我国法律体系当中具有明确的法源地位，其仅低于宪法、法律，而高于地方性法规、规章。⑤ 鉴于司法解释的法律效力与国务院所作行政解释相同，在全国范围内的审判、检察工作领域具有法律效力，而国务院所作行政解释又主要指涉不属于审判、检察工作中的其他法律、法令如何具体应用的问题，且统领所有行政解释，司法解释应当获得与国务院制定行政法规及国务院所作行政解释同等的法律地位。

二、司法解释与法律适用

对于司法解释而言，无论在何种模式下运作，其生成的基础都是丰富的法律适用过程。同时，司法解释所具有的法律效力也必须依靠法律适用才可能实现。从此角度来说，司法解释与法律适用密不可分。⑥ 可以说，司法解释是法律适用的具体样态，而法律适用是司法解释的价值所附及养分来源。

---

① 参见现行《立法法》第 45 条。

② 现行《立法法》第 46 条规定："国务院、中央军事委员会、最高人民法院、最高人民检察院和全国人民代表大会各专门委员会以及省、自治区、直辖市的人民代表大会常务委员会可以向全国人民代表大会常务委员会提出法律解释要求。"

③ 1981 年《关于加强法律解释工作的决议》第 2 条、第 3 条。

④ 现行行政诉讼法第 63 条第 1 款规定："人民法院审理行政案件，以法律和行政法规、地方性法规为依据。地方性法规适用于本行政区域内发生的行政案件。"

⑤ 现行《立法法》第 88 条。

⑥ 参见董皞：《司法解释与法律适用之关系》，载《法学评论》1999 年第 3 期。

首先，司法解释是法律适用的具体样态。一般而言，法律适用的过程，同时也是司法官运用法律解决社会生活中出现的各种纠纷或者矛盾的综合过程。以上过程的核心任务在于将抽象的、带有共性或普遍性的法律适用于具体的、带有个性或特殊性的人或事项，以实现法律与事实的有效结合。当然，以上结合并非法律与事实之间自然而然的机械结合，而是要通过司法官这样一个能动主体作为中介才可能完成。① 并且，司法官在引导法律与事实结合的过程中，需要依照司法程序综合运用其对法律的理解，对事实的认识，对证据的甄别，对公正的追求等事实判断和价值判断。以上判断过程与司法官的自身经历、学识、素养密切相关。某种意义上，由于司法官对法律的理解、对事实的认识等构成司法解释的全部内容，其“素质间接决定着一国制定法律在司法实践中的实施”。②

其次，法律是司法解释的脚本、法律适用是司法解释的价值所附。司法解释是以法律适用中的法律为解释对象的解释，法律是司法解释生成的逻辑前提，“法律适用者阐述自己的观点、主张或者关于法律的判断，都必须以现行有效法律规范为出发点”。③ 但是，司法解释的任务并非系统地阐明所有制定法的意义和内容，而是结合具体案件对个别法律或法律中的个别问题予以解释，在其性质上归属于“法律、法令具体应用问题”的解释。有鉴于此，法律适用中的法律是司法解释的脚本。由于存在国家权力的介入，法律适用作为国家司法权运行的具体方式成为一种特殊的社会行为方式——国家行为方式。④ 作为国家行为，法律适用获得了公正的权威和强制的力量。司法解释正是掌握法律适用权力的国家司法机关在法律适用中对所适用法律所作的见解和说明。在我国国家司法机关当中，最高人民法院和最高人民检察院作为全国司法动态的风向标，在解释技术的掌握和法律信息获得领域的优势，使得其成为最有资质制定司法解释的主体。以最高人民法院为例，法官们审判经验的储备和纠纷解决能力的锻造，使得其对法律的理念和制度有着更为深刻的体会，从

① 参见董皞：《法律适用中的法官及其能动性》，载《法律适用》2001 年第 8 期。

② 参见张永韶：《最高人民法院司法解释法源地位研究》，吉林大学 2013 届硕士论文，第 24 页。

③ 参见汤晓红：《法律论证思维与司法中的法律论证运行机制研究》，载《法制博览》2013 年第 3 期。

④ 参见董皞：《司法解释论》，中国政法大学出版社 1999 年版，第 292 页。

而有利于制定出较高质量的司法解释，这决定了最高人民法院有资格成为最适当的司法解释制定主体。①

司法解释是司法机关在法律适用过程中对所适用法律的解释。因此，如果没有法律适用则司法解释便会不复存在或变得没有实际意义。某种程度上，司法解释对法律适用的以上依存或依附关系，决定了司法解释只有和法律适用相结合才能获得存在价值和生命力的价值。以2001年修订的婚姻法为例，迄今为止，最高人民法院针对该法已经形成《关于适用〈中华人民共和国婚姻法〉若干问题的解释（一)》、《关于适用〈中华人民共和国婚姻法〉若干问题的解释（二)》、《关于适用〈中华人民共和国婚姻法〉若干问题的解释（三)》三个司法解释。以上三个司法解释，尤其是2011年发布的《关于适用〈中华人民共和国婚姻法〉若干问题的解释（三)》对于诸多社会领域关注、而原有法律及司法解释无法解决的问题作出了系统的厘清，使得相应领域的民事审判得以有效展开。

再次，法律适用为司法解释提供丰厚养分。司法解释之所以重要，源于它为法律适用的广阔舞台所必需，② 且具有独特价值。客观世界的复杂多变引致大量法律规范的产生，但众多法律规范在直面纷繁复杂的世界时依然会遇到涵盖不足的问题。在此情形下，司法权运行主体必须且只能适用法律去处理案件，而法律规范却因不能完全适应待决案件而产生困难，这恰恰为司法解释发挥其功能提供了机会。无论是在缓解法律的稳定性和适应性之间的矛盾、促进法制的统一适用、维护法律的权威方面，还是在实现立法与司法之间的缓冲与衔接以及法律效力与立法精神对具体个案适用的有效传递方面，司法解释都能够发挥其应有的作用。③ 在现代法律社会中，法律渗透到了社会生活的各个角落，法律适用可以说无处不在，无时不有。所有这些，都为司法解释的生成及成长提供了丰厚养分。没有法律适用，司法解释就会失去它存在的场所和存在的意义。

---

① 参见季长龙：《规范性司法解释的法源地位研究》，中国人民大学2008届博士论文，第184～185页。

② 参见董皞：《司法解释论》，中国政法大学出版社1999年版，第293页。

③ 参见张永韶：《最高人民法院司法解释法源地位研究》，吉林大学2013届硕士论文，第42页。

第五节　司法解释的规制

在我国，司法解释澄清了不确定的法律概念，在法律适用过程中为实现司法公正发挥了巨大作用。随着我国法治的发展，司法解释的地位逐步提高，其作用也将进一步增强。但是，考察我国现行的司法解释可以发现其存在诸多弊端，比如：司法解释立法化问题，非法定主体行使司法解释权等。究其根本而言，出现上述问题的根源来自于司法功能的先天不足，司法解释运行领域借此出现诸多争权、越权解释的现象。① 有效地减少乃至消解以上问题，客观上需要采取多重措施对司法解释予以规制。

一、规范司法解释主体、明确司法解释地位

一定程度上，我国司法解释实践中不断出现的非法定主体行使司法解释权，由多元主体联合发布司法解释等现象，是由于司法解释主体设定方面的法律规范位阶较低、不同规定之间存在冲突，抑或司法解释主体出于便宜的考量而联合行政机关等非司法机关制发等因素而产生的。有鉴于此，避免以上无序、混乱的局面，需要进一步规范司法解释的主体，使得相对混乱的法律规定能够进一步统一、整合。此外，司法解释的地位也应当进一步明确化、法定化。在我国社会主义法律体系初步建立的今天，司法解释作为在审判、检察工作领域发挥重要作用的法律规范，其具体法律地位应当予以明确。同时，在我国法律解释体系中，最高人民法院司法解释与其他应用解释关系密切，如果不从根本上规范法律解释体制问题，实际上无法从根本上解决司法解释领域广泛存在的问题。考虑到这一点，废止 1981 年制发的《关于加强法律解释工作的决议》、制定一部统一的《法律解释法》至为重要。② 借助该法，法律解释领域长期存在的主体、内容、权限、程序、效力、监督等问题，尤其是不同应用解释之间的界限、效力、监督问题乃至联合解释制定程序和效力问题应该予以重点解决。

---

① 马进保、朱婧：《司法解释所面临的挑战与机制重构——以〈刑事诉讼法〉的修改为平台》，载《政治与法律》2008 年第 3 期。

② 参见赵春凤：《从最高人民法院工作报告看司法解释》，载《国家检察官学院学报》2010 年第 3 期。

二、直面现实问题、确立司法解释监督机制

对于司法解释，司法权解释运行内部业已通过相关法律规范设置了若干监督机制。一定程度上，上述内部监督机制的存在和实施，能够从源头上避免出现背离司法解释机理的现象。但对于司法解释自身而言，外部监督机制的作用同样重要。在我国，全国人大常委会的职权之一就是监督国务院、中央军事委员会、最高人民法院和最高人民检察院的工作。因此，由全国人大常委会监督司法解释的运行，是符合宪法规定的。从司法解释运行的外部因素来看，应该以立法机关监督为核心，加强全国人民代表大会常务委员会对司法解释工作的监督。

全国人民代表大会常务委员会作为主要的外部监督机构，对司法解释、尤其是抽象性司法解释的制定以及对填补法律空白和漏洞的司法解释应自始至终地进行有效监督。而且，在司法解释形成过程中，最高司法机关在对某一项法律的适用作出解释时，应当向全国人民代表大会常务委员会预先征求其对该法律适用的意见，以便更好地理解立法机关的立法本意和立法意图。此外，最高司法机关制定出司法解释后，也应将有关问题送达全国人民代表大会常务委员会备案。① 经全国人民代表大会常务委员会审查，且符合宪法、法律规定的司法解释才能够予以公布实施。同时，对于司法解释与法律规定相抵触的情形，国务院、中央军事委员会、省、自治区、直辖市的人民代表大会、最高人民法院和最高人民检察院，以及前述主体之外的其他国家机关和社会团体、企业事业组织以及公民，都可以向全国人民代表大会常委会书面提出进行审查的要求或建议。② 如在审查过程中，全国人民代表大会常务委员会法律委员会或有关专门委员会发现该司法解释与法律规定相抵触，则可以要求相应的司法解释主体予以修改或废止。如果相应的司法解释主体不予修改或者废止，则上述委员会可以提出要求有关司法解释主体予以修改、废止司法解释的议案，或者提出由全国人民代表大会常委会作出法律解释的议案，由委员长会议决定提请全国人大常委会审议。③

---

① 2007 年最高人民法院发布实施的《关于司法解释工作的规定》第 26 条第 1 款规定："司法解释应当自发布之日起 30 日内报全国人民代表大会常务委员会备案。"

② 现行《各级人民代表大会常务委员会监督法》第 32 条。

③ 现行《各级人民代表大会常务委员会监督法》第 33 条。

三、借鉴判例法、发挥案例指导制度的辅助作用

在西方国家，判例在司法实践中具有重要的地位，其获得正式的法律渊源地位经历了长久的法治历练。① 在我国，判例尚不被认为是正式的法律渊源。但是，在我国司法实践领域，司法同样存在追寻同案同判的自然正义，维护法律适用统一的目标，并且在努力实现以上目标。历史上，我国最高人民法院以公报的形式公开发布案例已有经年。尽管不具有先例的约束力，但因其所具有的权威而在事实层面具有重要的指导作用。在此方面，较为典型的是最高人民法院汇编的《人民法院案例选》以及自 1985 年以来《最高人民法院公报》上刊登经该院批准并加以评议的判决。由于在生成程序上，以上判决和案例都经过最高人民法院审判委员会讨论通过，并注重司法外力量的推荐、遴选因素，以上案例在司法实践中往往能够发挥重要的作用。

结合司法解释来说，作为司法解释"辅助器"的判例制度有助于改变现有司法解释的一些弊端。一方面，判例可以弥补成文法的缺陷。由于社会的不断变化和社会事务的日益复杂化，法律自身的滞后性决定了成文法难以有效应对纷繁复杂的社会变化。在此情形下，由于判例制度对案件准确定罪和恰当量刑起着示范作用，它能够在某种程度上弥补成文法律的不足。另一方面，判例在我国司法实践中已然在发挥重要的作用。在我国，成文规则仍具有主导地位，判例只不过是对成文规则的一种解释方式。而且，以上解释必须以法律规范为基础并结合法律规则本身，才能够达到对法律适用的目的并在司法解释中发挥其辅助作用。实践中，最高人民法院于 2010 年发布了最高人民法院《关于案例指导工作的规定》。从统一法律适用标准、维护法制统一的角度来看，② 我国所确立的案例指导制度已然在司法解释领域发挥辅助作用。

---

① 比如，英美法系的代表国家英国直到 19 世纪才正式确立判例制度。See Rupert Cross and J. W. Harris, *Precedent in English Law*, 4th ed., Oxford University Press, 1991, pp. 24-36. 转引自宋晓：《判例生成与中国案例指导制度》，载《法学研究》2011 年第 4 期。而大陆法系国家，其确立判例制度的时间更晚。

② 参见康为民：《中国特色社会主义司法制度的自我完善——案例指导制度的定位、价值与功能》，载《法律适用》2011 年第 8 期。

第六章　司法证据法

证据制度是诉讼制度的灵魂，司法公正的实现无法离开证据制度。整体上看，诉讼过程可以划分为两个相对独立的过程，即发现案件事实和进行法律评价。就此而言，司法证据法可以说是诉讼中有关证明活动的法律规范。在当下我国，有关证据的法律规范散见于三大诉讼法、人民法院组织法、人民检察院组织法等法律规范、相关司法解释中。尽管学术界不乏统一证据法方面的研究及呼吁，但司法证据法在制定法层面尚未形成统一的体系和制度框架。

第一节　司法证据法基本原理

一、司法证据基本理论

在其最一般意义上，司法证据是司法活动中证明（案件）事实的依据。在诉讼领域，证据可以说是最核心的问题。没有证据，一切法律程序都将变得毫无意义。早在19世纪初期，英国著名法学家边沁就曾指出，程序法的直接目的是保证公正的判决，即将有效的法律正确地适用于真实的案件事实。而实现以上目标，必须以相关的证据为依据。① 在我国，学者们对司法证据的界定存在多种认识。在以上认识中，事实说堪为我国证据法学领域影响较大的一种学说，如“诉讼证据是能够证明案件真实情况的客观事实”等。② 此外，双重含义说主张证据可从两个角度理解：其一，证据可以指事实，即能够证明案件真实情况的所有事实；其二，证据也可以指证据的表现形式，即证人证言、物证、书证等证据类型。与事实说和双重含义说不同，统一说认为证据是证据内容与证据形式的统一，证据内容指涉事实材料，证据形式指涉证明手段。在

① 参见边沁：《司法证据原理》，转引自齐树洁：《英国司法改革与证据制度的发展》，载《证据学论坛》2003年第9期。

② 参见江伟主编：《证据法学》，法律出版社1999年版，第206页。

此学说下，证据“是以法律规定的形式表现出来的能够证明案件真实情况的一切事实”。①

无论对司法证据作何理解，还是在何种审判模式之下，司法证据具有十分重要的价值是毋庸置疑的。首先，司法证据是诉讼程序的灵魂，诉讼活动无法脱离司法证据而展开。实践中，诉讼活动的展开应当借助证据以查明案件的事实情况，各种司法活动主体都需要凭借证据来完成符合其自身利益或职责的司法证明过程。在当事人层面，其保障合法权益的基础是合法、充分地利用证据规则来支撑自身的主张。由于和案件存在直接的利害关系，当事人出于实现自身主张和诉求的目的对司法机关能否采纳自己提供的证据持较高期望。对于诉讼活动的参与者如辩护人和诉讼代理人而言，收集、提供证据是其依照法律应当履行的职责或者所提供辩护或代理意见的重要依据。与此同时，这也是其检阅其辩护或者代理水准，抑或辩护或者代理工作能否发挥正面功能的重要物质载体。至于司法活动中的公权力主体，尽管在不同司法证明模式下其所拥有的自由度不同，但大多需要借助证据来查明事实、选择正确的法律以便实现自身职权。② 依照司法权的运行规则，司法权运行主体必须遵循法定程序并经合法途径及方法收集物证、书证等实物证据或者经法定程序讯问或询问当事人、证人以获得证据，并且运用以上证据予以证明来实现。

其次，司法证据是维护当事人合法权益的重要工具。实践中，如当事人提出了主张和要求，但缺少充分的证据予以支持，那么司法公权力便很难支持当事人的主张，这有可能最终导致当事人的合法权益无法得到有效保障。相反，如当事人能够合法、合理地运用证据以论证自己的诉讼主张，甚至说服司法权运行主体接受其观点和主张，则无疑会更好地维护自己的合法权益。此外，司法证据还是确保无辜者不受法律追究的切实保障。以刑事诉讼领域为例，司法证据一方面能够证明当事人违法犯罪，同时也有可能有助于证明当事人无罪或罪轻。在此方面，良善的证据规则，比如沉默权制度和非法证据排除规则对当事人而言至关重要。③ 依据包括以上规则在内的证据规则体系，司法官及相关

---

① 参见陈光中、徐静村主编：《刑事诉讼法学》，中国政法大学出版社 2002 年版，第 129 页。

② 司法证明包括法定证明（regulated proof）和规制证明两种模式。法定证明是由法律事先规定出采用证据和审查判断每一种证据的标准，规制证明是让司法人员根据案件的具体情况和个人的良知去自由地采用和评断证据。参见何家弘、姚永吉：《两大法系证据制度比较论》，载《比较法研究》2003 年第 4 期。

③ 参见崔永东：《司法学原理》，人民出版社 2011 年版，第 61 页。

工作人员必须全面、客观地收集、运用证据，将对案件的处理建立在确实可靠的证据基础上。唯有如此，才能够有效地避免出现无辜者错误地受到法律追究此类现象，并且最大程度上避免冤假错案的发生以保障司法人权。

再次，司法证据是实现司法公正的基础。司法公正客观上要求司法权运行主体基于真实的案件事实正确地适用法律，而真实的案件事实无疑要求司法权运行主体依据真实、充分的证据予以确认。在现代司法语境下，诉讼过程一般是由法律加以规范的，经由一定的原则加以统摄并借助一定的程序和规则予以约束。对于司法官及其他司法工作人员而言，其在行使司法权的过程中必须遵循上述法律原则和规则。此外，对案件的实体处理也主要取决于能否以证据为基础认定案件事实。查明案件事实是实现实体公正的前提，实体公正能否实现的关键取决于能否查明案件事实真相和正确的法律。① 这意味着，只有借助充分、确实的证据，司法权运行主体才能够有效地揭露、证实违法犯罪，并促使违法犯罪行为人放弃侥幸心理，从而如实地交代和陈述自己的违法犯罪行为。无数司法实践也证明，在取得被告人供述方面，司法证据要比任何讯问策略更重要。同时，司法证据的生成程序也应当基于完善的证据原则、规则而进行，否则冤假错案便可能会不断产生，司法公正则无从谈起。② 就此而言，司法证据在案件处理过程中具有揭示案件真实情况的作用，而发现案件真实情况是对案件作出符合客观实际的正确裁判的基础。

二、司法证据法的概念与性质

司法证据法是指由国家专门机关制定或认可的、有关司法诉讼活动中如何收集、审查、判断证据从而认定案件事实的法律规范的总称。从司法诉讼活动的角度来说，司法证据法也是直接决定审判或听审中出现的有关证据是否具有可采性的法律体系。在法律属性上，司法证据法是具有较强公法属性的程序法。

其一，司法证据法具有较强的公法属性。一般而言，依照法律所维护利益的不同，可以将法律划分为公法和私法。公法是调整公共权力、公共关系、公

---

① 参见陈光中等：《中国司法制度的基础理论研究》，经济科学出版社 2010 年版，第 432 页。

② 导致冤假错案的因素很多，但刑事证据制度不完善、不严格无疑是其中非常重要的因素之一。参见熊秋红：《刑事证据制度发展中的阶段性进步——刑事证据两个规定评析》，载《证据科学》2010 年第 18 卷。

共利益和上下服从关系、管理关系、强制关系的法，而私法是属于个人利益、个人权利、自由选择、平权关系的法。① 司法证据法，无论表现为刑事诉讼法、民事诉讼法还是行政诉讼法中的内容，还是以统一的证据立法的方式体现，其所调整的都是当事人、其他诉讼参与人和公安机关、人民检察院、人民法院之间围绕证据的收集、审查和判断而产生的权利义务关系。由于上述法律规范涉及国家公权力机关的运行，且相关公权力机关一般在诉讼活动中占据有主导地位，司法证据法因而具有较强的公法属性。

其二，司法证据法具有典型的程序性。依照法律规范所规定内容的不同，可将法律划分为实体法和程序法。实体法规定的内容主要是法律关系主体的实体权利和义务，而程序法规定的则主要是保障法律关系主体的实体权利和义务得以实施的程序和方式。② 依照上述划分标准，司法证据法应当属于程序法。由于实体法和程序法的划分标准并非绝对，属于程序法的法律规范当中显然不可能绝对不存在实体法的内容，因此，判断某一种法律是程序法还是实体法，应从总体上观察该法律规范当中占据主导地位的内容是实体法还是程序法。司法证据法属于程序法，并不能够据此认为其就绝对不存在实体法的部分内容。证据法作为程序法的重要组成部分之一，是司法程序尤其是诉讼程序所固有的既成程序和规则，如果缺少证据法则，那么司法程序便无以存在。

三、司法证据法的主要内容

无论是英美法系，还是大陆法系国家的司法证据法，都主要涉及两大部分内容：其一是证据规则的分类；其二是证据规则的主要内容。

（一）证据规则的分类

依照不同的分类标准，证据规则可以被划分为不同的类型。威格默认为，证据规则的内容可以分为四类：第一类是何种事实可以在法庭上用做证据加以出示的规则，即证据的可采性规则；第二类是何种事实必须由谁举出证据加以证明的规则，即证明责任分配的规则；第三类是证据必须向谁出示的规则；第

① 参见张文显主编：《法理学》，高等教育出版社、北京大学出版社 1999 年版，第 56～57 页。

② 参见张文显主编：《法理学》，高等教育出版社、北京大学出版社 1999 年版，第 55 页。

四类是何种主张可以无须举证的规则。① 考虑到威格默将补强证据规则此类特殊规则归入第二类，证据规则实际上也可以概括为以下四类：基于认定事实之精确性考虑而设置的可采性规则、基于特殊政策设置的特免权规则、举证责任和证明标准规则以及包括补强证据规则在内的证明力规则。② 根据证据规则是规范证据的证据能力还是证明能力，可将证据规则分为规范证据能力的规则和规范证明力的规则。规范证据能力的规则就是规范“这个证据是否被采纳”的规则，主要包括关联性规则、传闻证据规则、最佳证据规则、意见证据规则、非法证据排除规则等；规范证明力的规则就是规范“这个证据有多大证明力”的规则，主要包括仅凭口供不能定案的规则、原始证据优先规则、补强证据规则、书证优先规则等。③ 根据证据规则的价值取向不同，可将证据分为保障实体真实的规则和维护正当程序的规则。保障实体真实的规则是以发现案件真实、避免错案发生为价值取向的，主要包括关联性规则、传闻证据规则、最佳证据规则、意见证据规则、自白补强规则等；维护正当程序的规则是以保障当事人诉讼权利，制约公权力恣意行使等为价值取向的，主要包括非法证据排除规则、自白任意性规则等。④ 当然，其中有些规则实际上兼具两种价值取向。

（二）证据规则的主要内容

证据规则的主要内容包括传闻证据规则、非法证据排除规则、补强证据规则、最佳证据规则和意见证据规则。在上述规则的应用方面，其主要是从消极的方面来限制证据的适用。证据的证明行为、活动和过程需要一定的规则予以保障，以便能够确保诉讼证明的客观、公正。

1. 传闻证据规则

传闻证据（Hearsay Evidence）是指证明案件事实的法庭外陈述，它源于英美法系陪审团的审判，⑤ 本质上是以证据资格为核心的规范体系。⑥ 历史

① 转引自易延友：《证据法的体系与精神——以英美法为特别参照》，北京大学出版社 2010 年版，第 35 页。

② 易延友：《证据法的体系与精神——以英美法为特别参照》，北京大学出版社 2010 年版，第 35 页。

③ 参见陈光中主编：《证据法学》，法律出版社 2011 年版，第 227 页。

④ 参见陈光中主编：《证据法学》，法律出版社 2011 年版，第 227 页。

⑤ 参见谢安平、郭华：《证据法学》，中国人民公安大学出版社 2009 年版，第 208 页。

⑥ 参见李峰：《传闻证据规则，抑或直接言词原则？——民事诉讼书面证言处理的路径选择》，载《法律科学》（西北政法大学学报）2012 年第 4 期。

上，英国于1680年确立此项证据规则，美国对此予以承继并发展完善。此后大陆法系也逐渐实行这一规则。就其形态而言，传闻证据包括三种：一是转述他人的口头陈述；二是借助于文书来表达他人的陈述；三是重复、模仿知情人的行为。无论何种情形下的传闻证据，其都具有以下特点：首先，传闻证据是用以证明案件事实真实的证据。法庭审判之外的证据能否成为传闻证据，取决于其与案件事实的关系。如陈述事实的真实性与案件事实无关，则该陈述系非传闻证据。其次，传闻证据是陈述人的一种意思行为。无论是在法庭内由陈述人转述他人所见所闻的陈述，还是对案件事实存在直接感知的人亲自书写的书面材料抑或由他人对直接感知人陈述制作的笔录，以及具有某种意义的非语言行为，均表现为陈述人的一种意思行为。总体而言，这种意思行为属于法庭内陈述证据的替代品，而非案件事实的直接反映。再次，传闻证据一般不具有可采性。任何证人所提供的包含他人先前陈述的证据，无论是以口头、书面还是其他任何诸如手势之类的方法，如其提出证据的目的是用以证明某人先前所说的事实为真，则该证据是不可采的。但是，如该陈述为证明案件事实真实以外的其他证明目的而提出，则具有可采性。

在其适用方面，传闻证据规则是英美法系国家排除规则的重要证据法则之一。鉴于传闻证据属于法庭审判之外的陈述，并未经宣誓、质证或交叉询问等程序，加之法官又未能亲自见闻，存有真实性疑惑、信用性危机，传闻证据一般不具有可采性。在其缘起方面，传闻证据规则确立的目的旨在排除庭外陈述、避免不可靠的传闻干扰诉讼的正常进行。① 比如，美国联邦证据规则第802条规定，传闻证据，除本证据规则或其他联邦最高法院根据立法授权或国会立法所确认的规则另有规定外，不得采纳。② 尽管如此，在特殊情况下，有些传闻证据仍然可以发挥比非传闻规则更为可信的效用。其间的原因在于：有些庭前的传闻证据由于受到外界的干扰较少，对于证人来说距离案件事实的发生较近，因此其留有的记忆更为清晰。尤其是在一些特殊情形下，一些证人已经无法出庭作证（证人业已死亡），如一味强调其出庭作证已然客观上不能。因此，在英美法系国家，出于提高诉讼效率，降低诉讼成本，实现发现事实真相的诉讼目的，法律一般会规定传闻证据规则的许多例外情形，比如“临终陈述”、“不利陈

① 参见郭志媛、蔡澈：《传闻证据规则变革评述——兼谈对我国确立传闻证据规则的启示与借鉴》，载《证据科学》2009年第2期。

② 参见何家弘、张卫平：《外国证据法选译》（下卷），人民法院出版社2000年版，第745~766页。

述”、“自认性陈述” 就是普通法传闻证据排除规则的重要例外。①

2. 非法证据排除规则

非法证据排除规则，是指违反法定程序或者以非法手段获取的证据不具有证据能力，因而不被采纳的证据规则。在其历史上，非法证据排除规则确立于美国的 Weeks v. United States 案②。概括而言，非法证据排除规则的特点有三：其一，非法证据排除规则多适用于审判程序，一般不适用于侦查程序和起诉程序；其二，非法证据排除规则仅适用于国家机关及其工作人员违法收集的证据；其三，非法证据排除规则仅限于违反法定程序或者采用非法方法收集的证据。

---

① 参见何家弘、姚永吉：《两大法系证据制度比较论》，载《比较法研究》2003 年第 4 期。

② Weeks v. United Staes，232 U. S. 383 （1914）. 转引自杨宇冠：《非法证据排除规则及其在中国确立问题研究》，载《比较法研究》2010 年第 3 期。在该案中，申诉人威克思（Weeks）是一家速递公司的雇员。他被指控用邮寄的方式寄送彩票，违反了美国刑法第 217 条。警察在被告人的工作地点在没有逮捕证的情况下逮捕了被告人，后来又在没有搜查证的情况下到他家里进行搜查。在被告人没有同意开门的情况下，警察根据邻居的指点发现了被告人的钥匙，并以此打开了被告人的家门。地方警察，后来是联邦警察搜查了被告人的房间，发现了一些信件和装有彩票的信封。在联邦法院对被告人的审判中，当这些被扣押的信被提出作为证据时，被告方提出了质疑，理由是这些物品是非法搜查所得，是违反美国宪法第 4、第 5 修正案的。被告人请求法院发还这些文件、信件和其他被搜查扣押的物品，但审判法院没有同意。后来，威克思向美国最高法院进行上诉。美国最高法院受理了这个案件，大法官戴先生（Mr. Justice Day）代表最高法院写出意见，认定：警察无证搜查和扣押被告人的信件和财产的行为违反了密苏里州的宪法和美国宪法第 4、第 5 修正案。搜查到的物品应当退还给被告人。扣押和在审判中使用这些信件是错误的。因为搜查是在没有搜查证和其他合法的理由下进行的，所以该搜查是违反宪法的。美国最高法院裁定这些搜查到的证据不应当在审判中被采纳。最高法院的意见中还写道：国家执行刑事法律的人员通过非法搜查和强迫供述的手段以达到将被告人定罪的目的，通常将被告人置于不经搜查证和逮捕证的活动中，这是违反由联邦宪法所保证的个人权利的，这种倾向不应当在法院的判决中得到庇护。法院在任何时候都担负着维护宪法的职责。任何人在任何情况下都有权向法院要求维护其基本权利。这是对联邦政府及其机构的限制。法院还认为：如果法院肯定了执法人员对被告人的家的非法进入就意味着司法判决首肯了这种违法行为，这即使不是公开地违反宪法关于保护人民不受非法行为侵犯的权利，至少也是很明显的疏忽。根据最高法院的意见，这些非法搜查所得的证据在发回重审时应当被排除。通过这个案件，美国最高法院确立了一个原则，即从对被告人的审判中排除非法搜查所得到的证据是执行美国宪法第 4 修正案所规定的保护条款的适当的方式。

在其适用方面，非法证据排除规则会因证据类别的不同而存在差异。对于非法言词证据而言，其收集一般会对人身权利和人格尊严造成极大的侵犯，因而为各国宪法所禁止。此类证据一般会被排除适用，形成绝对排除规则。① 对于非法实物证据而言，其主要指涉国家机关及其工作人员在采用搜查、扣押等行为取证时违反法定程序或者采取非法的方法，同时达到相应危害程度且不符合例外条件所获得的实物证据不具有证据能力的规则。一般情形下，非法实物证据采用原则上排除规则。当然，非法证据排除规则的适用也存在例外。此处所指的例外，是指尽管为非法证据，但不适用排除规则而作为证据适用的特殊规则。在司法实践以及理论层面，可以视为例外情况的情形包括：大陪审团审理、善意、反驳证人、个人搜查、在国外取得的证据等情形。②

在我国，理论界对非法证据排除规则的研究一度成为一个热点问题。实际上，单纯从规范层面来看，我国法律体系中早已存在能够确立非法证据排除规则的法律根据③：在宪法层面，根据现行宪法第 37 条第 3 款、第 39 条、第 40 条等的规定，以违反宪法的方式所取得的证据应当是非法证据，不应作为定案的根据。在国际法层面，联合国于 1966 年制定的《公民权利和政治权利国际公约》第 7 条规定：任何人均不得以酷刑或施加残忍的，不人道的或侮辱性的待遇或刑罚特别是对任何人均不得未经其自由同意而施以医药或科学试验。此后，联合国于 1984 年制定的《禁止酷刑和其他残忍、不人道或有辱人格待遇和处罚公约》第 15 条规定：每一缔约国应确保在任何诉讼程序中，不得援引任何业经确定系以酷刑取得的口供为证据，但这类口供可用做被控施用酷刑者刑讯逼供的证据。在欧盟，欧洲人权法院早在 1987 年的一个判决中就指出，如果法院的有罪判决主要依据警察笔录，就是违反了《欧洲人权公约》第 6 条第 3 款的规定。④ 由于我国业已签署《公民权利和政治权利国际公约》，且签署并批准了《禁止酷刑和其他残忍、不人道或有辱人格待遇和处罚公约》，以上国际法律规范应当在我国予以法律适用。2010 年 5 月 30 日，最高人民法院、最高人民检察院、公安部、国家安全部、司法部联合发布了《关于办理

---

① 参见陈光中等：《中国司法制度的基础理论研究》，经济科学出版社 2010 年版，第 448 页。

② 参见杨宇冠：《非法证据排除规则的例外》，载《比较法研究》2003 年第 3 期。

③ 参见杨宇冠：《非法证据排除规则及其在中国确立问题研究》，载《比较法研究》2010 年第 3 期。

④ Unterpertinger v. Austria，110 Eur. Ct. H. R. （1987）. 转引自何家弘、姚永吉：《两大法系证据制度比较论》，载《比较法研究》2003 年第 4 期。

死刑案件审查判断证据若干问题的规定》和《关于办理刑事案件非法证据排除若干问题的规定》，使得我国非法证据排除规则在司法领域更具有可操作性。此后，2012年修订的刑事诉讼法又在其第54条对非法排除证据规则予以确认。根据该法第54条的规定，采用刑讯逼供等非法方法收集的犯罪嫌疑人、被告人供述和采用暴力、威胁等非法方法收集的证人证言、被害人陈述，应当予以排除。收集物证、书证不符合法定程序，可能严重影响司法公正的，应当予以补正或者作出合理解释；不能补正或者作出合理解释的，对该证据应当予以排除。此外，与国外一些国家非法证据主要是在审判阶段由法官加以排除略有不同的是，我国的非法证据排除规则不仅适用于审判阶段，而且适用于侦查阶段、审查批准逮捕和审查起诉阶段。①

3. 补强证据规则

从其缘起来看，补强证据规则源于18世纪后半叶的英国。就其演变历程来看，英国补强证据规则大致经历了强制性补强阶段和裁量性补强阶段两个阶段，以《1994年刑事审判与公共秩序法》的颁布为分界线。《1994年刑事审判与公共秩序法》颁布前，法官在法定案件中必须作出详尽、完备的佐证提醒，否则，法官如未作出符合要求的提醒而陪审团又据此作出有罪判决，则被告人便有充分的理由上诉，判决可能会被撤销，这是强制性佐证提醒的一般效力。在《1994年刑事审判与公共秩序法》颁布的随后几年，英国在补强证据规则方面呈现出由强制性补强规则向裁量性补强规则转型的趋向。② 与英国补强证据规则的发展相一致，此后在英美法系国家以及日本又形成了简便易行的补强证据规则。

在其概念上，补强证据是指法律要求法官在运用某些证据证明案件的事实时必须具有佐证。③ 就此而言，补强证据实际上是支持、确认、或者增强、担保主证据的证据，其会对主证据的证明力产生重要的影响。与主证据相比，补强证据与案件事实同样存在密切关系：其一，它不仅可以证明案件事实，可能与主证据证明的着力点、方向以及对象在某些方面或某种程度上存在重合、交叉，而且它能够证明案件事实，同时又能够增强主证据的证明力。

---

① 参见陈光中：《刑事诉讼法研究的一个重要问题》，载《人民日报》2014年8月3日第5版。

② 参见齐树洁主编：《英国证据法》，厦门大学出版社2002年版，第372～373页。

③ 参见何家弘、姚永吉：《两大法系证据制度比较论》，载《比较法研究》2003年第4期。

在其适用方面，补强证据规则的适用根据证据类别的不同又可以分为口供的补强规则和证人证言的补强规则。在口供的补强规则方面，大陆法系国家一般将被告人口供（供述）作为证据方法的一种，通过否定刑讯逼供及非法手段来获得口供的证据能力，从而确立口供补强规则以增强其证明力。在证人证言的补强规则方面，英美法系国家根据证人证言的不同而配置不同的补强规则。以感知型的证人证言为例，其通常具有证据能力。但由于上述具有证据能力的意见证据属于证人的感知和经验的综合而容易引致偏差，因此对其证明力应当予以限制。唯有经过补强，才能够使其证明力得以恢复。

4. 最佳证据规则

最佳证据规则，又称原始文书规则，是指某一特定的有关案件事实，只能采取能够寻找到的最令人信服和最有说服力的相关证据方式予以证明的规则。在英美法系国家，最佳证据规则是主要适用于书面材料或者书证的证据规则，其要义在于：针对文书以及记载有思想内容并据此证明案件真实情况的证据，应当根据相关证据法的要求出示原件，唯有存在可信以为真的理由的情形下，才可以不出示原件。① 概括而言，这一规则包括：提供原始文书；由辅助证人证明文书的制作过程；口头证言不能更改或者修正文书的内容。在司法实践中，最佳证据规则的适用应当满足以下前提条件：其一，最佳证据规则的证据应当属于文字材料，通常表现为信件、合同、电文、地图、照片以及磁脉冲、机械或者电子录音或者以其他形式的数据汇编记载下来的内容。比如，美国联邦证据规则就规定："除本证据规则或国会立法另有规定者外，为证明文书、录音或者照片之内容时，应当提供该文书、录音或照片的原件。"② 其二，最佳证据规则的文字材料是以记载的内容作为证明方法。如该文字材料不是以所记载的内容作为证明方法，或者文字材料记载的内容与案件事实无关，或者虽有证明作用但非证明事实的证据，则不适用最佳证据规则。

最佳证据规则的适用，是指在数个证据对同一事实均有证明力且不同的证据证明相反的事实主张的情形下，对整个证据证明力之间的大小作出确认的规则。在当代证据学语境下，最佳证据规则的适用可以表述为，如证明一份文书的目的是为了证明该文书所表达的术语，则除非不能，一般应该出示该文书本

---

① 参见易延友：《最佳证据规则》，载《比较法研究》2011 年第 6 期。

② Fed. R. Evid. , Rule1002.

身。① 因此，最佳证据规则的适用必然涉及数个证据。实践中，数个证据既包括同类型证据的数个证据，也包括不同类型证据的数个证据。以公文书证为例，国家机关和特定的公职人员在其职权或职责范围内依照一定的程序和规则制发的公文书证，一般推定为真实。对于私文书证，则应当由提供方证明其真实性。其间的原因在于，国家机关制发的公文文书，一般具备法定条件和在法律明确授予的权限范围内或事务范围内依照严格的法定程序做成，具有极强的规范性，因而其证明力优于其他书证。

5. 意见证据规则

意见证据规则，是指证人就自己直觉直接感知到的事实陈述其意见、推论或者结论，不得作为证据适用的规则。司法实践中，意见证据规则一般表现为言词证据意见。证据是证人就观察、感知的事实所作的推断或判断性意见，而非对观察或感知事实的描述。上述陈述由于加入了证人的一些经验或想象，伴有对所观察事实进行的分析，其本身不是事实，不能作为证明案件事实的证据，应当适用意见证据规则。意见证据是证人对事实的判断。由于法官具有普通人所具有的能力，证人对事实的判断，法官也能够做到，并且法官综合案件证据对事实作出判断更具有合理性，其判断的准确性也会高于普通人对同一事实的判断。此外，意见证据规则在其属性上是一种排除规则，其在适用原则上不得采纳为证据，也不具有证据能力。证人只能就自己所见的事实予以陈述或提供证据，其提供证明案件的陈述属于有关的意见、推论或者论断的，则不得作为定案的根据。

在英美证据法中，意见证据规则主要适用于一般证人。依照美国联邦证据规则第 701 条的规定，一般证人以意见或推理的形式表达的证言仅限于以下情况：合理建立在证人感知的基础上；有助于澄清该证人证言或确定争议事实。② 比较一般证人而言，专家证人则属于意见证据规则的例外。在美国法中，比较一般证人而言，专家证人和专家证言具有以下特性：其一，专家证言对陪审团具有更强的影响力。由于“专家”的外在权威地位，陪审团在审判过程中的思维极易受到专家证言的左右；其二，专家证人在法庭上具有超乎寻常的特权和自由度。专家不仅可以在法庭上提供非基于第一手知识或观察而形

① John Henry Wigmore, *Evidence in Trials at Common Law*, revised by Peter Tillers, Vol. IV, Little Brown and Company, Boston, 1983, p. 415.

② 参见何家弘、姚永吉：《两大法系证据制度比较论》，载《比较法研究》2003 年第 4 期。

成的意见（Opinion），也可以基于传闻（Hearsay）信息去佐证其意见；其三，专家证言的内容通常超出一般人的知识范围，陪审团根据自身的生活经验去评估专家证言的能力极为有限。有鉴于此，不符合法定标准而进入陪审团成员视野的专家证言较易产生误导或混淆视听的负面后果。① 正因为专家证人和专家证言可能存在的负面后果，英美法系国家在专家证人和专家证言的可采性方面才走过了由法官唯专家是瞻到法官承担“守门”角色的演化历程。

在法官唯专家是瞻阶段，在专家证人和专家证言方面的标准是“普遍接受”标准，该标准由 Frye 案②确立。该案于 1923 年由哥伦比亚特区上诉法院审判，案中的上诉人（被告）被控犯有二级谋杀罪。在初审环节，被告代理律师曾提供一位专家证人就被告所做测试结果予以佐证。该种测试具有较强的专业性，被称为心脏收缩压测谎。根据该测试的原理，说实话是自然而发的，不需要有意识的雕琢。与此相反，说谎则是一种有意识的行为，会因此而反映到血压变化方面。相应地，由于说谎而引致的血压升高很容易测试出来，且较易和仅仅是由于害怕测试而引致的血压升高予以区别。在 Frye 案中，由于被告提出由实施上述测谎的科学家作为专家针对测谎结果作证，且该请求遭到控诉方的反对，法院遂在该种专家证言是否具有可采性方面遭遇抉择性困难。实务中，尽管哥伦比亚特区上诉法院基于心脏收缩压测谎理论尚未在生理学和心理学界达到普遍接受的程度为由，否决了案中专家证言的可采性。但 Van Orsdel 法官就该案所作的阐述使得“普遍接受”测试标准成形。Van Orsdel 法官认为，“某一科学原则或发现究竟在何时跨越了试验和证实阶段之间的界限，是难以界定的。在这个灰色区域的某一节点上，某一原则的证据力必须得到认可。在采纳一种从已得到公认的科学原则或发现所推演出的专家证言方面，法院将不会费很大劲。据以进行演绎的事情必须获得充分的确立以达到在其所属特定领域已获得普遍接受的程度”。③ 某种程度上，在专家证言可采性方面，“普遍接受”标准并未给予法官较大的自由裁量空间，法官或陪审团在此标准下的作为仅表现为统计专家的人数和查阅某种理论的流行程度。有鉴于

---

① Victor E. Schwartz & Cary Silverman, *The Draining of Daubert and the Recidivism of Junk Science in Federal and State Court*, 35 *Hofstra Law Review* 217, 220 (2006-2007). 转引自赵西巨：《专家证言、新科学理论与法官角色》，载《证据科学》2010 年第 18 卷。

② Frye v. United States, 54 App. D. C. 46, 293 F. 1013 (App. D. C. 1923). 转引自赵西巨：《专家证言、新科学理论与法官角色》，载《证据科学》2010 年第 18 卷。

③ Frye v. United States, 54 App. D. C. 46, 293 F. 1013 (App. D. C. 1923).

此，美国在此后的“Daubert 三部曲”中对专家证人和专家证言可采性标准，以及法官、陪审团在此方面的作用进行了修正。在其内容方面，“Daubert 三部曲”由“Daubert 案”、“Joiner 案”和“Kumho Tire 案”构成。整体上，上述三案的判例形成了一个富含弹性、法院自由裁量主导、内含多种因素考量的新规则，从而取代了此前生硬、单一、主要由专家界定的“普遍接受”标准。①

大陆法系证人与英美法系的范围不同，证人即指普通证人，专家证人被称为鉴定人，鉴定人的意见具有可采性。专家证人的作用在于为法庭审理提供必要信息，以弥补法官和陪审团专门知识方面的不足。在司法实践中，上述专家证人或鉴定人实际上是“法院的助手”，其作用在于向法院提供一般性的知识或经验，抑或利用其特有的专业知识和技能对某些事实予以解析、判断，并借助特定的方法及程序达致明确的结论。② 本质上，证人的推断尽管不是事实本身，但仍是以其感知的事实作为依据的，其意见并非无本之木、无中生有。意见证据在某些情形下对案件具有一定的证明作用，尤其是对自己所观察到的事实得出的体验性意见。有鉴于此，普通证人的意见证据并非一概被排除，而是存在一些例外的情形。概括而言，归属于上述情形的包括：③ 其一是关于某人的感情和身体状况的意见证据；其二是关于辨认声音的意见证据；其三是关于运动中的机动车的速度的意见证据；其四是关于证人自身状况的意见证据。

第二节　司法证据法的价值

司法是基于技艺理性而进行的活动。技艺理性之要求不单纯指涉司法官的法律推理和法律论证，还涉及司法官如何经由法定的证据查明案件的事实。于此而言，相应的司法权运行主体必须掌握或甄别充分的证据才能够真正认识案情，而实现上述目标必须遵循司法证据法并依照相应的证据规则才可能实现。对于当事人及其他外部主体而言，司法证据一方面是其参加或参与司法活动、维护自身合法利益的法律手段，同时也是规约司法权运行主体证据应用合法性与否的具体标尺。

---

① 参见赵西巨：《专家证言、新科学理论与法官角色》，载《证据科学》2010 年第 18 卷。

② 参见邵建东主编：《德国司法制度》，厦门大学出版社 2010 年版，第 286 页。

③ 参见谢安平、郭华：《证据法学》，中国人民公安大学出版社 2009 年版，第 236 页。

一、司法证据的理论基础

整体上，司法证据法需要解决的核心命题在于如何保障司法权运行主体以及当事人如何能够正确地发现真实。这里的真实，“是说我们对于某一事实的概念与离开我们意识而确实存在于外界的事实相符合”。① 在实现以上核心命题方面，认识论无疑是其理论基础。其间的原因在于：绝大多数诉讼活动，无论是确认哪种事实为证据，采用何种标准划分证据类型，采用何种认识确认新的证据种类，还是诸如发现证据、收集证据、保全证据、审查判断证据、运用证据认定案件事实等，都和人们的认识方法、认识路线、认识能力密切相关。认识论因而成为司法证据法的理论基础。此外，由于证明案件事实与一般的事实证明存在区别，其不仅客观上需要发现事实真相，还需要经由合法、理性、正当的程序发现真相。换言之，发现真相的过程及手段都必须符合法律的目的。但是，是否符合目的的考量过程需要协调和平衡各种价值，价值论因此亦成为司法证据法的理论基础。

（一）司法证据的认识论基础

哲学上的认识论是对人类知识的本质、来源、能力、范围、限度和真伪标准的研究，它回应的命题是人能否以及如何了解和认识客观存在的问题。具体到司法诉讼过程中的认识论，是指一般认识原理对具体事物的认识在诉讼中的应用。比较而言，司法诉讼过程中的认识论要接受哲学上的认识论的指导，但也存在自身的一些特殊之处，如诉讼认识的主体特定，诉讼认识的手段主要是证据，诉讼认识过程被严格法定化，诉讼认识有可能达到主客观一致等。② 尽管如此，诉讼等司法过程中的认识与一般哲学如辩证唯物主义的认识论同样存在相通之处。以诉讼活动为例，它是一种认识证据和案件事实的活动，同样也是司法权运行主体以及当事人通过把“自在之物”转化为“为我之物”，将案件事实通过证据转化为被认识了的东西的过程。③ 在上述转化过程中，无论是证明过程中的他向正明还是自向证明，均需要以证据为基础。此外，证据制度的完善、证据规则的建立也与人们对有关证据问题和证明问题的反映程度及其

---

① 参见［苏联］切里佐夫：《苏维埃刑事诉讼》，中国人民大学刑法教研室译，法律出版社1995年版，第118页。

② 参见陈光中主编：《证据法学》，法律出版社2011年版，第83～85页。

③ 参见谢安平、郭华：《证据法学》，中国人民公安大学出版社2009年版，第62页。

水平密切相关。之所以如此，是因为证明过程本质上是一种认识活动，① 证明内容和证明主体的主观态度并不影响证明过程本身的属性。

从辩证唯物主义的可知论来说，证据是可知的。同样，案件事实真相也是可知，且是能够通过证据证明或者借助经验法则、伦理法则发现的。一定程度上，司法领域的证明过程是一个从感性认识到理性认识，又从理性认识回归司法实践的反复过程。在此过程中，人们认识案件事实真相的具体手段越多，可兹证明案件事实的证据相应的就会越充分，案件事实真相得到认识的可能性因此也就越大。当然，基于辩证唯物主义认识论的相对性特点，案件事实真相的发现也是相对的，因为它"即使是可知的，是可以通过证据认识的，也并不代表在任何情况下都是能够被认识的。即使是高尖端的科学技术，也不可能发展到对任何案件事实都能够完全地认识"。② 从此角度来说，人们的认识能力、案件事实真相的暴露程度都是有限的。司法实践中必然也会存在未被认识的案件事实。正因为如此，司法证据制度的存在才有价值，才能够在穷尽认识手段的基础上保证案件得到理性处理。

（二）司法证据的价值论基础

司法证据法作为纠纷解决的规范性手段，存在多重目的：发现案件事实真相、追求司法公正、兼顾司法效率。某种程度上，司法权的运作是特定的司法权运行主体自身价值规范基础上的法律适用过程。上述司法权运行主体在协调多重目的方面，显然会涉及价值论问题。认识过程同时也是价值的判断与选择的过程，司法证据法在以认识论为理论基础之余，也应当借助价值论的合理内核。其间的原因在于：发现案件事实真相并非诉讼过程的唯一任务，考量多种任务的过程中必须倚重价值论。作为主要适用于司法领域的法则体系，司法证据法具有较强的程序特性，程序正义自然而然成为司法证据法的价值论基础。在司法证据领域，无论证据的收集固定还是证据保全，抑或证据的审查判断或借助证据认定案件事实，均需要符合正当程序的要求。当然，程序正义理论不仅要求发现案件事实真相需要考量正当性问题，更为重要的是，司法证据法所确立的发现案件事实真相的手段与方式也应当具有正当性基础。换言之，证据的发现、证据的收集、确立证据能力、审查判断证据等领域的规则，都应当经

① 参见卞建林、谭世贵主编：《证据法学》，中国政法大学出版社 2010 年版，第 49 页。

② 谢安平、郭华：《证据法学》，中国人民公安大学出版社 2009 年版，第 64 页。

由程序正义、而不能违反正当法律程序的一般价值。

此外，追求多重目的的司法证据法，因多元化的追求活动而客观上需要遵循利益衡量的价值设定准则。以刑事诉讼为例，其最容易在实体正义与程序正义之间产生价值冲突。① 理想的司法状态是实体正义与程序正义能够同时实现，大多数案件可以通过正当程序达到案件事实真相的目的，如此便能实现正当程序和案件事实真相的统一。但同时也会存在的是，一些案件会在正当程序和案件事实真相之间产生冲突，这就需要应用利益衡量。其间的原因在于：多元化的价值存在，必然会在价值之间出现冲突或者矛盾。如果多元化的价值发生矛盾或冲突，那么司法证据法规范的制定便只能够根据利益衡量的基本标准和原则确立更需要保护的价值。同时，在证据适用的过程中，还应当考虑哪些价值更为优越、更需要特别的保护，从而舍弃其他价值的正当性问题。②

二、司法证据的基本属性

司法证据的基本属性，是指证据之所以成为证据的内在规定性问题。对此问题，不同法系国家的司法证据法存在差别，③ 司法证据的基本属性因此存在多元化的表现。

（一）司法证据的关联性与可采性

司法证据的关联性（relevance）与可采性（admissibility）存在密切的关联。一方面，证据的可采性要以证据的关联性为前提，如特定证据和司法诉讼活动中的待证事实没有关联则其不可被采纳为定案的根据；另一方面，具有关联性的证据并不一定因此具有可采性，关联性一般情况下是证据可采性的充分、必要条件，但在一些特殊情形下，关联性仅是证据可采性的必要条件。

1. 司法证据的关联性

司法证据的关联性，是指证据与案件事实之间的实质性联系以及证明能

---

① 参见卞建林、谭世贵主编：《证据法学》，中国政法大学出版社 2010 年版，第 68 页。

② 谢安平、郭华：《证据法学》，中国人民公安大学出版社 2009 年版，第 67 ~ 68 页。

③ 某种程度上，这种差别的产生是因为审判模式不同而产生的。英美法系国家的当事人主义审判模式在司法证据的基本属性上强调证据自身，而大陆法系国家职权主义审判模式则强调司法官对证据的判断。只不过，随着当代司法审判模式的逐步融合，不同国家司法证据的基本属性也在互相借鉴。

力。① 在其应用方面，司法证据的关联性借助其与案件事实之间的证明性而发挥其功能，其功能发挥的正常与否、大小或强弱与司法证据的关联性程度存在大致同步的反映关系。从此角度来说，司法证据的关联性就是足以影响诉讼所决定的任何事实是否存在的认定原因。如果某一特定证据存在，相应的事实是否存在就具有可能性且比较而言缺失该证据的可能性更大，则任何具有此类倾向性的证据便具有关联性。相应地，如所提供证据与案件事实之间不存在特定联系，则会因为缺失借以判断争议事实的能力而成为无关联性的司法证据。对于无关联性的司法证据而言，由于其不具有证明案件事实的法律意义而当然不能被司法权运行主体所采纳。② 某种程度上，任何证据都是在案件的产生和发展进程中形成的，其与案件事实必然存在某些特定的关系。从司法过程的角度来说，上述关系为司法权运行主体及当事人经由证据认识案件事实提供了切实的途径，司法证据的关联性借此成为经由证据而认定案件事实的桥梁。

应当注意的是，尽管司法证据的关联性是该证据可采的前提条件，缺失关联性的司法证据在法律上则不具有可采性，但在当事人主义理念下，司法官在司法诉讼中并没有法定义务去主动排除缺失关联性的司法证据。③ 在具体司法实践如审判过程中，一般只有一方当事人对证据的可采性提出异议或反对时，法官才会就该证据是否具有可采性予以裁判。对于一项缺失关联性的司法证据，如果对方当事人未提出异议，抑或尽管提出异议，但所依据的排除理由存在错误，则该缺失关联性的证据也会获得可采性。

2. 司法证据的可采性

司法证据的可采性问题是英美证据法的核心问题，围绕该问题存在广义和狭义两种理解。狭义上的可采性论者通常对关联性和可采性予以区分，进而认为关联性完全是逻辑问题，而可采性则是法律问题，广义的可采性则是包括关联性要求在内的可采性。在司法实践中，审查一个证据是否具有可采性，可以从以下两个途径进行：其一是考察该证据与案件事实是否具有关联性；其二是

---

① 谢安平、郭华：《证据法学》，中国人民公安大学出版社 2009 年版，第 86 页。

② 在此方面，英美法系国家如美国、印度都在其证据法律规范中明确规定，大陆法系国家中的意大利也在其《刑事诉讼法》中予以规定。参见何家弘、姚永吉：《两大法系证据制度比较论》，载《比较法研究》2003 年第 4 期。

③ 参见卞建林、谭世贵主编：《证据法学》，中国政法大学出版社 2010 年版，第 142 页。

考察该证据是否具有合法性。① 从司法应用的角度来说，可采性的价值在于，它意味着在大多数具有关联性的证据可以被采纳为证据的基础上，一些具有关联性但符合排除规则确认情形的证据，就应当予以排除。换言之，司法证据可采性的要义，在于确保司法权运行主体所采纳的证据只能是那些相关的、可信任的、可靠的且不破坏程序正义的证据。② 如果相关司法证据不具有关联性，则不能够被采纳为证据。同时，对于具有关联性的司法证据，如果其不符合法律的相关规则，同样不能被采纳为证据。

（二）司法证据的客观性和合法性

比较而言，司法证据的客观性是司法证据的内在属性，合法性是因法律而附加于司法证据的外在属性。客观性是司法证据的存在基础，而合法性则是确保证据与案件事实能否理性证明的源泉。

1. 司法证据的客观性

司法证据的客观性是指证据的客观实在性，意味着证据不是人的主观想象、猜测或臆断。概括而言，司法证据的客观性包括：其一，司法证据都应当是表现为客观存在的实体，无论证据的形式表现为人还是物，都是客观存在物。其二，司法证据的内容是针对与案件有关事实的反映，而与案件有关的事实都是客观存在的事实，以上事实并非主观想象、猜测、分析和判断而产生。其三，作为司法证据内容的事实与案件事实真相间的联系是客观的。如无客观联系，则该证据实际上无法履行揭示案件真实情况的功能。对于司法过程而言，如果以没有客观联系的证据去证明案件事实，往往会歪曲案件的真实情况，在其结果上造成错误的决定和裁判。因此，司法证据之所以能够发挥证明与案件有关事实的功能，是源于它是对客观事实的正确反映。③ 换言之，正是因为司法证据具有客观性才具有证明能力，如缺失客观性，则司法证据本身的存在尚存在疑问，则其当然无法发挥其证明与案件有关事实的功能。

2. 司法证据的合法性

司法证据的合法性，是指证据应当符合法律的要求。具体而言，司法证据的形式以及收集的主体、方法、程序应当符合法律的规定，且司法证据必须经

---

① 参见何家弘、姚永吉：《两大法系证据制度比较论》，载《比较法研究》2003 年第 4 期。

② 参见陈光中主编：《证据法学》，法律出版社 2011 年版，第 142 页。

③ 参见陈光中主编：《证据法学》，法律出版社 2011 年版，第 144 页。

过法定的审查程序。而在所有法律规定方面，司法证据法重点强调的是司法证据收集手段、方法的合法性。① 司法证据合法性的价值在于，它借助法律的规定来保证证据的客观性和关联性，并经由一定的程序维护法律的秩序性及安定性。

因此，司法证据合法性的要求是一种立体、综合性的要求，其不仅涵盖司法证据本身，而且兼及司法证据的获得及应用过程。对于上述立体、综合性的要求，大多数国家的立法例不是在证据法中直接作出正面的规定，而是采用证据排除规则的方式从反面予以规定。② 概括而言，规定的内容主要包括：其一，证据来源、证据形式及具体内容应当能够表明证据符合法律的规定；其二，司法权运行主体及当事人应当依照法律的规定收集、固定、保全、审查、应用证据。非经法定人员并依照法律规定收集、固定、保全和审查和运用的证据，不能够成为定案的根据，也不能够发挥证明案件事实的功能。其三，对于以非法方法收集的证据，应适用非法证据的排除方法来限制其进入案件证明领域。在其功用上，排除非法证据有利于遏制非法收集证据的行为或者为获得证据而不择手段的行为，其要旨在于从消极的层面来保障证据来源和形式的客观性。③

（三）司法证据的证据能力和证明力

司法证据的证据能力指涉某种资料作为证据的资格，而证明力是指证据所具有价值的大小。司法证据作为证明案件情况及定案的根据，除了需要从客观性、合法性等角度予以分析外，还应当具有证据能力和证明力。其间的原因在于，任何证据能够成为法庭调查所需的证据或者定案根据的基础在于其必须具备证据能力和证明力。④

1. 司法证据的证据能力

证据能力，又称“证据的适格性”、“证据资格”，是指某一材料能够用于严格证明的能力或资格，指涉的是“证据的容许性，亦即作为证据，在审判

① 参见陈光中主编：《证据法学》，法律出版社2011年版，第148页。

② 参见何家弘、姚永吉：《两大法系证据制度比较论》，载《比较法研究》2003年第4期。

③ 谢安平、郭华：《证据法学》，中国人民公安大学出版社2009年版，第87页。

④ 谢安平、郭华：《证据法学》，中国人民公安大学出版社2009年版，第87页。

庭上为了用于调查的所谓适格。”① 理论渊源上，“严格证明”来自德国的证据理论。② 依照德国的证据理论，证明可分为严格的证明和自由的证明两种。严格的证明主要是针对实体法事实严格依据证据法的规定进行的证明，它具有“严格的形式性”。自由的证明是针对若干程序事实进行的非依照严格的证据法的规定、主要依靠法官的裁量而进行的形式较为灵活的证明。由于大陆法系主要由法官认定证据，在进入法庭的证据方面限制内容较少。其间的原因在于，大陆法系国家大多由职业法官审判，法官接受过系统、严格的职业训练且在法律素养上优于陪审员，证据一般不能在开庭审判前进入法庭的前置性程序。即使是那些缺失证据能力的特定事实，原则上亦可以进入法庭，只是不能作为定案的根据。比较严格的证明而言，自由的证明没有法定证据方法的限制和法定调查程序之限制，“法院就调查证据的方法与程序，享有较为充分的选择自由，原则上可以使用所有的证据材料来证明，这也是称其为‘自由’的道理。据此，法官甚至于可以查阅卷宗或电话询问的方法来探求证据材料并形成心证，不受直接言词及公开审理原则及传闻法则之限制”。③

与大陆法系国家不同，英美法系国家对证据能力的限制内容较多且相对严格。其间的原因在于：英美法系国家的审判多采用陪审团制度。在司法过程中，案件事实的认定主要由陪审团进行。由于陪审员多缺少法律乃至司法的专业训练，其在证据适用方面较易出现偏见甚至掺杂个人感情因素。为了避免上述情形，英美法系国家对提交法庭的证据进行相关限制，以便能够通过审判前的证据开示或听审程序来过滤掉那些缺失证据能力的“证据”。正因为如此，英美法系国家才对证据的关联性与可采性予以重点强调，“为防止陪审先入为主，或受社会舆论之影响，或误用推理之经验法则，或迷于被告之社会地位或经历，或惑于被告之巧辩，致有偏见或涉及感情或专断之弊，乃就可以使用为证据之范围加以限制，即就证据之容许性设定严格的规则，以保障证据之证明力”。④

---

① ［日］我妻荣主编：《新法律学辞典》，董璠舆译，中国政法大学出版社 1991 年版，第 485 页。

② 参见陈光中主编：《证据法学》，法律出版社 2011 年版，第 142 页。

③ 林钰雄：《刑事诉讼法》（上册·总论编），中国人民大学出版社 2005 年版，第 353 页。

④ 陈朴生：《刑事证据法》，三民书局 1979 年版，第 72～75 页。

2. 司法证据的证明力

司法证据的证明力，又称作证据的效力或证据的价值，是指证据对于案件事实证明而言是否有作用以及作用大小问题。司法证据的证明力是证据本身所具有的自然效力以及其所具有的内在属性。从司法证据自身来看，证据具有客观性并与案件事实具有关联性，就具有一定的证明力。但是，不同的证据由于各自的特性和案件事实的关系不同，对于案件事实来说则具有不同的证明价值，因此其所发挥的证明作用也存在差异。

因此，司法证据法如何确立司法权运行主体对证据证明力的判断规则就成为一个很重要的问题。在以证据作为判断案件事实是否存在的主要手段的司法诉讼活动中，通常存在法定证据制度和自由心证证据制度。① 尽管以上两种制度都是围绕证据证明力的判断和法官运用证据确认案件事实的认识方式而确立的制度，但因法律对证据证明力等内容以及法官拥有实质上的自由裁量权是否作出明确规定，两种制度在其具体运作层面存在本质的差别。法定证据制度的要义在于，法律预先设定证据证明力的大小以及对其可以作出的取舍，法官在判断和取舍证据方面不存在自由裁量权，也不能够从其内心确信和良知意识出发作出认定。② 法定证据制度的优越之处表现为，它可以要求法官在审理案件过程中对证据的运用只需要符合法律规定的各项规则即可，这有利于约束法官并有效避免司法权的失范运行。但是，其内在缺陷在于，由于其无视法官的技艺理性会窒息法官对案件的理性判断，据此作出的裁决可能背离案件事实。自由心证证据制度则与此不同。在此制度下，法律不对证据的证明力预先作出规定，而是允许法官、陪审员在审理案件过程中根据经验、理性和良心，进行自由判断和评价。③ 理论上看，自由判断证据的证明力与诉讼证据本身的复杂程度相一致，能够使得法官对证据进行更加理性的自由判断，因此成为现代世界各国普遍采行的证据制度。

三、司法证据的存在价值

司法证据的存在价值事实上是其对整体上的司法过程，以及上述过程中的

---

① 参见卞建林、谭世贵主编：《证据法学》，中国政法大学出版社 2010 年版，第 152 页。

② 参见［法］贝尔纳·布洛克：《法国刑事诉讼法》，罗结珍译，中国政法大学出版社 2008 年版，第 79 页。

③ 参见［美］弗洛伊德·菲尼、［德］约阿希姆·赫尔德、岳礼玲：《一个案例两种制度：美德刑事司法比较》，郭志媛译，中国法制出版社 2006 年版，第 350 页。

不同法律关系主体的功用问题。对于司法过程而言，证据是认定案件事实的唯一合法手段，司法过程的顺利推进及完成不可能离开司法证据。对于相关法律关系主体而言，证据又和各种权力、权利和自由存在密切的关联。因之，司法证据的存在具有重要的价值意义。

（一）司法证据是司法活动展开的基本要素

某种意义上，司法活动就是司法权运行主体依照法律规定查明案件事实，从而判明有关行为是否合法的各种过程，相关行为过程必须以证据这一基本要素为基础。以诉讼为例，依照证据裁判原则，裁判必须依靠具有证据能力且经调查的证据才可作出。历史地看，证据裁判是人类从非理性裁判走向理性裁判的一个重要标志，它的确立经历了一个漫长的历史发展过程。时至今日，证据裁判原则业已在绝大多数国家的司法中获得了普遍应用，“随着近代合理主义的兴起，开始通过人的理性发现事实真相。因此，形成一项原则：认定事实必须依据证据，其他任何东西都不是认定事实的根据”。①

（二）司法证据是实现司法公正的基石

司法公正是司法的灵魂和生命线。司法公正本身是社会公正的组成部分，同时也是实现社会公正的最后屏障。在其内容上，司法公正包括实体公正和程序公正两个方面。实体公正和程序公正的关系体现在两个方面：一是二者具有一致性，在一般情形下两者相互促进，并且同时实现；二是两者相互冲突，即在某些情形下程序公正与实体公正不能同时实现，只能二者择其一。② 正因为如此，实现实体公正往往是一个异常艰难的过程。其间的原因在于：其一，实体公正所代表的案件“真实”和“真相”，通常与多样、复杂的社会现象紧密勾连，其本身具有很强的不确定性；其二，在现代司法语境下，实体公正唯有借助程序公正才能够达成，而程序本身的节制性和形式性，则决定了实体公正的实现必然面临着诸多技术难题。

当然，无论是实体公正，还是程序公正，其最终实现都无法离开证据。从司法活动进行的角度来说，任何案件的处理都是司法权运行主体收集、保全、

① ［日］田口守一：《刑事诉讼法》，刘迪等译，法律出版社 2000 年版，第 217 页。

② 参见陈光中等：《中国司法制度的基础理论问题研究》，经济科学出版社 2010 年版，第 412 ~ 422 页。

审查、判断和适用证据的过程。因此，任何案件的公正处理，某种程度上都是正确运用证据的结果。实现案件的实体公正，实际上是一个对历史性事实作回溯性证明的过程。无数司法实践证明，以上回溯性证明的进行实际上是非常艰难的。其间的原因在于，时间具有不可逆性，作为裁判者的司法官实际上不可能亲历案发过程，因此，他只能借助案发现场的遗留痕迹、证据来重构现场，解析案件发生的真实情形。这种重构、解析的形态决定了人们无法真正、确切地认识案件事实。此外，司法证据的存在还能够发挥限制国家专门机关的权力、保障实体权利和实现程序公正的功能。① 从其内容来看，围绕证据而确立的一些法律原则、法律程序或规则，比如非法证据排除规则、反对强迫自证其罪规则等，都具有限制公权力的功能。证据裁判原则要求国家专门机关在诉讼活动中采取行动、作出决定和裁决必须依据证据，上述规定本身就是在对国家专门机关行使权力的行为予以限制。

（三）司法证据是维护当事人合法权益的法律手段

当事人的权益受到侵害或者发生争议，可以向法院请求法律救济，包括请求法院采取措施，如停止侵害、明确权属，迫使责任人赔偿损失等。当事人主张自己的权利，法院行使审判职权以维护当事人的权益，都必须依靠司法证据。司法证据在维护当事人合法权益方面的意义在于：其一，它是当事人论证自己主张和请求的重要依据。其二，它是确保无辜者不受法律追究的切实保障。② 没有证据，当事人往往不能使自己的主张得到支持，法院也难以依职权来维护当事人的合法权益。在司法活动中，法院采取行动，作出决定和裁决更是必须依据证据，这就对审判机关在行使职权时进行了限制。没有证据，审判机关不能行使相应的权力。这种限制，某种程度上也为当事人合法权益提供了保障。

（四）司法证据是推动司法文明进步的重要载体

在人类社会的发展进步过程中，纠纷解决机制的确立和更新逐渐成为判断司法文明程度乃至社会进步的重要标志。无论在何种纠纷解决机制下，裁判者

① 参见卞建林、谭世贵主编：《证据法学》，中国政法大学出版社 2010 年版，第 154 页。

② 参见陈光中主编：《证据法学》，法律出版社 2011 年版，第 150 页。

都要力求探寻纠纷之间的是非曲直，以便作出公正的裁判。只不过，探寻上述是非曲直的基准存在区别：在人类社会的初始阶段，司法权之运行具有浓厚的神秘主义特性，如果不能以人类的智识断定某一嫌犯是否真正犯罪，便往往借助于神灵裁判。① 与神灵裁判不同，口供裁判是一种以被告人的口供作为定案主要依据的证据制度。尽管如此，口供裁判模式的弊端也是显而易见的，它不可避免地会出现刑讯逼供等非人道行为。为了弥补以上弊端，证据裁判制度因此产生。② 纵览以上裁判模式的变迁过程不难发现，正是人们对证据的不断要求推动了裁判的非理性向理性的转化。在上述转化过程中，司法文明程度不断提高，人类社会的进步得以实现。

第三节　司法证据的应用原则

司法证据要实现其应有价值，其生成过程理应遵循现代国家的证据法则。此外，司法权运行主体及司法活动的不同参与者要实现各自的职权或利益，也要在相应司法程序中使用司法证据。无论在何种阶段，也不论经由何种主体，司法证据的具体应用都要遵循基本的法律规则、原则。

一、证据裁判原则

证据裁判原则，又称证据裁判主义，具体是指认定案件事实应当依据证据。当然，不同诉讼形态下，证据裁判原则的体现略有区别。在民事诉讼和行政诉讼中，证据裁判原则要求裁判的形成必须以证据为依据。但在刑事诉讼中，证据裁判原则的要义在于必须依据证据认定犯罪事实。③ 就其形成的历史过程而言，证据裁判一定程度上是神明裁判、口供裁判的演化结果。④

---

① 参见瞿同祖：《中国法律与中国社会》，中华书局2003年版，第270页。

② 当然，证据裁判和口供裁判的区别不是在于是否将口供作为定案的证据，而是在于是否将其作为定案的主要证据。参见陈光中、郑曦：《论刑事诉讼中的证据裁判原则——兼谈〈刑事诉讼法〉修改中的若干问题》，载《法学》2011年第9期。

③ 参见陈光中、郑曦：《论刑事诉讼中的证据裁判原则——兼谈〈刑事诉讼法〉修改中的若干问题》，载《法学》2011年第9期。

④ 参见陈光中主编：《证据法学》，法律出版社2011年版，第110页。

在成文法层面，近代以来的大陆法系国家大多通过法律规定了证据裁判原则。① 鉴于它是反对口供主义的产物，证据裁判原则的法律规定尤以刑事诉讼领域的规定为多。比如法国刑事诉讼法第427条规定，除非法律另有规定，轻罪案件审判中的具体罪行可以通过各种根据予以确定，法官仅只能以提交审理并经双方辩论的证据为依据作出判决。德国刑事诉讼法第244条规定，为了查明案件事实真相，法院应当依照职权将证据调查延伸到对裁判有意义的所有事实和证据。该法第261条则规定，对于证据调查的结果，应由法庭根据其在审理全过程中建立起来的内心确信而决定。日本刑事诉讼法第317条规定，认定事实应当根据证据。究其实质而言，证据裁判原则之所以规定严格的证据调查程序，其具体目的在于强调对法官裁判的约束。在其应用方面，证据裁判的要义在于通过要求裁判必须依靠证据而达到规范法官权力行使行为的目的，因为它“不仅要求法官必须依证据而为事实之认定，而且对于一定之证据限制法官为自由心证，如无证据能力、未经合法调查，显与事理有违或与认定事实不符之证据，不得作为自由心证之依据。除此之外，补强证据之有无，及科学证据之取舍，法官亦无自由判断之余地。”②

在应用层面，证据裁判的要义在于司法活动中的事实应依据证据来认定，这具体包括两层含义：③ 其一，除法律明文规定外，诉讼活动只能依据证据来认定事实；其二，在诉讼活动中，证据之外的任何东西，比如妄想、主观臆断、推测等，均不具备作为事实认定基础的资格。换言之，证据裁判原则要求裁判在认定事实方面必须以经由合法程序予以确认的证据为基础。如果没有证据，则不得认定事实。当然，在其具体应用方面，证据裁判原则还需要辅以特定的制度和规则。属于上述制度和规则之列的如审判公开制度、判决理由公开制度等。整体上，这些制度和规则对于证据裁判原则而言具有重要意义：一方面，它们是当事人对司法官是否遵循证据裁判原则进行外部监督的基础；另一方面，在诉讼领域，它们的存在也有利于上级法院在上诉审中对原审是否遵循了证据裁判原则予以内部监督，以便能够督促司法官严格奉行证据裁判原则。

---

① 由于在英美法系国家的当事人主义模式下，法官一般不会依职权主动调查证据，法律上无需规定约束法官调查证据的内容，故英美法系国家的司法证据领域并不存在直接明确证据裁判原则的法律或司法理论。在上述国家，证据裁判原则体现在规范证据关联性、可采性的规则以及相关证据出示、认定方面的大量规定中。

② 蔡墩铭：《刑事证据法论》，五南图书出版公司1997年版，第428页。

③ 参见陈光中主编：《证据法学》，法律出版社2011年版，第112页。

在我国，尽管三大诉讼法并未直接通过明确的条文确立证据裁判原则，但相关证据制度内容的背后体现出证据裁判原则的基本精神，并且相关领域的司法解释也在秉持以上精神的基础上对此进行了细化。比如，在刑事诉讼领域，办理特定案件时“认定案件事实，必须以证据为根据。”① 在民事诉讼领域，人民法院应当以证据能够证明的案件事实为依据依法作出裁判。② 在行政诉讼领域，人民法院裁判案件，也应当以证据证明的案件事实为依据。③ 总体而言，证据裁判原则在我国的成文法基础业已确立。

二、真实发现原则

理论上，由于“真实”问题经常与“真实性”、“真”、“真理”等交叉使用，加之其又在不同学科领域使用不同的界定方式，该概念因而呈现出较为混乱的状态。与“真实”的多元表现相一致，司法证据法中的真实也存在一定程度的复杂性。尽管基于证据裁判原则，诉讼中需要发现的“真实”（待证事实）只指涉实体法事实。④ 但从一种应然的状态来讲，司法证据法中的真实应当是存在证据予以证明的真实。当然基于司法推理等司法技术手段，司法证据中的真实也可涵盖特定情形下的推定真实及司法认知的真实。这里的问题在于，以上存在证据证明的真实，很大程度上是司法官的一种主观确信。之所以如此，是因为它们大多属于司法官的内心确信抑或凭借心证不疑故而充分相信其为“真”的真实。这使得发现真实的可能性及程度除了先在的制度安排及技术进步之外，很大程度上取决于案件自身的复杂程度以及参与者素质的高低。⑤ 有鉴于此，经由发现真实达致不同主体的合意就变得至关重要。只有当事人对司法官认定的案件事实因为自己的充分参与而产生认同感和信赖感，才能够在司法官与当事人之间形成对案件真实的共同体认。

由此可见，司法证据的程序设置客观上有助于以上共同体认的形成。一定程度上，真实发现取决于人们对自然规律以及对人本身的认识能力。与此同时，它也取决于诉讼程序、证据规则设计的科学合理与否。从共同体认真实的

① 最高人民法院、最高人民检察院、公安部、国家安全部、司法部2010年发布《关于办理死刑案件审查判断证据若干问题的规定》，第2条。

② 最高人民法院《关于民事诉讼证据若干问题的规定》第63条。

③ 最高人民法院《关于行政诉讼证据若干问题的规定》，第53条。

④ 参见陈卫东：《论刑事诉讼法的基本原则》，载《中外法学》2004年第4期。

⑤ 参见刘根、邓增萍：《论诉讼法上的真实发现——以刑事诉讼为视角》，载《井冈山学院学报》（哲学社会科学版）2005年第1期。

角度来说，真实发现的过程客观上需要司法官将人与物之间的“知”依凭证据来转化为人与人之间的“信”。

三、无罪推定原则

无罪推定原则是指，在刑事诉讼中，任何被怀疑或受到刑事指控的人未经司法程序最终确认为有罪之前，应当在法律上被假定为无罪。从历史渊源上看，无罪推定原则起源于古罗马诉讼中的“有疑，为被告人之利益”的原则。① 在司法活动中，无罪推定原则的效力表现在两个方面：一方面，证明是主张权利人义不容辞的责任，而不是否定人的责任；另一方面，如果原告不能证明，就应该解除被告的责任。在封建社会时期，出于适应封建集权统治的需要，纠问式诉讼模式将惩罚和控制犯罪、维护社会秩序作为刑事诉讼程序运行的唯一目的。在纠问式诉讼模式下，犯罪嫌疑人、被告人在诉讼活动中处境艰难，其权利由于遭到极度压抑而基本上处于无权地位。在很多情形下，犯罪嫌疑人、被告人仅仅被视为一个任凭纠问官处置的“程序对象”、“工作客体”，其个人权利得不到任何保护。作为一项诉讼法原则，有罪推定可以说是整个封建刑事诉讼制度的脊梁，许多诉讼制度的确立与此相关，例如无供不定案的法定证据制度和刑讯逼供就是有罪推定的直接产物。19 世纪中叶，意大利刑法学家贝卡利亚在其名著《犯罪与刑罚》中首先提出了“无罪推定”的口号。基于该口号，贝卡利亚主张：“在法官判决之前，一个人是不能被称为罪犯的。”② 1789 年法国《人权宣言》正式将这一原则用法律的形式固定下来，其第 9 条规定：“任何人在其未被宣告为犯罪以前应被推定为无罪。”1950 年签署的《欧洲保护人权与基本自由公约》规定：“任何受指控犯罪的人，在未依法确定其有罪之前，推定其无罪。”1948 年联合国通过的《世界人权宣言》第 11 条确认：“凡是刑事控告者，在未经获得辩护上所需的一切保证的公开审判而依法证实有罪之前，有权被视为无罪。”《公民权利和政治权利国际公约》第 14 条第 2 项规定：凡受刑事控告者，在未经依法证实有罪之前，应有权被视为无罪。鉴于其重要价值，联合国人权委员会在相关法律文件中将无罪推定原则称作“人权保障的基石”。

究其本质而言，无罪推定是一种法律推定。所谓推定，是指按照一定规则

---

① 参见宁汉林：《论无罪推定》，载《中国社会科学》1982 年第 4 期。

② ［意］贝卡利亚：《论犯罪与刑罚》，黄风译，中国大百科全书出版社 1993 年版，第 40 页。

从一个已知事实推断出一个未知事实的认识活动。① 在分类方面，推定具体可分为“事实上的推定”和“法律上的推定”两种。② 比较而言，前者是根据经验法则对事实进行合理的推断，它实际上就是指合理的事实认定；后者则分为“可以推翻的推断推定”和“不可推翻的推定”。“不可推翻的推定”是一种拟定的推定，当事人不能通过反证的方法加以否定。它实际上并不是一种证据法则，而是一种实体法规则。与“不可推翻的推定”不同，“可以推翻的推定”则是一种纯粹的证据法规则，由于法律允许当事人通过举出反证加以推翻，因此它实际上是一种证明责任的分配机制。在实际应用中，“可以推翻的推定”将法定的反证负担施加到另一方当事人身上，而享有推定利益的当事人则可以免除举证的责任。在各种司法推定中，无罪推定就属于法律推定中的“可以推翻的推定”。原因在于，无罪推定将证明被告人有罪的责任施加到控诉方身上，从而使得被告人在诉讼过程中能够享有免证的特权。当然，在不同种类案件中，无罪推定的具体推定效果是不同的：在民事案件中，应推定被告人不负有责任；在刑事案件中，就应推定被告是无罪的。

四、不得强迫自证其罪原则

一般而言，不得强迫自证其罪原则是指不得以暴力、胁迫等方式强迫任何人提供不利于他自己的证言或被强迫承认犯罪，其要义在于承认、尊重和保障公民的人格尊严及诉讼主体地位。③ 从其缘起来看，不得强迫自证其罪原则所保护的主要是犯罪嫌疑人、被告人的宪法基本权利。在诸多宪法基本权利之中，尤其关注犯罪嫌疑人、被告人作为人的尊严。④ 正因为其保障宪法基本权利的特性，不得强迫自证其罪成为最能够体现人权保障的宪法意义的诉讼权利之一，因而受到极高的赞誉，并因此得到许多国家宪法和国际性条约与公约的确认。

在基本内涵方面，不得强迫自证其罪原则的含义有三：其一，犯罪嫌疑人、被告人没有义务向侦查机关或法庭提出任何可能使自己陷入不利境地的陈

---

① 参见何家弘、姚永吉：《两大法系证据制度比较论》，载《中外法学》2003 年第 4 期。

② 参见卞建林、谭世贵主编：《证据法学》，中国政法大学出版社 2010 年版，第 505 页。

③ 参见沈晶：《新〈刑事诉讼法〉框架下不得强迫自证其罪原则之解读》，载《湖北警官学院学报》2012 年第 7 期。

④ 1789 年，不得强迫自证其罪原则为美国宪法第五修正案所吸收。该修正案规定，任何人“在刑事案件中不得被强迫成为反对自己的证人”。参见陈光中主编：《证据法学》，法律出版社 2011 年版，第 125 页。

述及其他证据，且侦查机关及追诉方不得采取任何非人道或者有损被告人人格尊严的方法强迫其就某一案件事实作出陈述或提供证据。其二，犯罪嫌疑人、被告人有权拒绝回答官员或法官的询问，有权在讯问中始终保持沉默。而且，司法警察、检察官或法官在行使职权的过程中，应当及时告知犯罪嫌疑人、被告人享有此项权利，且法官不得因被告人沉默而使其处于不利的境地或作出对其不利的裁判。其三，犯罪嫌疑人、被告人拥有就案件事实作出有利或不利于自己的陈述的权利，但以上陈述应当基于其真实意愿而进行，并在意识到其行为后果的情况下作出，法院不得把非出于自愿而是迫于外部强制压力所作出的陈述作为定案根据。① 综合来看，不得强迫自证其罪原则使得犯罪嫌疑人、被告人拥有了两项权利：其一是对于陈述与否拥有不受强迫的权利；其二是对陈述与否以及是否提供不利于己的陈述享有选择权。在其属性上，对于陈述与否不受强迫的权利是一项消极性权利。其中的原因在于，它使得犯罪嫌疑人、被告人有权免受各种强制，无论强制是属于肉体性强制还是精神性强制。依照不得强迫自证其罪原则，犯罪嫌疑人、被告人在法律上并不具有协助追诉机关证明自己是否有罪的义务。故而，如其拒绝陈述或拒绝提供不利于己的陈述，则司法权运行主体无权对此予以苛责，更遑论以获取犯罪嫌疑人、被告人不利于己的陈述为借口而采取暴力、胁迫等非人道手段抑或有损人格的方法。在陈述与否以及是否提供不利于己的陈述方面，犯罪嫌疑人、被告人所拥有的是一种积极的选择权。不得强迫自证其罪原则并不禁止犯罪嫌疑人、被告人向司法权运行主体提供不利于己的陈述。实际上，不得强迫自证其罪原则所禁止的只是司法权运行主体为了获取犯罪嫌疑人、被告人不利于己的陈述而采取强迫性手段的行为。

第四节　司法证据的适用

司法证据的价值要得以实现，必须以其具体适用为基础。在司法活动中，尤其是在诉讼活动中，诉讼的启动必须由特定的证据予以支持。在具体审判过程中，相关法律关系主体还应当在法庭上履行举证、质证等职责及义务。在此过程中，证据提供者还需对所提供证据及所要证明事实予以合理解释、说明，以便使得司法官能够接受所提供的证据并对其予以采信，从而获得对指控事实

① Chritopher Osakwe, "The Bill of Rights for the Criminal Defendant in American Law", in Human Rights in Criminal Procedure, Martinus Nihoff Publishers, 1982, pp. 274-275.

或者所主张事实的确认。就此而言，证据要获得作为定案根据并产生实质性的证明力，必须经历举证、质证及认证等程序才可能实现。

一、举证

举证，又称提出证据，具体是指证明主体将自己收集并已经过审查判断的证据提交法院或法庭，以便论证其诉讼主张或者阐明案件事实的活动。① 从司法证据适用的角度来说，举证程序是司法证据得以适用的启动程序，同时也是司法证据得以进入审判程序的最初始阶段。围绕该初始阶段而设定的法律制度，主要包括举证主体、举证期限等内容。

从具体法律规定来看，举证主体可分为两类：一类是举证的义务主体，另一类是举证的权利主体。② 在诉讼活动中，负有举证责任的一方应当提供证据以便证明自己的主张及请求，如无法提供证据，则应承担败诉的风险及法律后果。与举证的义务主体不同，在诉讼中不负有举证责任的一方拥有提出证据的权利。换言之，对于此类主体而言，其举证不是在履行义务，而是在行使权利。对于权利，权利主体可以自主决定行使与否，其不行使也不会因此而承担败诉的风险及法律后果。

举证期限是指当事人或者控告方向法院履行提供证据的责任期间。举证期限的法律意义主要在于，当事人或者控告方必须在以上责任期间内向举证对象提交证据。如当事人或者控告方未在举证期限内提交证据，则除法律另有规定外，应视为其放弃举证权利，将因此承担举证对象不予采纳为证据的法律后果。之所以规定举证期限，是为了提高审判效率、降低诉讼成本、防止当事人迟延提供证据从而拖延诉讼，或者利用诉讼技巧而进行诉讼突袭、保障诉讼程序的公平。从制度设计的角度来说，举证期限的确立应当综合考虑客观的司法环境、不同地区的司法水平等因素。③ 毕竟，对于司法权运行主体而言，举证期限的存在也是对其引导司法过程行为的一种规约。以审判过程为例，法律预先设定了案件的审理期限，法院就应当根据案件的具体情形，对整个审判过程

---

① 参见卞建林、谭世贵主编：《证据法学》，中国政法大学出版社 2010 年版，第 512 页。

② 参见卞建林、谭世贵主编：《证据法学》，中国政法大学出版社 2010 年版，第 512 页。

③ 参见张卫平：《民事诉讼法修改与民事证据制度的完善》，载《苏州大学学报》（哲学社会科学版）2012 年第 3 期。

作出科学、合理的安排，从而要求当事人在合理期限内提供证据。否则，如允许当事人可以随时提出证据，则不仅法庭审判的正常秩序难以维护，法院司法功能的正常发挥也会产生问题。

二、质证

质证程序是指在法庭审判中，如当事人双方及其辩护人、诉讼代理人对提供给法庭的证据存有争议或疑问，则通过询问、辨认、质疑、说明、解释咨询、辩驳等方式，以便查明、核实证据真实、合法以及与案件是否存在关联的活动。① 在质证过程中，质证的主体是当事人双方及其辩护人、诉讼代理人以及特殊情况下的第三人，法院在质证过程中是质证程序的主持者。② 究其实质而言，质证要求双方当事人在就证据材料的正面交锋中来判断该材料的证据效力及证明力问题。③ 因涉及主体众多，同时也是由于质证对于诉讼而言的重要价值，质证程序领域存在相对复杂的规则。④

1. 相关性规则

相关性规则是指证据的内容必须与案件事实相关，否则无须质证。在质证过程中，质询证人应当问询与案件有关联的内容。对于与案件事实无关联的内容，证人有权拒绝回答。但在判断相关性方面，实际上存在诸多困难。实践中，困难一方面来自对相关性的认识具有较强的主观性，还来自相关性本身存在多种形式，如直接相关和间接相关、必然相关和偶然相关、单因素相关和偶合相关、肯定性相关和否定性相关。⑤ 有鉴于此，司法官作为质证程序的主持者，对于那些公诉人、当事人、辩护人、诉讼代理人所发问内容与案件事实无关联的，应当予以制止。当事人任何一方如认为发问内容与案件事实没有关联，有权提出异议，司法官应当判明情况后决定是支持还是驳回。

2. 反对诱导性规则

反对诱导性规则主要应用于法庭审理，是指当事人对证人不得进行启示等诱导性询问。诱导性询问（Leading Question），又称“暗示询问”，是指询问

---

① 谢安平、郭华：《证据法学》，中国人民公安大学出版社 2009 年版，第 365 页。

② 当然，在不同审判模式之下，这一主持者可以有积极或消极之分。

③ 参见常怡、刘艳军：《民事庭审中的质证问题研究》，载《汕头大学学报》2000 年第 2 期。

④ 参见谢安平、郭华：《证据法学》，中国人民公安大学出版社 2009 年版，第 369 ~ 370 页。

⑤ 参见龙宗智：《相对合理主义》，中国政法大学出版社 1999 年版，第 455 页。

者为了获得某一回答而在所提问题中添加有暗示被询问者如何回答的内容，抑或将需要被询问人作证的有争议的事实假定为业已存在的事实加以提问而进行的提问。在具体类型方面，诱导性提问又可以区分为四种情况：其一是虚伪诱导，即暗示证人使其故意作违背其记忆的陈述；其二是错误诱导，暗示证人使其产生错觉，从而进行违背其记忆的陈述；其三是记忆诱导，通过暗示使得证人恢复对某些事实的回忆；其四是诘难诱导，通过提出带有诱导性的问题以便达到对证人已经提出的相关陈述予以诘难的目的。① 出于避免控辩双方左右被询问人，保障被询问人证言的准确性、合理性的目的，询问证人应当避免那些可能影响证言客观真实的诱导性询问。同时，司法官也不得将该项证言予以采信。

3. 禁止威胁性、侮辱性的提问规则

质询证人应当尊重证人的人格尊严，不得威胁、侮辱证人。尤其是在质疑证人人格的情形下，只能涉及证言的可信与否方面，不得涉及其个人的隐私。

4. 交叉询问规则

询问主体的询问应当依照相应的次序展开。交叉询问规则的要义在于，控诉方和辩护方按照提供证人的一方进行主询问，此后由另一方进行反询问的顺序，轮流对证人进行询问。在诉讼过程中，交叉询问能够很大程度上减少在主询问中进行诱导性询问，从而使得证人接受暗示而提供虚假陈述的可能性。

5. 禁止重复询问规则

除非案情需要，不得反复就同一事实反复询问证人。

三、认证

认证，又称证据的审核认定，是指法官在审判过程中对诉讼双方提供的证据或法官自行收集的证据进行审查评判，确认其证据效力的活动。② 鉴于司法证据在各种司法活动中的重要地位，司法证据的认证应当严格进行。比如，我国现行民事诉讼法就明确规定，人民法院应当按照法定程序，全面地、客观地审查核实证据。③ 与此同时，审判人员也应当依照法律的规定、运用逻辑推理及日常生活经验、遵循司法官职业伦理对证据有无证明力和证明力的大小独立进行判断，并应当公开判断的理由和结果。根据认证程序所涉对象的不同，可

① 参见陈朴生：《刑事证据法》，三民书局 1979 年版，第 397 ~ 398 页。

② 何家弘、刘品新：《证据法学》，法律出版社 2004 年版，第 255 页。

③ 现行民事诉讼法第 64 条第 3 款。

以将证据的认证程序分为证据能力的认证程序和证据证明力的认证程序两种。①

1. 证据能力的认证程序

对证据能力的认证可以当庭认证。这里的当庭认证是指独任审判员或合议庭当庭公开认定证据的制度。在具体司法实践中，当庭认证不仅包括在法庭上当即认证，还包括休庭合议后再次开庭时的认证。在具体应用上，该认证主要适用于针对单一证据的认证。具体是将证据的认证划分为若干单位，每出示一个证据，经双方质证后，则立即由审判人员作出确认，并说明该证据是否被采纳及相应的理由。整体上，以上认证方式简洁、明晰，脉络清楚，能够使人一目了然。但是，以上认证模式的缺陷也是显而易见的。这里的缺陷表现为：一方面，由于以上认证模式是以每一个证据作为一个单元，证据之间的相互联系被人为割断，司法官因此难以纵览全局、融会贯通，同时匆忙之下作出认定也极易导致认证错误；另一方面，以上认证方式对审判人员应变、驾驭能力的要求极高，一般而言较难掌握。故而，这种一证一认的认证方式大多只适用于那些案情简单、证据特征明显、真假易辨的案件。②

2. 证据证明力的认证

证据证明力的认证是指对证据证明力有无及大小的认定。司法实践中，该种认证通常在庭后进行。庭后认证具体是指将相同种类的证据放在一起或一组，且在质证的基础上视具体情形而进行的认证。③ 在具体适用方面，庭后认证需要审判人员根据所要证明的事实对其进行分类、归纳后一并作出认定，客观上存在一定难度。尽管如此，在上述分类、归纳且认定过程中，审判人员对一组中各单一证据以及证据之间的相互关系能够形成比较全面的了解。经历如此过程，证据的认证能够很大程度上避免认定错误或者出现认定后的各个证据之间仍有矛盾等现象。鉴于庭后认证的上述特性，其主要适用于案情相对不复杂、法律关系比较明确、证据对待证事实的证明作用比较明显的案件。实践中，如当事人双方中任何一方在质证过程中对证据持有异议并提供反驳证据，

① 参见谢安平、郭华：《证据法学》，中国人民公安大学出版社 2009 年版，第 372～373 页。

② 参见卞建林、谭世贵主编：《证据法学》，中国政法大学出版社 2010 年版，第 518 页。

③ 参见谢安平、郭华：《证据法学》，中国人民公安大学出版社 2009 年版，第 372 页。

从而一时难以作出判断，抑或双方就同一事实均提出证据而导致当庭难以鉴别，或者合议庭成员对证据持有不同看法、存在疑问而导致当庭无法查清，则可以进行庭后认证。

四、认定

此处的认定是运用已经认证的证据来认定案情，具体是指审判人员依据业已审查核实的证据认识并确定案件事实的活动。① 概括而言，认定的特性在于：其一，认定的有权主体是审判人员。作为一种司法权运行活动，运用证据认定案情的人员只能够是审判人员，审判人员以外的其他任何机关、组织和个人都无法运用证据认定案情。其二，认定的基础是审判人员对证据的认定。在具体推进过程中，认定与认证密切相关，大多数情形下都和认证同时进行，但两者依然存在不同。认证在其具体内容上是审查证据的客观性并判断证据的关联性，而认定则是在认证的基础上，依据业已审查合适的证据对案件事实予以判断和确定。其三，认定的责任主要由审判人员承担。认定作为依据已经审查核实的证据认定案件事实的活动，其本身具有一定的主观性。其间的原因在于，认定的完成要由具体审判人员依照已经审查核实的证据与待证案件事实之间的逻辑关系，凭借自身的法律知识积累和司法经验作出科学、合理的认识和确定。如若认定过程中产生认定错误，则审判人员应当承担相应责任。正因为认定运作的主观特性及其对司法技艺的较高要求，认定的过程必须遵循一些重要法则。②

1. 经验法则

经验法则是人类在长期生产和生活实践中形成的，以经验归纳和逻辑抽象后所获得的关于事物属性以及事物之间因果关系或属性状态的知识或法则。在其内容方面，经验法则包括一般人日常生活所提炼的常识，也包括科学、技术、艺术、商贸等方面的专业知识。③ 在生活中，人们对事物的各种判断离不开经验法则；在诉讼中，当事人的证明和法官的事实认定同样离不开经验法

---

① 参见卞建林、谭世贵主编：《证据法学》，中国政法大学出版社 2010 年版，第 620 ~ 623 页。

② 参见谢安平、郭华：《证据法学》，中国人民公安大学出版社 2009 年版，第 401 ~ 419 页。

③ 参见［日］新堂幸司：《民事诉讼法》，林剑锋译，法律出版社 2008 年版，第 375 页。

则。①当然，在不同诉讼模式下，应用经验法则的具体要求不同。在职权主义审判模式下，由于以法官为中心，故而司法制度期待法官具有超越常人的敏锐观察力、分析力以及判断力，法官的经验法则通常不局限于普通人的日常生活经验。而在当事人主义审判模式下，由于案件事实的认定集中了一般人可以接受的普通人的日常生活经验法则，该经验法则与陪审员的存在成分相贴合。而陪审员则是几乎不存在特殊经验或超常人智慧的群体。因此，当事人主义审判模式下的认定，其所采用的经验法则更接近于当事人，因而体现一般人的常识性经验。

在适用经验法则认定案件事实的过程中，法官应当坚持客观的态度。之所以如此，是因为经验法则应当是人们所普遍认同的，而非法官个人的认识。②这要求法官，在具体应用经验法则的过程中，应当以人们的一般社会认识作为基准或大致的尺度，谨慎地对待经验法则。在适用经验法则时，法官应当坚持客观、防止主观，禁止以主观代替客观。然而，在司法过程中，法官对经验法则判断的主观性是无法避免的，绝对消除以上主观性是不可能的，从司法证据法的角度来说，应当借助相应的制度设计在经验法则的客观性和判断的主观性方面努力达致一种恰当的平衡。③在我国，尽管在司法实务领域应用经验法则的情形并不少见，但在具体诉讼立法和证据立法领域尚有待完善。在相关诉讼立法和证据立法领域尚未完善的情况下，在选择适用经验法则方面应当采取审慎的态度，"对某一案件事实真相的查明，只有在缺乏充分证据的情况下，或者获取充分的证据存在客观上的障碍、超出合理的成本等情形时，法官才有必要将经验法则作为一种证据对待证事实作出认定。"④

2. 论理法则

论理法则，又称逻辑法则，主要指向审判人员，要求其在审查判断证据时，必须符合一般人类理性标准，其对证据所作判断均须有妥当性与适合性，必须合理运用自由裁量，否则即构成裁量权之滥用。⑤在司法实践中，论理法则的应用具体表现为法官运用逻辑推理的方式，从一个或几个已知的判断前提

---

① 参见张卫平：《认识经验法则》，载《清华法学》2008 年第 6 期。

② 参见张卫平：《认识经验法则》，载《清华法学》2008 年第 6 期。

③ 参见张卫平：《认识经验法则》，载《清华法学》2008 年第 6 期。

④ 参见毕玉谦：《论经验法则在司法上的功能与应用》，载《证据科学》2011 年第 2 期。

⑤ 参见陈容宗、林庆苗：《民事诉讼法》，三民书局 1996 年版，第 487 页。

得出另一个未知的判断结论的过程。论理法则在以上推断过程中，是人们根据已知事实推导未知事实的逻辑推理工具。① 作为根据前提判断的逻辑性质推出必然性结论的推理规则，论理法则具有如下特性：其一，论理法则是从一般性知识推导出个别性知识结论的推理性规则。在具体应用方面，论理规则主要表现为演绎推理，其基本结构形式由前提和结论两部分构成。具体而言，大前提由归纳推理提供，表现为经由“经验法则”所获得的成果。虽然经验法则自身属于“常识性”知识，但因其所获得的结果由归纳而产生，故而相对于论理法则的应用而言，仍具有“个别性知识”的性质。其二，论理法则是前提与结论保持统一性质的推理性规则。论理法则强调前提与结论的同质性。而就论理法则的基本逻辑而言，上述同质是否正确，关键在于前提的真实性。但由于案件事实认定的思维方法存在由归纳推理而生成的部分前提，因此，归纳获得的知识也存在一定问题。但就经由前提与结论保持统一性质的推理本身而言，它却是科学的、毋庸置疑的，为案件事实认定方法所需要。其间的原因在于：其结论相对于前提而言是可接受的、正当的、合理的。其三，论理法则具有一定的法律特性，因此与一般的逻辑推理不同。论理法则主要是演绎推理，一些情形下也涵盖“无知的逻辑”。在疑难事实的认定过程中，上述逻辑借助证明责任发挥其确定事实是否存在的功能。同时，论理法则也和“回溯推理”不同。作为一种思维方法，回溯推理所推出的结论具有或然性，因此它和“推出必然性结论的演绎推理”明显不同。

从适用主体的角度来看，论理法则可以说是司法官运用证据与案件事实之间、证据与证据之间、证据本身的逻辑联系来进行案件事实认定的基本思维方法。因此，在证据领域，司法官应当适用论理法则，不违背逻辑的基本规律。此外，在适用论理法则进行案件事实认定的过程中，司法官也应当遵循同一律、矛盾律、排中律、充足理由律等基本逻辑规律。

① 参见王德新：《自由心证：主义、技术与救济》，载《理论月刊》2011 年第 8 期。

参考文献

一、专著

[1] [法] 孟德斯鸠:《论法的精神》(上册),张雁深译,商务印书馆 1961 年版。

[2] 蒋剑鸣等:《转型社会的司法:方法、制度与技术》,中国人民公安大学出版社 2008 年版。

[3] [美] 汉密尔顿、杰伊、麦迪逊:《联邦党人文集》,程逢如译,商务印书馆 1995 年版。

[4] [美] 德沃金:《法律帝国》,李常青译,中国大百科全书出版社 1996 年版。

[5] [美] 麦克斯·J. 斯基德摩、马歇尔·卡特·特里普:《美国政府简介》,张帆等译,中国经济出版社 1998 年版。

[6] 蔡定剑:《宪法精解》,法律出版社 2006 年版。

[7] 王桂五:《中华人民共和国检察制度研究》,法律出版社 1991 年版。

[8] 方立新:《西方五国司法通论》,人民法院出版社 2000 年版。

[9] 熊先觉:《司法学》,法律出版社 2008 年版。

[10] 金明焕主编:《比较检察制度概论》,中国检察出版社 1991 年版。

[11] 日本法务省刑事局编:《日本检察讲义》,中国检察出版社 1990 年版。

[12] 王名扬:《法国行政法》,中国政法大学出版社 1989 年版。

[13] 宋英辉主编:《中国司法现代化研究》,知识产权出版社 2011 年版。

[14] 陈业宏、唐鸣:《中外司法制度比较》,商务印书馆 2004 年版。

[15] 于秀艳等编译:《美国法官制度与法院组织标准》,人民法院出版社 2008 年版。

[16] 邵建东主编:《德国司法制度》,厦门大学出版社 2010 年版。

[17] 李卫平主编:《司法制度原理》,郑州大学出版社 2009 年版。

[18] 陈光中等:《中国司法制度的基础理论问题研究》,经济科学出版社

2010 年版。
[19] 周道鸾：《外国法院组织与司法制度》，人民法院出版社 2000 年版。
[20] 范愉主编：《司法制度概论》，中国人民大学出版社 2003 年版。
[21] 樊崇义、吴宏耀、种松志：《域外检察制度研究》，中国人民公安大学出版社 2008 年版。
[22] 齐树洁：《美国司法制度》，厦门大学出版社 2006 年版。
[23] 北京大学法学院人权研究中心编：《国际人权文件选编》，北京大学出版社 2002 年版。
[24] 徐鹤喃：《〈中华人民共和国检察官法〉实用问题解析》，中国计划出版社 1995 年版。
[25] 龚刃韧：《现代日本司法透视》，世界知识出版社 1993 年版。
[26] 张智辉、杨诚：《检察官作用与准则比较研究》，中国检察出版社 2002 年版。
[27] 张绵厘编：《实用逻辑教程》，中国人民大学出版社 1993 年版。
[28] 张光杰主编：《法理学导论》，复旦大学出版社 2006 年版。
[29] 宋英辉、李忠诚主编：《刑事程序法功能研究》，中国人民公安大学出版社 2004 年版。
[30] [英] 戴维·M. 沃克：《牛津法律大辞典》，邓正来等译，光明日报出版社 1988 年版。
[31] [荷] 亨利·范·马尔赛文：《成文宪法的比较研究》，陈云生译，华夏出版社 1987 年版。
[32] 陈瑞华：《刑事审判原理论》，北京大学出版社 1997 年版。
[33] 谭世贵主编：《中国司法原理》，高等教育出版社 2004 年版。
[34] 常怡：《民事诉讼法学》，中国政法大学出版社 1999 年版。
[35] 唐力：《民事诉讼构造研究——以当事人与法院作用分担为中心》，法律出版社 2006 年版。
[36] 张卫平：《诉讼架构与程式——民事诉讼的法理分析》，清华大学出版社 2000 年版。
[37] 宋英辉：《刑事诉讼原理》，法律出版社 2007 年版。
[38] 樊崇义、夏红主编：《正当程序文献资料选编》，中国人民公安大学出版社 2004 年版。
[39] 魏晓娜：《刑事正当程序原理》，中国人民公安大学出版社 2006 年版。
[40] 陈光中、徐静村主编：《刑事诉讼法学》，中国政法大学出版社 2002

年版。
[41] 姜明安：《行政法与行政诉讼法》，法律出版社 2006 年版。
[42] 王利明：《司法改革研究》，法律出版社 2000 年版。
[43] 陈瑞华：《刑事诉讼的中国模式》，法律出版社 2008 年版。
[44] 龙宗智、杨建广：《刑事诉讼法》，高等教育出版社 2007 年版。
[45] 陈瑞华：《刑事诉讼的前沿问题》，中国人民大学出版社 2000 年版。
[46] 董皞：《司法解释论》，中国政法大学出版社 1999 年版。
[47] 徐国栋：《民法基本原则解释》，中国政法大学出版社 1992 年版。
[48] [美] 约翰·亨利·梅利曼：《大陆法系》，法律出版社 2004 年版。
[49] [德] K. 茨威格特，H. 克茨：《比较法总论》，潘汉典等译，贵州人民出版社 1992 年版。
[50] 梁彗星：《民法解释学》，中国政法大学出版社 1995 年版。
[51] 孔祥俊：《法律解释方法与判解研究》，人民法院出版社 2004 年版。
[52] 王泽鉴：《法律思维与民法方法》，中国政法大学出版社 2001 年版。
[53] 张明楷：《刑法分则的解释原理》，中国人民大学出版社 2004 年版。
[54] 江伟主编：《证据法学》，法律出版社 1999 年版。
[55] 陈光中主编：《证据法学》，法律出版社 2011 年版。
[56] 谢安平、郭华：《证据法学》，中国人民公安大学出版社 2009 年版。
[57] 卞建林、谭世贵主编：《证据法学》，中国政法大学出版社 2010 年版。
[58] [日] 我妻荣主编：《新法律学辞典》，董璠舆译，中国政法大学出版社 1991 年版。
[59] [意] 贝卡利亚：《论犯罪与刑罚》，黄风译，中国大百科全书出版社 1993 年版。
[60] [美] 汉密尔顿、杰伊、麦迪逊：《联邦党人文集》，程逢如译，商务印书馆 1995 年版，第 460 页。
[61] 范进学：《美国司法审查制度》，中国政法大学出版社 2010 年版。
[62] [美] 罗伯特·麦克洛斯基：《美国最高法院》（第三版），任东来等译，中国政法大学出版社 2005 年版。
[63] 陈晖、邵铁民主编：《案例海关法教程》，立信会计出版社 2007 年版。
[64] 公丕祥：《中国的法制现代化》，中国政法大学出版社 2004 年版。
[65] [美] 罗斯科·庞德：《通过法律的社会控制、法律的任务》，沈宗灵译，商务印书馆 1984 年版。
[66] 蔡定剑主编：《监督与司法公正》，法律出版社 2005 年版。

[67] 中共中央文献研究室编：《建国以来重要文献选编》第1册，中央文献出版社1992年版。
[68] 孙谦主编：《中国检察权论》，人民出版社2004年版。
[69] 胡建淼主编：《公权力研究》，浙江大学出版社2005年版。
[70] [美] 杰罗姆·弗兰克：《初审法院：美国司法中的神话与现实》，赵承寿译，中国政法大学出版社2007年版。
[71] 瞿同祖：《中国法律与中国社会》，中华书局2003年版。
[72] [日] 棚濑孝雄：《纠纷的解决和审判制度》，王亚新译，中国政法大学出版社2004年版。
[73] [美] 埃德加·博登海默：《法理学——法律哲学和方法》，张智仁译，上海人民出版社1992年版。
[74] 吴天昊：《法国违宪审查制度》，中国政法大学出版社2011年版。
[75] [美] 杰弗里·图宾：《九人：美国最高法院风云》，何帆译，上海三联书店2010年版。
[76] [美] 伯尔曼：《法律与宗教》，梁治平译，三联书店1991年版。
[77] 陈文兴：《司法公正与制度选择》，中国人民公安大学出版社2006年版。
[78] 刘练军：《司法要论》，中国政法大学出版社2013年版。
[79] [美] 迈克尔·D. 贝勒斯：《法律的原则——一个规范的分析》，张文显、宋金娜等译，中国大百科全书出版社1996年版。
[80] 杨仁寿：《法学方法论》，中国政法大学出版社1999年版。
[81] 梁彗星：《民法解释学》，中国政法大学出版社1995年版。
[82] 齐树洁主编：《英国证据法》，厦门大学出版社2002年版。
[83] 何家弘、刘品新：《证据法学》，法律出版社2004年版。
[84] 龙宗智：《相对合理主义》，中国政法大学出版社1999年版。

二、论文

[1] 刘练军：《我国宪法上的司法制度省思》，载《江苏警官学院学报》2010年第5期。
[2] 易延友：《最佳证据规则》，载《比较法研究》2011年第6期。
[3] 杨士林：《我国法院司法权的宪法地位》，载《济南大学学报》2007年第4期。
[4] [美] 理查德·波斯纳：《法官如何思考?》，苏力译，载《法制资讯》2009年第4期。

[5] 江国华:《中国宪法中的权力秩序》,载《东方法学》2010 年第 4 期。
[6] 张智辉:《法律监督辨析》,载《人民检察》2000 年第 5 期。
[7] 韩大元:《宪法文本与检察机关的宪法地位》,载《法学》2007 年第 9 期。
[8] [美] 托尼·E. 费恩:《美国法院体系的运作方式》,朱冠群译,载《山东审判》2006 年第 1 期。
[9] 曲兵:《试析英国上院的司法职能》,载《南京大学学报》(哲学·人文科学·社会科学)2009 年第 2 期。
[10] 马健伟:《检察机关的刑事侦查权研究》,中国政法大学 2006 届硕士论文。
[11] 赵西巨:《专家证言、新科学理论与法官角色》,载《证据科学》2010 年第 18 卷。
[12] 谭世贵、孙玲:《法官责任豁免制度研究》,载《政法论坛》2009 年第 5 期。
[13] 胡建华:《法官的级别和工资待遇》,载《人民司法》1994 年第 5 期。
[14] 施鹏鹏:《法国检察官的职权》,载《人民检察》2007 年第 17 期。
[15] 李培锋:《英国检察制度的创设模式及当代特点》,载《南大法律评论》2009 年春季卷。
[16] 韩大元、刘松山:《论我国检察机关的宪法地位》,载《中国人民大学学报》2002 年第 5 期。
[17] 谢鹏程:《论检察官独立与检察一体》,载《法学杂志》2003 年第 3 期。
[18] 郭松:《检察官客观义务:制度本源与实践限度》,载《法制与社会发展》2009 年第 3 期。
[19] 卞建林:《检察官:司法品性和职业素养同等重要》,载《检察日报》2004 年 10 月 29 日第 1 版。
[20] 金文彤:《中国检察官制度研究》,中国政法大学 2005 届博士论文。
[21] 张仲芳:《荷兰的检察制度》,载《人民检察》1995 年第 4 期。
[22] 江必新、程琥:《司法程序的基本范畴研究》,载《法律适用》2012 年第 5 期。
[23] 贾敬华:《司法程序的对话内涵》,载《科学经济社会》2008 年第 3 期。
[24] 肖建国:《程序公正的理念及其实现》,载《法学研究》1999 年第 3 期。
[25] 廖奕:《过程与均衡:司法本质的中国语境》,载《法学评论》2009 年第 1 期。

[26] 张晓茹：《浅议司法最终解决原则》，载《河南大学学报》（社会科学版）2000 年第 2 期。
[27] 江国华：《常识与理性：中国审判模式的可能向度》，载《中南民族大学学报》（人文社会科学版）2012 年第 2 期。
[28] 崔瑾：《刑事诉讼构造研究》，吉林大学 2008 届硕士论文。
[29] 邓刚宏：《行政诉讼依诉请择判原则之局限性——依行政行为效力择判原则的可行性分析》，载《法学》2008 年第 9 期。
[30] 李海英：《论我国民事诉讼立案审查制度》，中国政法大学 2011 届硕士论文，第 13 页。
[31] 周成泓：《论民事诉讼中的摸索证明》，载《法律科学》2008 年第 4 期。
[32] 傅郁林：《中国民事诉讼立案程序的功能与结构》，载《法学家》2011 年第 1 期。
[33] 董来阳：《论我国刑事诉讼立案程序》，广东商学院 2011 届硕士论文。
[34] 曹巍、解志勇、张翠然：《行政诉讼立案基础理论研究》，载《法律适用》2008 年第 6 期。
[35] 韩波：《民事诉讼模式论——争鸣与选择》，载《当代法学》2009 年第 5 期。
[36] 李男：《论刑事立案监督工作机制研究》，华东政法大学 2012 届硕士论文。
[37] 万毅：《论侦查程序处分权与侦查监督体制转型》，载《法学》2008 年第 4 期。
[38] 杨建广、王学成：《刑事再审程序改革研究》，载《河北法学》2007 年第 8 期。
[39] 陈春龙：《中国司法解释的地位与功能》，载《中国法学》2003 年第 1 期。
[40] 陈甦：《司法解释的建构理念分析——以商事司法解释为例》，载《法学研究》2012 年第 2 期。
[41] 吴展：《晚近 WTO 的发展与我国海关立法之因应》，载《国际商务研究》2011 年第 2 期。
[42] 林峰、王书成：《司法式立法及制度反思——以〈劳动合同法〉等法律的实施为分析样本》，载《法学》2012 年第 3 期。
[43] 王晓路：《论我国的司法解释现状及完善建议》，吉林大学 2010 届硕士论文。

[44] 周叶中:《司法行为模式论——以行为理论为视角》, 载《河南财经政法大学学报》2012 年第 1 期。
[45] 王利明:《我国案例指导制度若干问题研究》, 载《法学》2012 年第 1 期。
[46] 庄广彦:《论司法解释的主体》, 载《科技信息》2010 年第 33 期。
[47] 李新华:《论司法解释权》, 湖南师范大学 2009 届硕士论文。
[48] 吴展:《论立法民主的程序保障——以地方立法为视角》, 载《南昌大学学报》(社会科学版) 2012 年第 2 期。
[49] 吴展:《司法权规约体系研究》, 武汉大学 2012 届博士论文。
[50] 孙晋琪、蒋涛:《论刑法司法解释方法》, 载《江苏警官学院学报》2009 年第 4 期。
[51] 董皞:《司法解释与法律适用之关系》, 载《法学评论》1999 年第 3 期。
[52] 马进保、朱婧:《司法解释所面临的挑战与机制重构——以〈刑事诉讼法〉的修改为平台》, 载《政治与法律》2008 年第 3 期。
[53] 蔡定剑、刘星红:《论立法解释》, 载《中国法学》1993 年第 6 期。
[54] 康为民:《中国特色社会主义司法制度的自我完善——案例指导制度的定位、价值与功能》, 载《法律适用》2011 年第 8 期。
[55] 吴展:《法律人格: 自律式司法权规约体系构建之逻辑前提》, 载《政治与法律》2012 年第 8 期。
[56] 江国华:《通过审判的社会治理——法院性质再审视》, 载《中州学刊》2012 年第 1 期。
[57] 江国华:《常识与理性 (二): 法官角色再审思》, 载《政法论丛》2011 年第 3 期。
[58] 徐炳:《美国司法审查制度的起源——马伯里诉麦迪逊案述评》, 载《外国法译评》1995 年第 1 期。
[59] 廖荣辉:《论检察权的合理和优化配置》, 载《河南社会科学》2011 年第 2 期。
[60] 陈卫东:《我国检察权的反思与重构——以公诉权为核心的分析》, 载《法学研究》2002 年第 2 期。
[61] 龙宗智:《相对合理主义视角下的检察机关审判监督问题》, 载《四川大学学报》(哲学社会科学版) 2004 年第 2 期。
[62] 韩大元、于文豪:《法院、检察院和公安机关的宪法关系》, 载《法学研究》2011 年第 3 期。

[63] 朱立恒：《社会主义法治理念与司法组织体系改革》，载《中国司法》2011年第3期。
[64] 侯猛：《上下级法院之间的司法行政关系》，载《法制资讯》2009年第5期。
[65] 季卫东：《世纪之交日本司法改革的述评》，载《环球法律评论》2002年春季号。
[66] 陈瑞华：《司法权的性质》，载《法学研究》2000年第5期。
[67] 江国华：《常识与理性（四）：走向综合的司法改革》，载《河南财经政法大学学报》2012年第2期。
[68] 秦强、邸雅倩：《论司法权的国家性》，载《济南大学学报》2007年第4期。
[69] 甘雯：《关于司法公正的几个基本问题》，载《中国法学》1999年第5期。
[70] 章武生、吴泽勇：《司法独立与法院组织机构的调整》（上），载《中国法学》2000年第2期。
[71] 傅郁林：《审级制度的建构思路——从民事程序视角的比较分析》，载《中国社会科学》2002年第4期。
[72] 陈杭平：《历史、程序、组织——美国联邦上诉法院制度之分析》，载《环球法律评论》2009年第5期。
[73] 左卫民：《最高法院若干问题比较研究》，载《法学》2003年第11期。
[74] 钟尔璞：《德国法院的组织体系与法官制度》，载《四川审判》2002年第2期。
[75] 郭寿康、李剑：《我国知识产权审判组织专门化问题研究——以德国联邦专利法院为视角》，载《法学家》2008年第3期。
[76] 张德瑞：《法国行政法院制度的启示与借鉴》，载《河南大学学报》（社会科学版）2005年第6期。
[77] 王源渊：《略论审判权的范围和限度》，载《法学评论》2005年第4期。
[78] 吴展：《我国行政诉讼调解制度之构建：合法性视角的分析》，载《东吴法学》2012年秋季卷。
[79] 马岭：《德国和美国违宪审查制度之比较》，载《环球法律评论》2005年第2期。
[80] 朱孝清：《中国检察制度的几个问题》，载《中国法学》2007年第2期。
[81] 韩大元：《宪法文本与检察机关的性质》，载《法学家》2007年第9期。

[82] 孙长永：《通过中立的司法权力制约侦查权力——建立侦查行为司法审查制度之管见》，载《环球法律评论》2006 年第 5 期。
[83] 周理松：《法国、德国检察制度的主要特点及其借鉴》，载《人民检察》2003 年第 4 期。
[84] 陈光中、郑未媚：《论我国刑事审判监督程序之改革》，载《中国法学》2005 年第 2 期。
[85] 李栋：《英国普通法的“技艺理性”》，载《环球法律评论》2009 年第 2 期。
[86] 曲瑞：《法官遴选制度探究》，吉林大学 2010 届硕士论文。
[87] 钱锋：《法官职业保障与独立审判》，载《法律适用》2005 年第 1 期。
[88] 崔锡猛：《中美法官制度比较研究》，载《四川警官学院学报》2010 年第 1 期。
[89] 孙谦：《维护司法的公平正义是检察官的基本追求——〈检察官论〉评介（一）》，载《人民检察》2004 年第 2 期。
[90] 中国检察考察团：《德国的检察制度》，载《人民检察》1994 年第 11 期。
[91] 中国检察考察团：《法国的检察制度》，载《人民检察》1994 年第 12 期。
[92] 龙宗智：《论检察官的定位——兼评主诉检察官制度》，载《人民检察》1999 年第 7 期。
[93] 谢鹏程：《论检察官独立与检察一体》，载《法学杂志》2003 年第 3 期。
[94] 何家弘：《美国司法制度（一）》，载《检察日报》2001 年 8 月 13 日第 9 版。
[95] 姜明安：《重视制度设计，保障〈公务员法〉立法目的的实现》，载《华东政法学院学报》2005 年第 2 期。
[96] 季卫东：《法律程序的形式性与实质性——以对程序理论的批判和批判理论的程序化为线索》，载《北京大学学报》（哲学社会科学版）2006 年第 1 期。
[97] 高一飞、李维佳：《审判公开的限度——以未成年人刑事审判为例》，载《法律科学》2013 年第 2 期。
[98] 段文波：《论民事一审之立案程序》，载《法学评论》2012 年第 5 期。
[99] 张显伟、蒙晓毅：《有限职权主义在行政诉讼中的确立及运用》，载《学习论坛》2007 年第 10 期。